물질 · 물질성의 담론과

영미소설 읽기

*이 저서는 2004년도 한국학술진흥재단의 지원에 의해 연구되었음. (KRF-2004-074-AS0062)

물질·물질성의 담론과

영미소설 읽기

조일제 · 김상구 · 김용규 · 이효석
정혜욱 · 좌종화 · 하상복 · 한혜정

도서출판 동인

물질 · 물질성의 담론과 영미소설 읽기 _____ **차례**

들어가며 | 7

들어가며

오늘날 우리는 고도 기술의 성장과 더불어 사이버공간의 시뮬라크르적인 물질성, 나아가 시공간의 압축으로 인한 전통적 시간과 공간 개념의 해체와 재정립 등과 같은 새로운 문화현상들을 목격하고 있다. 이런 변화는 근대 이후 자명하고 당연한 것으로 간주되어온 정신/육체, 물질/마음, 기계/인간, 자연/문명의 고정적 대립을 뒤흔들고 있으며 근대적 인간이 자신의 고유한 한계로 설정해온 경계들을 허물고 있다. 본서는 이런 시대적 변동 속에서 물질(성)이라는 용어가 근대적 규정에서 벗어나 새로운 시대의 문학 및 문화연구를 위한 도구가 될 수 있을지 그 유용성을 다각도로 검토하고자 한다. 다시 말해, 근대적 인간의 한계가 드러나고 근대적 인간의 정신적 헤게모니가 쇠퇴하고 있는 탈근대의 문학적·문화적 실천으로서 물질(성)이란 과연 어떻게 정의될 수 있을까, 바로 이 질문이 본서를 시작하게 만든 결정적 계기이다.

　　시간과 공간은 주체가 세계를 인식하는 가장 기본적인 선험적 형식들이다. 주체는 이를 통해 공간을 분할하고, 자신의 용도에 맞게 공간을 구성하고, 그것에 이름을 붙임으로써 세계를 구성해왔다. 하지만 이렇게 만들어진 세계는 그 자체로 기형적이다. 물질, 그리고 물질로 구성된 우리의 육체, 그리고 물질과 동일시되는 자연, 자연이나 동물성의 이름으로 종종 비유되는 여성, 유색인, 원주민, 괴물, 외계인은 영원불멸로 간주되는 '순수한 진리'를 위해 죽임과 추방을 당해야만 했다. 그러나 이것들은 실재의 세계 속에 엄연히 존재하는 유령들, 차이들, 환영들, 시뮬라크르들처럼 부정하려고 해야 부정할 수 없는 또 하나의 실체들이다. 본 연구는 물질에 대한 근대적 관념, 즉 물질을 정신의 외부에 존재하는 사물로 보거나 사물을 정신의 연장으로 보는 관념을 뛰어넘어 물질은 물질성의 형태로 우리의 의식과 담론의 내적 구성요소로서 이미 들어와 있다는 것을 주장하고자 한다. 물질과 의식은 기존의 이분법으로 구분될 수 있는 개념이 아니다. 따라서 환원할 수 없는 실재인 물질을 전유하는 근대적 사유를 비판하고, 물질과 정신, 육체와 마음, 물질과 사유를 통합적으로 사고하는 노력이 절실하다. 이를 위해 본서는 물질과 의식, 몸과 마음의 다양한 통합, 혹은 그 뒤섞임의 양상을 이론적으로, 그리고 그것의 실제적 현상을 문학작품을 통해 검토하고자 한다.

물질성에 대한 근대적 관념은 물질성을 독립적으로 존재하는 '사물'과 그 것을 가리키는 '지시물'과 관련시킴으로써 물질성이 우리의 정신이나 담론 속에 들어와서 작용하는 방식을 간과했다. 물질성이 담론과 정신의 의미작용 이전에 존재하는 물 자체와 혼동되어 온 것이다. 사실 물질성에 대한 이런 근대적 개념의 연원은 이미 플라톤과 아리스토텔레스와 같은 서구사상의 기원에서부터 시작된다. 플라톤은 물질과 정신을 구분하고, 특히 이데아와 현실계 그리고 가상계의 구분을 통해, 복제와 실제 간의 위계질서를 세웠으며, 가상적 물질에 대해서는 아주 낮은 평가를 내렸다. 아리스토텔레스는 플라톤보다 현실계의 물 자체를 보다 높이 평가하면서 물질의 원 개념으로 질료(hyle)를 주장했는데, 이 또한 마음/육체, 정신/물질을 구분한 플라톤의 이항대립을 그대로 계승한 것이었다.

근대 들어 르네 데카르트(Rene Decartes)와 존 로크(John Locke)는 당시의 경험적이고 과학적인 성과를 바탕으로 철학에 큰 영향을 주었으며, 특히 데카르트의 경우, 정신과 육체의 문제, 그리고 인간 이외의 다른 대상들이 갖지 못한 인간 고유의 언어 능력과 인지 능력 등을 가능하게 하는 물질이 무엇인지에 대한 의문을 품기도 했다. 하지만 데카르트는 육체와 정신 사이의 결합관계를 본질적으로 파악하지 못함으로써 물질적 작동과 정신 작용의 상관관계를 밝힐 수 없었다. 그에게 물질은 정신의 연장에 지나지 않았던 것이다. 칸트 역시 물 자체를 우리 인식 능력의 너머에 존재하는 것으로 상정함으로써 물질성을 이성, 즉 정신의 능력 속의 한 계기로 통합하고 말았고, 데카르트 이후에도 이원론에 근거한 여러 철학 이론들은 담론과 물질성, 인식과 사물, 인간 마음과 두뇌(혹은 육체) 사이의 대립을 해결하기는커녕 오히려 그 대립을 공고히 했다. 특히 물질성의 문제를 현실을 이해하기 위한 기반으로 삼았던 마르크스주의 역시 토대와 상부구조라는 추상적 도식에 따라 정신과 물질, 존재와 인식을 구분함으로써 물질성에 대한 근대적 관념에서 벗어나지 못했다.

물질성에 대한 보다 본격적인 반성은 20세기 후반에야 비로소 제기되었다고 할 수 있다. 최근 인지과학과 신경과학에 이루어진 성과는 과학의 경계를 넘어 문학적·문화적 문제의식과 평행을 이루면서 물질과 정신 사이의 단절을 전제했던 데카르트적 사유를 극복하는 데 도움을 주고 있다. 그것은 우리로 하여금 인문학이 근거해온 초월주의적이고 인간주의적인 전제들, 즉 그 동안 당연한 것으로 여겨져 온 인간의 본질을 해체하고 그것을 새로운 관계 위에 재정립할 것을 요구한다. 이제 과거와 같은 특정한 인간주의에 근거한 인문학의 복원은 어렵게 되었다. 따라서 본서는 과학적이고 인문학적 성과들이 제기하는 새로운 요구에 대해 호응하고 답하는 데 일조하고자 한다.

본서에서 다루게 될 모리스 메를로-뽕티(Maurice Merleau-Ponty)의 신체, 앙리 베르그손(Henry Bergson)의 기억과 의식, 현실보다 더 현실적인 장 보드리야르(Jean Baudrillard)의 '시뮬라시옹', 슬라보예 지젝(Slavoj Žižek)의 상징적 질서의 잔여로서의 실재, 질 들뢰즈(Gilles Deleuze)의 '시뮬라크르'와 차이, 자크 데리다(Jacques Derrida)의 '유령성과 '보충대리' 등의 개념들은 정신과 물질(육체) 사이의 근대적 이분법을 넘어서 물질성을 새롭게 정의하려는 시도들이라 할 수 있다. 조르쥬 바타이유(Georges Bataille) 역시 질료를 이질성의 성좌의 중심에 위치시킴으로써, 이성과 재현이 동질화, 혹은 동화의 전략 위에서 구성되고 있음을 보여준다. 이들의 이론들은 모두 탈근대의 장을 형성하고 있으며, 들뢰즈의 말을 사용하자면, 엄청난 힘이 생동하는 탈근대라는 내재성의 평면들을 자기 나름대로 접은 하나의 주름들이다. 이 주름의 접힘과 펼침이 탈근대의 다양한 사유의 공간을 열고 있으며 문학이론에서 물질성의 개념은 이 사유공간을 새롭게 사유하기 위한 시도들이라고 할 수 있다.

본서는 이러한 물질성에 대한 탈근대적인 새로운 시각들을 살펴보고 이를 토대로 기존의 정전화된 문학텍스트를 새로운 각도에서 이해하고 탈근대의 텍스트를 보다 정확히 수용하는 데 목적이 있다. 이를 위해 근대를 대표하는 동시에 근대의 가치를 근대 속에서 질문하는 20세기 초반의 D.H. 로렌스(D.H. Lawrence), 버지니아 울프(Virginia Woolf), 제임스 조이스(James Joyce), 그리고 20세기 후반의 폴 오스터(Paul Auster), 도리스 레씽(Doris Lessing), 리처드 파워즈(Richard Powers), 데이빗 월러스(David Foster Wallace), 안젤라 카터(Angela Carter), 그리고 이창래(Chang-rae Lee) 등의 영미권 소설가들의 텍스트들을 통해 정신/물질의 이분법의 한계를 극복하는 새로운 윤리학을 모색하고자 한다.

본서에 참여한 연구자들의 연구방향과 그 성과를 정리하면 다음과 같다. 우선 김용규는 현실과 모델 사이의 구분이 내파된 현실보다 더 현실적인 시뮬라크르(보드리야르), 동질적 현재를 이접·탈구시키고 과거와 미래를 질적으로 다시 불러오는 유령적인 시뮬라크르(데리다), 재현의 논리에서 벗어나 강도와 역량과 변이를 펼치는 잠재적이고 내재적인 시뮬라크르(들뢰즈)의 분석을 통해 근대 서양의 '재현' 논리가 갖는 정치적 함의를 비판하고 '탈재현'의 정치적 가능성을 찾는다. 하상복은 책을 질료, 기계, 배치물로 보는 들뢰즈의 철학을 통해 외부의 기계들과 만나 수많은 의미를 만들어내는 문학의 정체를 새로이 심문한다. 그는 폴 오스터의 『뉴욕 삼부작』을 분석하고 질료로서의 책, 비동일성 그리고 비동일성 속에서 다양한 문제들에 접근하는 방식으로서의 책의 가치를 탐색한다. 한혜정은 안젤라 카터 소설을 통해 변신의 물질성과 주체의 (재)구성 사이에 존재하는 상동관계를 연구한다. 남성에서 여성으로 변신하는 등장인물은 '과정 중의 주체'로서 문화적으로 생산되는 여성성의 증거이다. 주체의 비본질성과 유동성은 타자의 배제와 억압에 기반을 둔 (젠더)동일성을 전복하는 기제가 된다. 좌종화는 여성의 경험과 자아가 몸을 통해 드러나며 그것이 글쓰기에 반영된다는 문제의식을 바탕으로 도리스 레씽의 작품을 분석한다. 안과 밖, 이성과 감성이 차단되어 있는 남성과 달리 여성의 몸과 마음은 구별되지 않으며 서로 넘나듦을 반복하고 있음이 이 과정을 통해 드러난다고 보는 것이다. 김상구는 인간 행위만을 의미 있는 연구의 대상으로 삼는 행동주의의 한계를 넘어 인간이 의식하지도 못하고 의식할 수도 없는, 근본적으로 단편화되어 있거나 비통일적 형태를 취하고 있는 주체의 인식을 다룬 최근 인지과학의 성과를 토대로 파워즈와 월러스와 같은 현대소설가들이 인간의 인지과정을 어떻게 확장하고 있으며 물질과 의식을 뛰어넘는 인지의 물질성을 보여주는가를 살펴본다. 이효석은 앙리 베르그손의 물질과 기억, 신체와 정신의 철학을 바탕으로 사회 속 인간의 신체와 의식이 외부와 내면을 중재하는 반투명의 막으로 기능하며, 주체란 시공간을 통해 변화하는 생활공간의 물질적 존재이고, 주체와 타자와의 접촉은 또 하나의 시공간으로 작동한다는 사실을 울프와 조이스 소설을 통해 보여준다. 조일제는 물질과 정신이 통합된 새로운 일원론적 비전을 로렌스의 소설에서 찾아낸다. 로렌스는 물질을 '신체화된 정신'으로서 통합적으로 경험한다. 그에게 있어 인간의 몸과 마음, 그리고 개별 주체와 그를 둘러싼 환경/자연은 연속된 실체로 인식되고 경험된다. 그의 유토피아 세계에서 만물은 개별적으로나 전체적으로 모두 피의식을 가진 혈적 존재로 살아 있어서 물활론적 존재가 된다. 정혜욱은 이창래의 소설에서 정치적 대표/대변에 의해서 결코 포섭될 수 없는 잉여를 남기는 외상적 사건인 위안부 사건이라는 기표가 주체와 조우하는 방식에 주목한다. 희생자를 손쉽게 말할 수 있는 주체로 상정하지 않음으로써 작가가 재현하지 못한 지점의 불온한 물질성이 주체에게 어떻게 외상으로 드러나는지를 살피고 있다.

시뮬라크르의 물질성과 탈재현의 정치학
―보드리야르, 데리다, 들뢰즈

김용규

1. 근대의 재현적 사고와 시뮬라크르

플라톤의 국가에서 시인은 추방되어야 했다. 시인은 진리와 로고스가 지배하는 이데아의 세계를 노래하기보다 그 모사물과 시뮬라크르를 모방할 뿐이기 때문이다. 플라톤이 볼 때, 항상 변화하는 모사물과 시뮬라크르를 노래하는 시인은 국가의 변치 않는 진리와 존재의 세계를 불안하게 만드는 혹세무민의 이질 분자에 다름 아니다. 『국가』(*Republic*)의 9장 「선의 우월성」("The Supremacy of Good")에서 플라톤은 그림자의 세계를 현실로 오인한 채 동굴 속에 갇혀 살아가는 사람들을 빛과 진리의 세계로 인도하는 것을 '선'으로 정의한 바 있다. 거기에서 스승 소크라테스는 제자 클라우콘(Glaucon)에게 동굴의 그림자를 바라보던 "몸 전체를 돌려세울 때만 어둠에서 밝음으로 전환할 수 있는 눈을 상상할 수 있다면, . . . 그 방향전환에는 진정한 존재(real being)와 현실(reality)을 볼 수 있을 때까지 변화하는 생성의 세계(the world of becoming)로부터 마음을 떼어내는 작업이 수반되어야 한다"(245)고 말한다. 이 말에서 우리는 플라톤이 존재의 세계와 생성의 세계를 분리하는 한편, 후자의 세계에 비해 전자의 세계를 훨씬 더 고차원적 세계로 여기고 있음을 어렵지 않게 알 수 있다.

그런 점에서 플라톤에게 세계의 존재자들은 등급화되어 있다고 할 수 있다. 이데아의 정신은 모사물의 세계보다 우위에 서고, 재현의 투명한 진리는 불투명하고 애매한 시뮬라크르적 이미지 위에 군림하며, 이미지와 시뮬라크르를 노래하는 시인의 세상은 진리와는 동떨어진 한갓 가상의 세계일 뿐인 것이다. 들뢰즈는 플라톤 철학의 가장 중요한 특징을 나눔의 방식에 찾는다. 즉 플라톤에게 "나눔의 목적은 . . . 혈통을 선별하는 것, 즉 경쟁자들을 구별하고 순수한 것과 그렇지 못한 것, 진정한 것과 불순한 것을 구별하는"(*The Logic of Sense* 254) 데 있다는 것이다. 바로 이 나눔의 스펙트럼의 양극단에 진리와 시뮬라크르, 선과 악이 배치되어 있으며 모든 존재자는 진리와의 유사성(resemblance) 정도에 따라 등급이 매겨진다. 그 극단에 놓여 있는 시뮬라크르는 모사물과도 구분되는데 그 이유는 모사물이 이데아의 세계와의 유사성에 근거하는 데 반해, 시뮬라크르는 '비유사성'의 관계 위에 존재하기 때문이다. 만일 모사물이 유사성에 근거하는 이미지라고 한다면, 시뮬라크르는 유사성 없는 이미지인 것이다. 그러므로 시뮬라크르는 플라톤의 세계에서 가장 극단에 위치한 '본질적인 도착' 혹은 '일탈'로 간주된다. 플라톤에게서 시뮬라크르가 추방되어야 하는 이유는 바로 여기에 있다. 그것은 시뮬라크르가 유사성과 동일성이라는 재현의 논리에 따라 작동하지 않는 점, 그런 논리 속에 사로잡히지 않는 불안하고 혼란스런 이미지를 소유하고 있는 점, 나아가서 그 이미지가 그 어느 것으로 환원되지 않는 독자적인 물질성을 소유하고 있는 점 때문이다. 들뢰즈는 플라톤 철학의 본질적 전략이 "시뮬라크르에 대한 모사물의 승리를 보장하고, 시뮬라크르를 억압하고 그것들을 완전히 수면 밑에 둠으로써 표면으로 올라오거나 도처에서 여기저기 끼어드는 것을 차단하는 데"(256) 있다고 말한다.

플라톤 철학에 대한 들뢰즈의 지적은 유사성의 원칙에 근거한 플라톤의 나눔의 방식이 재현의 완벽한 틀을 갖추지는 못했다고 하더라도 그것이 이미 서양 재현철학의 시초임을 강조한다. 이미 플라톤에서부터 이미지와 시뮬라크르가 갖는 불투명성은 모두 투명한 재현의 논리로 환원되기 시작한다. 플라톤이 서양 철학의 근원인 이유는 그가 시뮬라크르의 생동하는 이미지를 진리와 인식의 투명한 재현의 틀 속에 가둠으로써 향후 생동과 변화의 감각적 세계와는 무관한 초월적 이념의 세계 내지 선험적 의식주체의 투명성으로 나아갈 수 있는 길을 예고하고 있기 때문이다. 데카르트, 칸트, 후설로 이어지는 서양의 근대적 사유는 투명한 인간 의식의 관점에서 사물이나 시뮬라크르의 다양하고 불투명한 감각의 세계를 괄호 치거나, 그것을 넘어서는 투명한 의식과 재현으로 나아가고자 했다. 그들에게 시뮬라크르의 풍부하고 미결정적인 세계는 투명한 재현과 명증한 인식을 방해하는 것으로 간주될 뿐이었다.

비단 이는 서양의 철학적 사유의 문제만이 아니라 풍부한 감각의 문제를 다루어야 할 미학의 차원에서도 마찬가지였다. 서양 미학에서 이미지와 시뮬라크르의 구체적이고 풍부한 세계는 추상적이고 일반적인 재현과 의식의 문제로 환원되기 십상이었다. 쉽게 통제될 수 없는 감각이나 감당하기 어려운 시뮬라크르의 이미지는 제외된 채 항상 길들여지고 질서 잡혀진 "구상적이고 삽화적이고 서사적인"(*Francis Bacon* 6) 재현의 세계가 미학의 중심이 된 것이다. 그 결과 재현을 넘어서는 감각이나 시뮬라크르의 생동하는 숭고의 표현세계는 억압당하고, 길들여진 재현의 미적 세계만이 지배적이게 되었다. 서양 미학에서 재현의 논리 속으로 통합되지 않고 재현의 틀을 초과하는 숭고(the sublime)보다 인간의 재현적 인식 속에서 안정과 조화를 갖는 미(the beautiful)가 더 중심적이었던 이유는 바로 감각의 미학 자체를 영토화하고자 한 재현의 논리 때문이다. 파올로 비르노(Paolo Virno)는 감각과 이미지의 이와 같은 영토화에서 두려움과 공포의 방어기제를 읽어낸다. 그는 칸트의 숭고 분석에서 그러한 방어기제의 작동을 보는데, 그것이 칸트에게서 초월적 도덕률, 즉 "도덕적인 '나' 속에서 우연적이지 않은 것, 또는 진정으로 세속적인 것을 넘어선 것"(31)으로 나타나고 있다고 한다.

　　이와 같이 공포와 두려움의 방어기제로서의 재현의 논리는 철학적 인식의 문제를 넘어 이미 정치적 문제라고 할 수 있다. 재현(representation)은 그 의미에서 알 수 있듯, '선별'과 '대리'라는 이중의 의미를 갖고 있다. 근대정치는 다중(multitude)의 욕망을 재현의 그물망 속으로 끌어들임으로써, 즉 그 욕망을 대신하는 대리의 메커니즘을 통해 지배 권력의 안정성을 보장하고 유지하는 장치라고 할 수 있다. 들뢰즈가 모사물이 이데아와의 형상적 유사성에 근거하는 데 반해 시뮬라크르에서는 그런 유사성을 전혀 찾아볼 수 없다고 말하듯이, 비르노는 민중(people)이 국가의 재현 논리 속에서 존재하는 데 반해 다중은 그런 재현 논리의 한계점에 위치한다고 말한다. 즉 "민중이 있다면 다중은 없고, 다중이 있다면 민중은 없다"(23)는 것이다. 근대적 재현정치에서 다중은 시뮬라크르처럼 순전히 부정적인 한계 개념으로서 국가로부터 배제되어야 할 국가에 대한 위협을 의미하였다. 그런 점에서 근대의 재현정치는 근대 미학처럼 기본적으로 재현의 논리 속으로 편입될 수 없는 변화무쌍한 시뮬라크르와 다중의 감각적 욕망이 초래한 두려움과 공포에 대한 방어기제는 아니었을까?

　　하지만 오늘날 이런 근대적 재현의 논리는 심각한 한계에 봉착하고 있다.

우선 정보기술혁명이 가져온 근대적 생산양식의 변화는 물질적 노동에 기반을 둔 근대적 노동을 비물질적인 생산이라는 새로운 생산양식으로 대체하도록 만들고 있다. 현실보다 더 현실적인 잠재적이고 가상적인 이미지 세계는 물질과 정신, 마음과 육체, 모델과 시뮬라크르 사이의 근대적 구분을 해체하고 그 사이의 새로운 인터페이스로 등장하고 있다. 이로써 전통적으로 인문학이 근거해온 초월주의적이고 인간주의적인 전제들, 즉 그 동안 당연한 것으로 간주되어온 정신/육체, 물질/마음, 기계/인간, 자연/문명의 이원적 대립에 근거한 인간의 본질은 해체되고 재현을 넘어선 인간에 관한 새로운 사유가 요구되고 있다. 특히 사회주의의 붕괴로 인한 자본 주도의 전지구화는 민족국가의 정치체제를 약화시키고 국가 간 경계를 해체하고 있으며 자의든 타의든 사람들의 이동을 자유롭게 하고 있다. 이는 민족에 근거한 근대적 재현의 주권정치를 뒤흔들고 있다.

　이런 새로운 변화 속에서 본 글은 시뮬라크르 개념의 새로운 가능성을 검토하고자 한다. 여기서 집중적 분석의 대상은 보드리야르, 데리다, 들뢰즈의 시뮬라크르 이론들이 될 것이다. 이들은 정신/물질, 본질/시뮬라크르, 본질/현상을 구분하여 그 중 하나에 특권을 부여해온 서양적 재현의 논리에 대항하여, 각각 본질과 현상, 현실과 모델 사이의 구분이 내파된 현실보다 더 현실적인 시뮬라크르(보드리야르), 동질적 현재의 시간을 이접·탈구시키고 과거와 미래의 질적 시간을 다시 불러오고자 하는 유령적인 시뮬라크르(데리다), 재현의 논리에서 벗어나 강도와 역량과 변이를 펼치는 잠재적이고 내재적인 시뮬라크르(들뢰즈)를 주장하였다. 또한 이들은 근대 서양의 '재현' 논리가 갖는 정치적 함의를 비판함으로써 시뮬라크르가 갖는 '탈재현'의 정치적 가능성을 보여주고자 한다. 따라서 본 글은 보드리야르, 데리다, 들뢰즈의 시뮬라크르 개념이 재현의 논리를 넘어 어떤 실천적 가능성을 보여줄 수 있는지를 살펴볼 것이다.

2. 보드리야르의 내파된 시뮬라크르와 허무주의

돈 드릴로(Don DeLillo)의 『화이트 노이즈』(*White Noise*)에서 히틀러학과 교수인 주인공 글레드니(Gledney)는 미국 환경학과라는 대중문화학과의 방문교수인 머리(Murray)와 함께 '미국에서 가장 사진이 많이 찍힌 곳간'(the most photographed barn in America)이라는 명소를 찾아간다. 이곳은 수많은 관광객들이 찾는 관광지로서 사진이나 엽서나 슬라이드와 같은 시뮬라크르가 현실을 대체해버린 곳으로 유명하다. 대중문화이론가인 머리의 말처럼 그 누구도 곳간을 직접 보지 못한다. 즉 "일단 곳간에 관한 표지들을 보게 되면, 곳간을 보기란 불가능하게"(12) 되는 것이다. 그 곳에는 실체는 존재하지 않고 축적된 시뮬라크르와 이미지들만 존재하며 우리는 새로운 이미지를 포착하기보다 기존 이미지들을 유지하는 데 기여할 뿐이다.

> "이 곳간이 사진에 찍히기 전에는 어떤 모습이었을까요?" "그것은 어떤 모습이었으며 다른 곳간과 어떻게 다르고 다른 곳간과 어떻게 닮았을까요? 우리는 표지들을 읽고 사진을 찍는 사람들을 보아버렸기 때문에 이 문제들에 답변할 수 없습니다. 우리는 이 아우라 밖으로 나갈 수 없어요. 우리는 아우라의 일부일 뿐입니다. 우리는 지금 여기 있을 뿐이지요. (13)

실체를 대체한 시뮬라크르에 에워싸인 채 그 바깥을 상상할 수 없게 되었다는 머리의 지적은 보드리야르처럼 실체와 시뮬라크르 간의 구별이 사라지고 시뮬라크르가 실체를 대체한 시뮬라시옹의 사회를 압축적으로 설명하고 있다. 하지만 머리가 말하는 사회는 보드리야르의 시뮬라시옹 사회와 유사하면서도 일정한 차이가 있다. 보드리야르가 말하는 시뮬라시옹 사회란 "이 곳간이 사진에 찍히기 전에는 어떤 모습이었을까요? 그것은 어떤 모습이었으며 다른 곳간과 어떻게 다르고 다른 곳간과 어떻게 닮았을까요?"하는 질문 자체가 제기될 수 없는 사회이다. 그곳에선 실재에 대한 향수조차 존재할 수 없다. 이미 바깥의 실재는 존재하지 않으며, 존재한다면 그것은 시뮬라크르의 환상을 위해 존재할 뿐이다. 시뮬라시옹의 사회에선 존재하지도 않는 실재에 질문을 던진다는 것은 애초 불가능하다.

보드리야르에게 실재를 전제한 가장(dissimulation)과 실재가 사라진 시뮬라시옹(simulation)은 분명하게 구분된다. 가장에서는 부재와 현존, 혹은 실재와 지시 사이의 관계가 그대로 유지된다. 즉 가장은 인 체 하는 것(pretence)으로 자신의 실재 감정을 숨기는 것이다. 보드리야르에 따르면 군인이 아프지 않으면서 아픈 척 하듯이, "가장하는 것은 자신이 가진 것을 가지지 않은 척하는 것"(*Simulations* 5)으로 뭔가(실재)를 숨기고 은폐한다는 점에서 '실재는 존재한다'는 현실의 원리(reality principle)에 근거한다. 이에 반해 "시뮬라시옹은 진리와 허위, 실재와 상상 사이의 차이를 위협"(5)함으로써, 그리고 그 차이가 내파(implosion)됨으로써 현실의 원리는 무력화된다. 시뮬라시옹의 상태에서는 모든 실재나 지시대상이 소멸됨으로써 더 이상 실재를 전제로 한 "모방도, 복제도, 심지어 패러디의 문제"(4)도 제기될 수 없는 것이다.

모델과 실재, 시뮬라크라와 원형 사이의 내파 위에 세워진 시뮬라시옹의 세계, 즉 실재 자체가 실재의 기호에 의해 대체됨으로써 "상상으로부터, 실재와 상상의 구별로부터 차단된 초과실재(hyperreality)가 오로지 모델들의 궤도적 순환과 시뮬라시옹적 차이의 생산을 위한 여지"(4)만 제공하는 세계는 철저하게 반재현적, 반지시적 세계일 수밖에 없다. 그 세계에선 "실재와의 교환은 결코 일어나지 않으며 지시나 주변도 없는 끝없는 순환회로 내에서 스스로와만 교환되는"(11) 시뮬라크르만 존재할 뿐이다. 이 세계에선 어떤 것이 다른 것을 위한 실재나 모델이 될 수 없다는 점에서 지시와 재현의 원리는 중지되고 시뮬라크르들

간의 지시 없는 수행(performativity)의 원리만 존재할 뿐이다. 아픈 척하는 것이 아니라 아픔을 수행함으로써 아픔과 아픈 척 하는 가장의 경계가 사라지는 세계가 펼쳐지는 것이다.

잘 알려져 있듯이, 보드리야르는 시뮬라시옹 사회의 구체적 예로 디즈니랜드(Disneyland)와 워터게이트 사건(Watergate)을 거론한다. 이 두 가지 예는 모두 미국사회가 실재한다는 것과 미국자본주의가 건전하고 도덕적이라는 것을 '상상'하기 위해 존재하지만 시뮬라시옹의 세계에서 그런 '상상'은 무의미하다. "디즈니랜드는 실재의 나라, 즉 실재의 미국이 바로 디즈니랜드라는 사실을 숨기기 위해 거기에 존재"(25)할 뿐이다. 디즈니랜드를 에워싸고 있는 미국사회는 더 이상 실재하지 않으며 현실보다 더 현실적인 '초과실재와 시뮬라시옹의 질서'에 속하는 것이다. 따라서 디즈니랜드의 문제는 실재는 존재하고 그것을 허위적으로 재현하는 문제(이데올로기)일 수 없으며 오히려 "실재가 더 이상 실재하지 않는다는 사실, 그리하여 현실의 원칙을 인위적으로라도 구원해야 한다는 사실"(25)을 잘 보여준다. 워터게이트 사건 역시 마찬가지다. 워터게이트에 연루된 닉슨 대통령이 물러남으로써 다시 미국사회가 도덕적이고 정의로운 사회로 되돌아갈 것이라고 '상상'하지만 이미 미국자본주의와 정치가 타락한 상황에서 그런 상상은 유지될 수 없다. 오히려 워터게이트 사건은 체계 자체가 잔혹하고 비도덕적이며 비양심적이라는 사실을 숨기는 역할을 한다. 그럼으로써 타락한 체계의 정당성을 강화시켜주는 기능을 수행하게 되는 것이다.

여기서 보드리야르의 시뮬라시옹 세계를 설명하기 위한 핵심적 개념인 '내파'와 '초과실재'에 주목할 필요가 있다. 내파는 현실과 모델, 실재와 코드, 본질과 기호 사이의 구분 자체가 무의미해지고 "하나의 극이 다른 하나의 극과 구분할 수 없게 되는"(57), 즉 서로 속으로 함입되어 버린 상태를 의미한다. 그곳에선 다양한 인과적 모델이나 결정의 양식은 이미 해체되었고, 그런 양식에 의지하는 의미는 내파되었으며, 기호와 코드의 시뮬라크르만 존재한다. 바로 여기서 시뮬라시옹의 세계가 시작된다(57). 이런 내파된 시뮬라시옹의 세계에서 모델과 시뮬라크르가 우선하며 모든 실재는 기호와 코드로 조직화된 모델의 재생산에 지나지 않게 된다. 오히려 모델과 시뮬라크르는 디즈니랜드처럼 현실보다 더 현실적인 초과실재로 기능한다. 이런 시뮬라시옹의 사회에서 모든 것은 교환가능하고 대체 가능한 코드와 기호들뿐이다. 보드리야르는 이미 우리의 일상적 현실이 "초과실재의 시뮬라시옹적 차원"(*Writing* 146)에 통합되고 말았다고 단언한다.

보드리야르의 시뮬라크르 이론이 갖는 독특한 점은 실재와 본질을 전제한 심층 모델이나 실재와의 지시적 연관성을 중심에 둔 재현구조를 전복하고 해체하는 데 있다. 즉 "초과실재는 전적으로 시뮬라시옹의 영역 내에서만 작동함으로써 재현을 넘어서"(146) 있기 때문이다. 하지만 그의 이론은 재현을 거부한다는 점에서는 데리다나 들뢰즈의 시뮬라크르 이론과 서로 통하는 바 있지만 그 함의에선 다른 이론가들과 현격한 차이를 보인다. 사실 보드리야르의 시뮬라크르 이론은 현실보다 더 현실적인 초과실재를 주장하지만 그 초과실재의 근거는 내파된 실재가 재현 속에서 상실한 자신의 물질성을 되찾음으로써 생겨나는 것이 아니라 재현과 의미로부터 벗어날 뿐만 아니라 물질성으로부터도 벗어난 모델과 기호의 극단적 추상성으로부터 온다. 즉 실재와 의미의 내파를 주장하는 보드리야르는 시뮬라크르를 물질적이기보다는 모든 것이 등가적으로 교환되는 기호와 모델이라는 점에서 표면적(weightless)이고 추상적(abstract)이며 비형상적(nonfigurative)인 것으로 본다(*Simulations* 10; *Writing* 147). 보드리야르의 시뮬라크르는 실재로부터 분리되는 과정에서 물질성과도 대립하게 되는 것이다. 이 점에서 보드리야르는 재현으로부터 그것을 뒤흔들고 틈새를 만들어내는 이접적 시간과 차이의 물질성을 전제한 데리다의 유령적 시뮬라크르나, 재현에서 벗어나 생성의 물질적 힘을 되찾고자 한 들뢰즈의 잠재적 시뮬라크르와 분명히 대조

된다. 들뢰즈식으로 말하자면, 보드리야르의 시뮬라크르는 재현으로부터 벗어남으로써 새로운 생성을 낳기보다는 재현보다 훨씬 더 추상적인 영토화의 코드와 기호의 지배로 귀속되어버리는 것이다.

　　이런 사실은 보드리야르가 근대적 시뮬라시옹의 단계론을 설정하는 데 잘 드러난다. 그는 근대적 시뮬라시옹의 세 단계로 위조(counterfeit), 생산(production), 시뮬라시옹(simulation)을 구분하는데, 이것은 나름대로 시대 구분적 개념과 연관되어 있다. 보드리야르에 따르면, 위조가 르네상스에서 산업 혁명기까지의 고전시대의 지배적 도식이며 가치의 자연적 법칙(the natural law of value)에 따라 움직인다면, 생산은 산업시대의 지배적 도식으로서 가치의 상품법칙(the commodity law of value)의 지배를 받으며, 시뮬라시옹은 코드가 지배하는 역사의 현 단계의 지배적 도식으로서 가치의 구조적 법칙(the structural law of value) 위에서 작동한다(*Writing* 135). 현 단계의 시뮬라시옹 사회가 갖는 특성을 이해하기 위해서는 이전 단계의 특징들을 간략히 살펴볼 필요가 있다. 왜냐하면 현 단계의 시뮬라시옹 사회는 과거 단계의 심화이자 단절 위에서 형성되기 때문이다. 우선 위조의 단계는 봉건질서로부터 자본주의 체계로의 이행기에 "각 기호가 명확하게 특정한 상황과 지위의 차원을 지시"(136)하던 투명한 사회에서 자본주의의 자유로운 경쟁과 계급 간 이동으로 그러한 투명성이 약화되고 점차 기호의 인위성이 생겨나는 과정을 가리킨다. 즉 "결속된 기호가 종말에 이르면서 모든 계급이 종국적으로 참여할 힘을 획득하게 되는 해방된 기호의 지배가 시작"(136)되는 것이다. 이 단계에선 한 계급에서 다른 계급으로 기호가치의 특권이 이동하기도 하고 제한된 기호의 질서에서 수요에 따라 기호의 무한한 증식으로 이어지기도 한다. 더 이상 기호가 특정한 지위와 고정적인 가치를 가리키지 않게 된다. 하지만 근대적 기호는 "더 이상 차별적이지 않고 모든 장벽으로부터 해방되었으며 보편적으로 이용할 수 있게 되었음에도 불구하고 세계와의 결정적 연관성을 제공함으로써 여전히 필연성을 가장(위조)하고자 한다"(136). 보드리야르는 이 단계를 기호의 자의성이 드러나고 기호의 증식이 발생하지만 그 근거를 여전히 자연 속에 두고 있다는 점에서 가치의 자연적 법칙이 통용되는 단계로 규정한다.

만일 기호가 자연이나 그에 대한 향수에 근거하기를 그만두고 무한히 증식할 때, 산업적 시뮬라크르의 단계로 진입하게 된다. 기호는 더 이상 위조될 필요가 없다. 왜냐하면 기호들은 거대한 규모로 생산됨으로써 이전 단계에서 보았던 기호의 독특성이나 기원의 문제는 더 이상 문제될 바 없어졌으며 이제 '계열' (series)이 중요 현상으로 등장하기 때문이다. 일련의 계열 속에서 두 가지 내지는 n-개의 동일한 대상의 문제가 발생하고 그것들 간에 원본과의 위조 관계나 유사성 혹은 반영의 문제가 아니라 등가(equivalence)와 무관심(indifference)의 관계가 형성된다. "계열 속에서 대상들은 서로의 시뮬라크르로 무한히 변형되고 대상뿐만 아니라 사람 또한 그렇게 변형된다. 기원적 지시의 절멸만이 일반화된 등가의 법칙, 즉 생산의 가능성을 가능하게 한다"(137). 비록 이 단계는 생산에 주안점을 두고 있지만 벤야민이 말한 무한한 복제가능성을 확립하고 자연적 기호의 단계를 해체시켜 버린다.

마르크스나 마르크스주의의 이론이 주로 두 번째 생산의 단계에 주안점을 두었다면, 보드리야르의 시뮬라시옹 이론의 가장 핵심적 특징들이 드러나는 것은 세 번째 단계에서다. 사실 그의 마르크스주의 비판은 바로 이 세 번째 단계를 모델로 하여 두 번째 단계의 유효성 상실을 지적하기 위한 것이다. 보드리야르에 의하면, 이 두 번째 계열적 생산의 단계는 일시적일 수밖에 없다. "죽은 노동이 산 노동을 지배하기 시작한 이래, 즉 원시적 축적이 종말을 맞이한 이래 계열적 생산은 모델에 의한 생산에 자리를 양보"하게 된다. 이와 더불어 드디어 세 번째 단계로 접어들게 된다. 이 단계에서는 "기원이나 최종적 목적은 완전히 역전"되어 버리고 생산의 단계에서 중심적이었던 기계적 재생산조차 기호와 코드로 이루어진 모델의 무한한 복제가능성으로 대체된다. 즉 "첫 번째 단계의 원본의 위조나 두 번째 단계의 순수한 계열은 모든 형식이 차이의 변주에 따라 진행하는 모델을 위해 사라지게 된다." 남는 것은 오직 모델과의 연계뿐이며 모든 것은 모델을 구성하는 차별적 이항대립의 변주에 지나지 않게 된다(138-39).

보드리야르는 존재와 현상의 형이상학, 그리고 생산과 결정의 형이상학이 사라지고 이제 우리는 미결정성과 코드의 형이상학에 이르게 되었다고 주장한다. 마침내 재현과 결정과 지시가 내파된 시뮬라크르의 시대가 도래하게 된 것이다. "그림자도 없고 승화도 불가능하고 반복 속에만 내재하는 계열적 기호의 어지러운 현기증 속에서 과연 누가 기호의 시뮬라시옹의 실재가 어디에 있는지 말할 수 있을 것인가? 분명 이 기호들은 아무것도 억압하지 않는다. 심지어 일차적 과정조차 폐지되었다. 디지털의 차가운 세계가 은유와 환유의 세계를 흡수해버렸고, 시뮬라시옹의 원칙이 현실의 원칙과 쾌락의 원칙에 승리한 것이다"(147). 이 단계에서 모든 것은 시뮬라크르이며 코드와 기호의 이항대립 내지 그 변주로 간주될 뿐이다.

여기서 주목할 수 있는 것은 모든 것이 코드와 기호로 조직화된 보드리야르의 시뮬라크르의 세계가 탈재현의 세계이면서 동시에 이미 탈물질화의 세계이기도 하다는 점이다. 재현에서 풀려난 시뮬라크르는 자신의 물질성과 숭고적 차이를 빼앗긴 채 추상적 코드와 기호 속으로 편입되어 다른 기호와의 차이적 관계로만 동질화되어 간다. 사실 시뮬라시옹에 관한 보드리야르의 단계론적 설정은 지나치게 단절에만 집중함으로써 단절이 가져올 이 같은 동질화의 효과를 차단하지 못한다. 시뮬라시옹의 단계에서 모든 것은 무한한 복제가능성과 교환가능성에 따라 기호와 코드로 변할 뿐이다. 그 속에서 정치, 사회, 경제와 같은 전통적 분화와 구분은 모두 내파되었으며 과거의 기억이나 도래할 미래의 시간조차 현존과 재현의 산물일 뿐 시뮬라시옹의 시간 개념 속에서 함입되었다. 이런 상황에선 혁명이나 주체 따위의 가능성은 논의될 수 없다. 오직 침묵하는 다수(silent majority)만 존재할 뿐이다. 역사적 주체가 혁명의 무대인 정치와 사회의 장에서 탄생한다면, 침묵하는 다수는 바로 그러한 정치의 종말이자 죽음을 상징한다(*Silent Majorities* 23).

보드리야르의 시뮬라크르는 포스트모던 자본주의 세계의 변혁이나 그 주체를 창조하는 조건이 아니다. 오히려 시뮬라크르는 사회적·정치적 장을 중립화한 시뮬라크르의 세계 속에서 "원자화되고 핵화되며 분자화된"(26) 타성적 대중만을 만들어낼 뿐이다. 이 대중은 정치와 사회에 관여하여 자신을 적극적으로 표현하는 참여적, 능동적, 변혁적 주체가 아니라 측량되고 관찰될 뿐인 침묵적, 타성적, 수동적 객체일 뿐이다(20). 침묵하는 다수에 대한 보드리야르의 이와 같은 설명은 시뮬라크르의 세계를 데리다나 들뢰즈와는 전혀 다른 모습으로 그리게 만든다. 보드리야르에게 시뮬라크르의 세계는 모든 것을 흡수하고 모든 차이와 저항을 동질화시켜버린 일종의 블랙홀로 상상된다. 그의 시뮬라크르적 블랙홀은 들뢰즈처럼 모든 잠재적 생성과 변화조차 사라진 일차원적 세계이며 기호와 코드만이 지배하는 전체주의적 성격을 띠고 있다. 그런 점에서 보드리야르의 시뮬라크르는 탈재현의 정치를 강조하지만 그 정치를 지탱하게 해주는 물질성 혹은 다른 시간의 가능성조차 포기함으로써 허무주의로 귀결되고 만다. 보드리야르는 이런 허무주의조차 저항적 전략으로 읽고 있지만 그의 시뮬라크르는 그런 저항조차 무의미하게 만든다는 점에서 근본적으로 허무주의에서 탈피하지 못한다.

3. 데리다의 유령적 시뮬라크르와 메시아적 초월

우선 시뮬라크르에 관한 보드리야르와 데리다의 견해 차이를 이해하기 위한 하나의 단서로서 두 사람이 마르크스의 '사용가치' 개념을 취급하고 있는 방식을 살펴볼 필요가 있다. 오늘날 마르크스의 사용가치 개념은 많은 비판을 받고 있다. 그 비판의 주된 요지는 사용가치 개념이 교환가치에 의해 소비되기만을 기다리면서 상품 내부에 존재하는 형이상학적 본질이나 기원 같은 것으로 전제되어 있다는 점이다(Connor 143). 사용가치 개념을 하나의 기원이나 본질로 보는 마르크스주의적 입장을 거부한다는 점에서 보드리야르와 데리다는 견해를 같이 하지만 거부의 논리와 방식에선 두 사람은 뚜렷한 이론적 차이를 보인다. 앞서 지적했듯이 모든 유용성과 의미가 기호와 코드의 교환가치에 의해 내파되어 버린 보드리야르의 시뮬라크르 세계에서 사용가치 개념의 설정은 근본적으로 환상에 불과하다. 보드리야르는 교환가치에 선행하는 순수한 인간의 욕구나 유용성, 즉 사용가치는 존재하지 않으며, 만약 존재한다면 그것은 물신화된 개념에 지나지 않는다고 주장한다. 즉 "사용가치와 유용성 자체는 상품들의 추상적인 등가관계처럼 물신화된 사회관계이며 구체적인 용도와 목적이라는 허구적인 자명함으로 감싸져 있는 욕구체계라는 추상"(*Critical* 131)이라는 것이다. 오히려 보드리야르는 사용가치 개념 자체가 교환가치를 이데올로기적으로 변호하고 물신화하기 위하여 고안된 개념에 불과하다고 비판한다(138). 그는 사용가치가 교환가치에 보편적이고 항구적인 보증을 제공하며 교환가치를 재생산하는 이데올로기로 작용한다는 점에서 교환가치의 물신숭배보다 더 깊고 더 신비스러운 것이라고 주장한다.

데리다 또한 순수한 본질이나 기원으로서의 사용가치란 존재하지 않는다고 본다는 점에서는 보드리야르와 유사한 주장을 한다. 그는 현상학이 시장과 교환가치를 괄호치는, 즉 "시장을 사고하지 않기 위한 사용가치의 담론" (*Specters* 150)이라고 주장한다. 데리다에 따르면, 현상학은 사용가치를 교환가치에 침윤되지 않은 인간의 속성과 인간적인 감각적 사물의 현상으로 간주함으로써 순수한 사용가치의 개념을 지향하는 현전의 형이상학의 전형이다. "사용가치를 고수하게 되면, . . . 사물의 속성은 항상 인간에 고유한 것, 인간의 속성과 관련을 맺는다. 그러므로 사물의 속성은 인간의 욕구에 반응하거나(이것이 정확하게 사물의 사용가치이다), 그러한 욕구를 위해 사물을 만들려고 한 인간 활동의 산물이 되는 것이다"(150). 이에 대해 데리다는 보드리야르와 마찬가지로 자본주의적 상품관계 속에서 이런 순수한 사용가치를 전제하는 것은 불가능하다고 본다. 하지만 데리다가 보드리야르와 견해를 같이하는 것은 여기까지다. 사용가치와 교환가치의 관계를 부정하고 사용가치란 교환가치를 사고하기 위한 환상에 불과하다고 주장하는 보드리야르의 주장과 달리, 데리다가 순수한 사용가치 개념을 거부하는 것은 상품이나 교환가치와 사용가치 간의 분리불가능성, 즉 시뮬라크르적이고 유령적인 관계를 강조하기 위해서다. 데리다에게 자본주의적 세계에서 상품이 된다는 것은 사용가치의 사물과는 전혀 다른 것이 된다는 것을 의미한다. 즉 상품의 세계에서 일상적이고 감각적인 사물은 "초자연적인 사물, 감각적 비감각적인 사물, 감각적이지만 비감각적인 것, 감각적으로 초감각적인 것"(150)으로 존재할 뿐이다. 데리다는 상품의 감각적 비감각적(sensuous non-sensuous) 성격을 상품의 시뮬라크르적이고 유령적인 성격으로 해석한다. 그에 따르면 상품은 현상학에서 말하는 본질적 "현상이 없는 하나의 '사물'이며 감각을 초월하는 비약하는 사물이지만 이때의 초월은 전혀 정신적이지 않은 초월이다"(151). 여기서 정신(spirit)적이지 않다는 것은 데리다가 상품의 신체 없는 신체(bodiless body), 즉 유령(specter)적 성격을 말하기 위함이다. 정신은 출몰하지 않는 데 반해, 유령은 햄릿의 살해당한 아버지처럼 감각적 신체를 빌려 출현하거나 출몰해야 한다. 유령이 위협적인 것은 그것이 바로 상품과 사물, 현존과 부재, 사용가치와 교환가치, 본질과 현상의 이분법을 해체하는 바로 감각적 비감각성의 시뮬라크르이기 때문이다.

데리다는 감각적-비감각적인 것(유령)을 통해 자본주의적 교환세계에서 "상품이 사물에 출몰하고 상품의 유령이 이미 그 사용가치 속에 작동하고 있다"는 것을 보여주고자 한다. 즉 이미 현전의 세계 속에 시뮬라크르적이고 유령적인 또 다른 세계가 작동하고 있음을 보여주는 것이다. 그는 교환가치 이전에 순수한 사용가치를 설정하는 것은 이미 사용가치 속에 작용하는 상품의 유령적 계기를 부정하고 스스로에 현전하는 동질적 사용가치라는 기원을 도입하려는 것이라고 주장한다. 여기서 우리는 현전의 형이상학에 대한 데리다의 비판의 또 다른 형식을 보게 된다. 하지만 데리다가 사용가치 개념을 부정하는 것이 아니라는 점에 유의할 필요가 있다. 다만 그는 "교환가치와 상품형식에 기여하는 모든 것을 순화시켜버린 사용가치" 개념이라는 그 현전의 순수성을 의심할 필요가 있다고 주장한다(159-60). 사용가치에 관한 데리다의 시뮬라크르적이고 유령적인 논리는 사용가치를 본질적 현상으로 전제하고 있는 현상학적 입장뿐만 아니라 사용가치를 환상으로 간주하여 부정한 바 있는 보드리야르의 시뮬라시옹의 세계와도 다르다. 이 차이는 데리다의 이론과 보드리야르의 이론 간의 본질적 차이를 드러내는 지점이다. 모든 의미와 내용이 내파된 채 기호와 코드의 교환가치로 흡수되어버린 보드리야르의 시뮬라시옹 세계에서는 교환가치의 '외부', 즉 추상적인 시뮬라크르의 세계를 깨고 이질적이고 타자적인 시간을 끌어들일 수 없다면, 데리다의 유령은 사용가치의 부정이 아니라 사용가치와 교환가치 사이의 시뮬라크르적이고 유령적인 차이를 통해 현존 질서와 지배구조의 '외부'를 사고할 수 있는 계기로 작용하기 때문이다.

데리다가 마르크스의 유령(specters)을 복수형으로 쓰고 있듯이, 상품의 유령적 특징은 유령의 한 모습에 불과하다. 그의 유령 이론의 진면목은 사용가치와 교환가치의 시뮬라크르적이고 유령적인 관계를 단순히 지적하는 차원을 넘어 더욱 근본적이고 급진적인 차원의 유령 혹은 시뮬라크르의 가능성으로 나아가는 데서 엿볼 수 있다. 유령 개념을 통해 데리다는 가치를 넘어선 영역, 즉 교환가치와 사용가치를 넘어선 정의(justice)와 증여(gift)의 해체불가능한 절대적 지평을 드러내고자 한다. 그는 "순수한 사용이 존재하지 않는 것처럼, 교환과 상업의 가능성이 이미 미리 **비사용**(*out-of-use*), 즉 무용함으로 환원될 수 없는 초과적 의미작용(excessive signification) 속에 각인해두지 않은 사용가치란 존재하지 않는다"(160)고 말한다. 이 지적은 교환가치와 사용가치의 시뮬라크르적인 유령적 관계를 설명하는 차원을 넘어 교환가치 내에서 이미 사용가치가 자신의 한계를 넘어설 가능성, 즉 가치 관계 자체를 넘어설 가능성을 갖게 된다는 중요한 통찰을 제기하고 있다. 데리다에 의하면 바로 이 초과적 의미작용에 "교환을 넘어선 선물(증여)"(gift beyond exchange)과 가치를 넘어선 은총(grace)의 약속이 새겨져 있다. 이렇게 본다면 사용가치 또한 새롭게 정의될 수 있다. 데리다는 "사용가치가 사라지기보다는 일종의 한계, 한계 개념, 즉 어떠한 대상도 조응할 수 없고 조응해서도 안 되는 순수한 시작의 상관자가 된다"(160)고 말한다. 여기서 말하는 순수한 시작이란 존재론이나 현상학에서 말하는 본질이나 그 현전의 시작을 뜻하는 것이 아니라 가치의 한계를 넘어설 가능성을 의미한다고 볼 수 있다. 여기서 데리다는 본질적 현상을 드러내고자 하는 현전의 존재론에 맞서 "그런 정초적인 형이상학적 용어 없이 유령같이 지연되는 비-기원(non-origin)"(Peter 11)을 탐구할 유령학(hauntology)을 제안한다.

만일 상품형식이 현재 사용가치가 아니라면, 비록 상품형식이 현실적으로 현전하지 않는다 하더라도, 상품형식은 미리 목재테이블(필자―사용가치의 직접적 형태)에 영향을 끼치고 있다. 그것은 장차 될 유령처럼 미리 사용가치에 영향을 주고 사용가치를 박탈한다. 하지만 바로 이 지점이 정확히 유령의 출몰이 시작되는 지점이다. 그리고 출몰의 시간, 출몰의 현재의 비시간성(untimeliness), 출몰이 '어긋나게 되는'(out of joint) 시간이 시작하는 지점인 것이다. 출몰한다는 것은 현전한다는 것을 뜻하지 않는다. 한 개념이 아니라, 존재와 시간의 개념으로 시작하는 모든 개념의 바로 그 구성 속에 유령의 출몰을 도입하는 것이 필요하다. 이를 우리는 유령학이라고 부르고자 한다. 존재론은 출몰을 막기 위한 움직임 속에서만 유령학에 반대한다. 존재론은 유령 쫓아내기(conjuration)인 것이다. (*Specters* 161)

여기서 주목할 점은 데리다가 사용하고 있는 개념과 언어들이다. 유령 출몰의 시간이 갖는 비시대성, 어긋난 시간, 마치 흔적(trace)과 같이 가치의 한계를 넘어서면서 동시에 가치 속에 각인된 증여의 시간, 바로 이런 개념들을 통해 데리다가 사고하고자 하는 것은 무엇인가? 그는 왜 현재와 다른 시간, 현재의 현전과 어긋나는 비-현전의 어긋난 시간을 불러들이고자 하는 것인가? 『마르크스의 유령들』은 현실정치에 대한 데리다 나름의 정치철학적 개입이었다. 즉 그것은 현실사회주의의 붕괴, 마르크스주의의 급격한 퇴조, 대안세력의 침체, 제어장치가 사라진 전 지구적 자본주의의 도래, 그리고 자유민주주의의 승리를 노래하는 후쿠야마와 같은 역사종말론의 유행이라는 반동적 상황 속에서 써졌다. 특히 후쿠야마의 역사종말론은 헤겔과 코제브의 인정투쟁을 반동적으로 전유하여 자유민주주의가 인정투쟁의 최종적 승자이며 '인간적 정부의 최종형태'라고 선언한 승자의 메시지를 담고 있었다(Fukuyama 45). 하지만 그의 역사종말론은 자유민주주의를 역사의 종점에 위치지음으로써 역사의 진보를 맹종해온 역사주의의 새로운 판본이며 자본주의의 승리를 선언한 반동의 낙관주의였다. 해체가 현실비판에 취약하다는 비판에 대답이라도 하듯, 데리다의 유령학은 이런 상황에 정치적이고 철학적으로 개입한 것이었다. 그에게 18세기 부르주아의 신성동맹에 맞서 그들의 자족적이고 현전적인 시간을 이접시키고 탈구시키며 어긋나게 만들기 위해 코뮌주의라는 유령을 불러냈던 마르크스를 다시 복수의 유령들 (specters)로 불러냄으로써 현재의 반동적 시간에 또 다른 시간, 현재와 어긋난 탈구된 시간, 증여와 정의와 환대의 시간을 불러내는 것이 시급한 과제로 생각되었던 것이다. 데리다에게 마르크스의『공산당 선언』이 갖는 의미는 "비현실적인 만큼 강력한 유령, 즉 유쾌하게 살아있는 잠재적으로 현존이라 불리는 것보다 더욱 현실적인 환영 혹은 시뮬라크르"(*Specters* 13)를 불러낸 데 있다. 데리다는 대담하게도 마르크스 없는 미래, "마르크스의 기억과 유산이 없는 미래"(13)는 존재할 수 없다고 선언한다.

데리다의 유령학은 그의 철학에서 갑자기 등장한 예외이거나 해체의 비정치성에 대한 비난을 변호하기 위한 데리다의 방어적인 입장의 관점에서 볼 수는 없다.『마르크스의 유령들』의 도처에서 정의, 환대, 책임, 증여와 같은 용어들과 마주칠 수 있듯이, 유령학은 그의 후기 철학의 주제와 밀접한 관련이 있다. 그러므로 데리다의 유령학을 이해하기 위해서는 현전의 비-현전을 드러내는 유령의 독특한 시간 개념과 더불어 해체의 윤리 정치적 입장으로 나아간 데리다의 후기 철학과의 관련성에 대한 탐구를 우회하기는 힘들다. 우선 데리다는 '유령' 개념을 통해 "현존과 비-현존, 현실성과 비현실성, 삶과 비-삶 사이의 대립을 넘어설"(12) 가능성을 사고하는 한편, 실재와 시뮬라크르의 존재론적 대립을 해체하고 탈구시키는 시간의 물질성을 주장하고자 한다. 이는 현존과 재현을 특권화해 온 서양 형이상학과 그 학문적 전통을 비판하기 위한 것이다. 데리다에 의하면 지금까지 유령을 다룬 학자는 전무했다. 즉 "실재적인 것과 비실재적인 것, 현실적인 것과 비현실적인 것, 살아있는 것과 살아 있지 않은 것 사이의 첨예한 구분, 현전하는 것과 그렇지 않은 것 사이의 대립을 믿지 않는 학자는 결코 존재한적이 없었다"(11). 이런 현실에 대항하여 데리다는 모든 사회의 중심에 존재하는 타자에게 열린 또 다른 시간, 즉 '유령성'(spectrality)을 통해 서양의 현존적 존재론의 전통을 해체하고자 한다. 그에게 시간이란 보드리야르처럼 기호와 코드로 내파된 동질적이고 공허한 시뮬라크르의 시간이 아니다. 오히려 그런 시간을 어긋나게 만들고 탈구시키며 그 틈새 속으로 정의와 증여를 불러들이는 시간인 것이다. 그러므로 유령의 시간이란 지배자의 현재의 시간이 아니라 그 시간과 이미 '어긋난'(out of joint) 시간이며 현전의 동일성을 이미 오염시켜버린 차연과 해체의 시간이다. 즉 유령은 '현전하는 것의 현전 자체 속에서의 어긋남, 현재의 시간이 바로 자기 자신과 어긋나는 비동시대성'을 의미하고, 나아가서 "타자에 대한 참조, 급진적 타자성과 이질성, 차연, 기술성, 그리고 이념성의 가능성을 현전이라는 바로 그 사건 속에 각인시키는" 시간(75)을 상징한다.

　　이 시간 개념이 비판의 표적으로 삼고 있는 것은 일직선적 진보의 진행이라는 동질적이고 공허한 시간관과 역사의 종말을 주장하는 목적론적이고 반동적인 승자의 역사주의이다. 데리다는 이런 승자의 역사주의를 거부하기 위해 발터 벤야민(Walter Benjamin)이 말한, 현재에 굴복하는 과거의 텅 빈 시간이 아니라 자신의 권리를 주장하는 과거의 질적인 힘, 즉 "약한 메시아적 힘"(weak messianic power)을 참조한다(Benjamin 390). 파시즘이 점차 운명으로 다가오던 유럽 반동의 시대에 벤야민은 유럽사회민주주의에 의해 전유된 역사주의의 동질적이고 공허한 시간(homogeneous and empty time)을 정지(폭발)시키고 "역사의 연속체를 열어제치는"(blast open the continuum of history) 메시아적 혁명의 시간을 복권하고자 한 바 있다(396). 데리다는 발터 벤야민의 이런 '역사' 개념에 의지하여 또 다른 시간성, 즉 목적론적 역사주의를 비판하고 "타자, 예측 불가능한 것들, 그리고 어떤 선험적 담론에 의해 지배될 수 없는 순수한 사건"에 자신을 근원적으로 열어두는 '메시아주의 없는 메시아적인 것'(a messianic without messianism)(Specters 59)을 주장한다. 이 메시아주의 없는 메시아적인 것이란 '약속'과 '도래할 시간'으로만 존재하는 것이지 벤야민의 역사주의에 상응하는 존재-신학적이거나 목적-종말론적 프로그램이나 구도와는 무관한 것이다.

> 해체적 절차는 처음부터ㅡ헤겔, 마르크스, 심지어 하이데거의 획기적 사유에서조
> 차ㅡ... 역사에 관한 존재-신학적일 뿐만 아니라 원-목적론적 개념을 문제 삼는
> 데 있었다. 그것은 이런 역사 개념을 역사의 종말이나 무역사성(anhistoricity)으로 반
> 박하는 것이 아니라 반대로 이런 존재-신학적-원-목적론(onto-theo-archeo-teleology)이 역
> 사성을 차단하고 중립화하고 종국적으로 말소시키는 것임을 보여주기 위한 것이
> 었다. 그렇다면 문제는 또 다른 역사성ㅡ새로운 역사 혹은 "새로운 역사주의"가
> 아니라, 사람들을 단념하도록 만들기보다는 오히려 약속으로서의 메시아적이고
> 해방적인 약속이라는 긍정적 사고로의 접근을 개방하는 역사성으로서의 사건-성
> (event-ness)의 또 다른 개방이다. 즉 **존재-신학적이거나 목적-종말론적 프로그**
> **램이나 구도가 아니라 약속으로서** 사고하는 것, 그것이 문제이다. (74-75)

데리다의 유령학은 역사의 시간성을 동질적이고 일관되게 꿰어놓는 목적
론적 역사주의를 해체하고 그 속에 급진적 타자성과 이질성의 가능성을 각인시
키고자 한다. 그러므로 유령은 현재의 동질적 시간과 급진적 타자성 간의 차이
에서 어긋남의, 우연성의 물질성을 갖게 되는 것이다. 여기서 유령은 그 고유한
독특성과 사건 속에 존재하는 용어이지만 현존의 형이상학을 해체하기 위한 데
리다의 초기 용어들, 즉 해체, 흔적, 반복가능성, 보충대리와 기능적 유사성을 갖
고 있음을 알 수 있다. 하지만 여기서 놓쳐서는 안 되는 것은 그러한 유사성에도
불구하고 그 내부에 새로운 차원의 정치적이고 윤리적인 해체 개념이 자리 잡고
있는 점이다. 데리다는 80년대 후반부터 법으로 환원불가능한 정의, 빚을 넘어
선 의무, 경제를 넘어선 증여, 무조건적 용서와 환대라는 개념을 통해 해체의 윤
리적·정치적 지평을 넓혀가기 시작한다. 즉 법과 빚과 경제(교환)의 "가능한 것
들의 불가능성"의 지평으로서 정의, 증여, 환대, 의무의 문제를 제기하기 시작한
다. 데리다에 따르면 법과 빚과 경제가 해체 가능하다면, 그것은 정의, 증여, 환

대라는 해체 불가능성 때문이다(『법의 힘』 33). 이때부터 데리다는 해체를 정의로, 증여로, 환대로 인식하기 시작한다. 데리다의 의하면 해체란 곧 "법과 분리된", "법과 권리로 환원 불가능한" 정의의 해체불가능성(undeconstructibility)을 의미한다. 여기서 주목할 바는 데리다가 유령을 정의와 증여와 환대 개념으로 설명하고 있는 점이다. 그는 현존하지 않는 유령과 타자의 문제에 관해 말할 때 그것이 '정의'를 위한 것임을 분명히 밝힌다(Specters xix). 정의가 법의 한계와 해체가능성을 위한 해체 불가능한 지평이듯이(『법의 힘』 34), 증여가 경제와 관련하여 불가능성의 지평이듯이(Given Time 7), 환대의 무조건적인 차원이 곧 정의이듯이(Cosmopolitanism 23), 유령의 출몰 이유는 또 다른 시간, 타자의 타자성, 프로그램이나 구도가 없는 도래할 미래에 대한 무조건적 받아들임, 즉 환대와 정의를 선언하고, 나아가서 교환경제의 해체 불가능한 한계지점으로서의 증여의 불가능한 차원을 알리기 위해서다. 마르크스(의 유령) 없이 미래는 없다고 말한 데리다의 의도는 바로 여기에 있다.

4. 들뢰즈의 시뮬라크르와 탈재현의 정치학

데리다의 유령적 시뮬라크르는 법과 경제의 외부에 존재하는 정의의 해체 불가능성, 즉 법은 해체 가능하지만 '정의'는 해체할 수 없다는 그의 주장처럼 법과 경제의 한계에서 절대적 타자성과 또 다른 시간, 그리고 정의와 대면할 가능성을 강조한다. 그런 점에서 그의 유령적 시뮬라크르는 모든 의미와 내용이 내파되어 기호와 코드로 변한 채 내부와 외부조차 사라진 보드리야르의 시뮬라크르적 세계와는 전혀 다른 성격을 갖는다. 보드리야르의 시뮬라시옹의 시간이 내파된 단일하고 표면적인 시뮬라크르의 시간이라면, 데리다의 유령적 시뮬라크르의 시간은 과거와 현재, 그리고 미래가 자신의 질적 시간을 주장하는, 그리고 현재의 현전적 시간에 이미 현재의 프로그램의 재현구도 내에서 사고될 수 없는 '도래할 미래'가 약속으로 등록되어있는, 탈구적이고 이접적인 시간이다. 사실 데리다의 유령적 시뮬라크르는 보드리야르의 허무주의적 시뮬라크르의 세계조차 열어제치는 급진적 정의와 윤리를 요청하고 있다. 보드리야르의 시뮬라크르가 재현으로부터 벗어나면서 그 물질성조차 박탈해버리는 허무주의적 성격을 띠고 있는 데 반해, 데리다의 유령이 갖고 있는 감각적인 비감각적 시뮬라크르는 재현의 현전적 시간 속에 비-현전을 새겨 넣는 한편, 그 현전의 시간을 초월하여 정의와 증여를 출몰시키는 급진적 성격을 띠고 있는 것이다.

하지만 데리다의 이런 급진적 초월성이 현실 속에서 어떤 실천적 의미를 갖게 될 지에 대해서는 좀더 깊은 논의가 필요하다. 데리다의 유령이 급진적 초월성을 갖는 것은 그것이 어떠한 현실적 프로그램도 거부하는 약속이나 절대적 요청으로만 존재해야 한다는 데서 비롯한다. 어떠한 현실적 실천도 프로그램의 유혹을 뿌리칠 수 없으며 재현적 구도 속으로 떨어질 위험이 있기 때문이다. 데리다가 정의, 증여, 환대를 가능한 것의 불가능성, 해체 불가능성, 절대적 개방성으로 정의하는 것은 바로 이런 유혹과 위험에 대한 경계 때문이다. 그렇다고 해서 데리다의 이론이 요청하는 급진적이고 절대적인 지평이 현실에서 곧장 실천성을 갖게 되는 것은 아니다. 데리다의 윤리 정치적 사유로의 선회는 차연, 보충대리, 흔적의 논리를 펼치던 이전의 철학을 계승하는 것이면서 동시에 윤리 정치적 사유로의 전환이 요구하는 불가피한 이론적 변화 또한 겪고 있음에 주목할 필요가 있다. 차연, 보충대리, 흔적은 모두 글쓰기라는 해체의 언어적 모델에 근거했다. 그 개념들은 절대적 약속이나 요청이 아니라, 이미 말이나 목소리가 글쓰기에 의해 오염되어 있고, 의미의 현전적 통일성은 흔적과 차연의 비현전의 효과에 지나지 않으며, 자연이란 근원적 순수성은 이미 문화의 보충대리를 피할 수 없다는 것을 설명하였다. 그 개념들은 아무리 급진적이라고 하더라도 해체할 수 없는 초월적이고 절대적인 지평을 마련하지 않았다. 초월성은 곧 또 다른 현전을 의미할 수도 있기 때문이다. 하지만 해체가 언어적 모델에서 윤리 정치적 사유로 옮겨갈 때 사정은 달라지고 일정한 변화는 불가피해 보인다. 정의, 환대, 증여라는 윤리 정치적 개념은 '너머'를 인정하지 않는 차연과 흔적과 보충대리 개념과 달리, 법과 경제와 빚의 '너머'(beyond)에 존재하는 해체 불가능성과 가능한 것의 불가능성을 개방하는 약속이자 요청인 것이다. 이런 점에서 데리다의 해체가 윤리 정치적 입장으로 전환한 것은 이전의 언어적 해체 개념을 계승하는 것이면서 동시에 이전과의 긴장 혹은 부분적인 단절을 함축하고 있는 것 같다. 이를테면 유령 개념에서 순수한 사용가치의 불가능성을 주장하고 사용가치에는 이미 교환가치가 새겨져 있다고 말할 때는 흔적과 차연 개념을 연상시키지만, 가치관계를 넘어선 정의와 증여 그리고 은총을 말하는 대목에선 초월의 논리가 재차 도입되고 있는 것은 아닌가 하는 의문이 든다.

　　데리다의 유령이 불러오고자 하는 정의와 은총의 메시아적 약속은 유럽 반동의 시대 역사주의에 대항하여 구원의 메시아를 요청했던 벤야민처럼 현실적 변혁이 봉쇄되고 패배의식이 팽배한 반동적 시간에는 적절한 개입이 될 수 있다. 하지만 그런 상황에서 벗어나 새로운 긍정과 변화의 힘이 감지될 무렵에는 모든 현실적 변혁의 프로그램과 구도를 의심하는 정의와 은총의 메시아적 약속이 과연 어떤 현실적이고 구체적인 실천가능성을 가질 수 있을까? 현실적 프로그램과 구도를 설정하지 않은 채 정의와 은총의 메시아적 약속이 초월적 지평으로만 머물 때 자칫 기존의 현실 관계를 그대로 용인하는 방식으로 작용할 위험은 없을까? 나아가서 현실적 변혁의 프로그램과 재현적 구도를 사전에 설정하지 않으면서도 현실에 대한 실천적 시각을 가질 수는 없는가? 이런 의문들은 우리로 하여금 데리다의 유령학에 대한 비판적 검토를 요구한다. 데리다의 『마르크스의 유령들』을 비판적으로 논하는 글에서 안토니오 네그리(Antonio Negri)는 데리다의 유령학이 문제제기에서는 설득력 있지만 대안으로서는 분명한 한계가 있다고 말한다. 그는 데리다의 유령학이 마르크스주의자들이 마르크스의 유령으로 무엇을 해야 할 지 전혀 모르는 상황에서 자본주의에 대한 비판의 기획을 쇄신하는 데 기여했음을 인정한다(7). 그는 물질적 노동과 비물질적 노동, 육체노동과 지적 노동 간의 구분이 사라지고 다양한 가치형식과 연결된 대안들이 등장하는 등 노동패러다임의 근본적 변화가 발생하고 있는 상황에서 "거대한 지각적 변화가 미래로부터, 즉 시간들의 불안하고 혼돈스럽고 탈구된 토대로부터 주어진다. 어긋나고 탈구된 시간, 바로 이것이 없다면 역사도 사건도 정의의 약속도 존재하지 않을 것이다"는 데리다의 주장이 강력했음에 동의한다. 하지만 문제는 데리다의 주장이 우리를 생산과계의 새로운 단계, 즉 "유동적이고 유연하며 전산화되고 비물질화되며 유령적인 노동"(9)이라는 노동패러다임의 새로운 변화의 세계로 인도해야 했지만 그러지 못했다는 점이다. 즉 데리다의 정의와 유령은 "(현실적) 실천과 접촉하지 못하고 정의를 결정하는 가능한 요인들을 확인만 하고 그 자리를 떠남으로써 고독한 초월적 지평을 강조"(15)할 뿐이라는 것이다. 그 예로 네그리는 데리다의 『마르크스의 유령들』에서 마르크스가 자본주의 사회에서 "비판적이지만 전(前)해체적인 현존의 존재론으로 삼고자 했던"(10) 착취(exploitation) 개념이 거의 등장하지 않고 있다고 지적한다. 네그리는 진정으로 유령이 필요하다면 데리다의 것과는 다른 유령학, 즉 "비판의 산물일 뿐만 아니라 자본의 세계를 파괴하고 자유를 구성하는 정념(passion), 즉 현 상태를 파괴하는 현실의 운동"(15)으로서의 유령이 필요하다고 주장한다.

　　네그리의 비판을 간략히 소개한 이유는 그의 주장이 데리다의 유령적 시뮬라크르와 앞으로 살펴볼 들뢰즈의 시뮬라크르가 서로 다른 철학적 전통에 입각하고 있음을 보여주기 때문이다. 네그리의 마르크스주의는 내재성과 잠재성에 관한 들뢰즈의 사상을 상당부분 공유하고 있으며, 데리다의 정의와 윤리가 갖는 초월적 지평에 대한 그의 비판은 들뢰즈의 내재적이고 잠재적인 시뮬라크르에 보다 쉽게 접근할 수 있는 실마리가 될 수 있기 때문이다. 데리다가 마르크스의 유령을 말하면서 자본의 너머에 존재하는 정의와 증여의 초월적 지평을 말하고 자 했다면, 네그리는 바로 그 자본의 외부가 이미 자본주의에 내재적임을 강조 한다. 즉 자본을 극복할 힘은 어떤 초월적 지평으로부터의 요청이 아니라 이미 자본의 내부에서 현실적 힘으로 작동하고 있다는 것이다.

들뢰즈 또한 초월적 지평을 재현의 논리로 간주한다. 그에게 초월적 지평 이란 잠재적이고 내재적이고 강도적인 힘과 시뮬라크르를 유사성, 동일성, 유비, 대립이라는 재현 관계 속에 가두려고 하는 메커니즘에 다름 아니다. 들뢰즈 사 후 『리베라시옹』(*Libération*)에 쓴 들뢰즈에 관한 데리다의 짧은 조사는 많은 것 을 시사한다. 데리다는 들뢰즈와 자신 사이에는 핵심적 테제와 "몸짓, 전략, 글 쓰기, 말하기, 읽기의 방법"(*Mourning* 192)에 있어 아주 긴밀한 유사성이 있음을 강조한다. 그는 테제의 구체적 예로 들뢰즈의 "변증법적 대립에 대항하는 환원 불가능한 차이, 모순보다 '더 심오한' 차이, 유쾌하게 반복되는 긍정의 차이, 시 뮬라크르에 대한 주목"(192-93)을 거론한다. 조사라는 글의 성격을 감안하고 읽 어야겠지만 주목할 부분은 데리다 조사의 마지막 대목이다. 여기서 데리다는 만 약 들뢰즈가 살아있다면, 그래서 자신과 약속한 토론을 벌인다면, 자신이 제기 할 첫 질문은 아르토의 기관 없는 신체와 내재성 개념에 관한 것이 되었을 것이 라는 말을 덧붙인다(195). 내재성과 기관 없는 신체가 들뢰즈의 핵심개념임을 생각할 때, 데리다의 첫 질문이 이 개념에 관한 것이 될 것이란 말은 들뢰즈와 데리다의 이론적 차이와 미묘한 긴장을 느끼게 한다.

사실 시뮬라크르 개념에 관한 두 사람의 이론적 차이는 그들이 속한 철학 적 전통의 차이와 무관하지 않다. 아감벤(Agamben)은 삶에 관한 근대 철학의 두 계보를 구분하면서 데리다를 칸트, 후설, 하이데거, 레비나스로 이어지는 초월성(transcendence)의 계보에 넣는 반면, 들뢰즈를 푸코와 더불어 스피노자, 니체, 하이데거로 이어지는 내재성(immanence)의 계보에 귀속시킨다(Agamben 239). 이 구분이 지나치게 구획적이고, 특히 데리다와 들뢰즈 간의 유사성을 간과한다는 점을 일정부분 경계하면서 수용할 때, 이는 들뢰즈와 데리다 간의 이론적 차이를 맥락화하는 데 어느 정도 도움을 줄 수 있다.

이제 들뢰즈의 시뮬라크르 개념으로 돌아가 보자. 그리고 우리가 데리다에게 제기했던 핵심적 질문, 즉 현실적 변혁의 프로그램과 구도를 미리 설정하지 않으면서 현실을 새롭게 바꾸고 생성할 수 있는 가능성을 사고 할 수 있는 길이 있는가를 들뢰즈에게도 던져보자. 들뢰즈의 시뮬라크르 개념은 유사성과 동일성에 따라 이념과 사물과 모사물을 분리하는 플라톤주의를 비판하기 위한 그의 초기철학의 핵심개념이다. 들뢰즈가 "동일성이 일차적일 수 없다는 것, 동일성은 원리로서 현존하지만 이차적인 원리로서, 생성을 마친 원리로서 현존한다는 것, 동일한 것은 차이나는 것의 둘레를 회전한다는 것, 이것이 코페르니쿠스적 혁명의 내용이다"(『차이와 반복』112)라고 말할 때, 바로 그 코페르니쿠스적 혁명의 수행적 개념 중의 하나가 시뮬라크르라고 할 수 있다. 플라톤 철학에서 절대적 진리로서의 이데아는 유사성과 동일성의 논리, 즉 나눔의 방식에 따라 사물을 구분하고 자신의 모사물의 근거를 형성하는 데 반해, "반항적이고 유사성 없는 이미지(허상, 시뮬라크르)들"(573)은 나쁜 이미지로 간주되어 제거되고 축출되어야 한다. 하지만 들뢰즈는 바로 이 반항적이고 유사성 없는 이미지인 시뮬라크르에서 플라톤주의와 그것을 계승하는 재현의 논리를 전복할 가능성을 찾아낸다.

시뮬라크르는 정확히 말해서 유사성을 결여하고 있는 이미지, 어떤 악마적인 이미지이다. 또는 차라리 시뮬라크르는 모상과는 반대로 유사성을 외부에 방치하고 단지 차이를 통해 살아가는 이미지이다. 시뮬라크르는 그 자체가 어떤 불균등성 위에 구축되고 있다. 시뮬라크르를 구성하는 계열들은 유사하지 않고, 그 계열들의 관점들은 발산하고 있다. 시뮬라크르 자체는 그런 탈유사성과 발산을 내면화했고, 그 결과 여러 사태들을 동시에 보여주고 여러 이야기들을 동시에 들려주기에 이른다. 이런 것이 바로 시뮬라크르의 첫 번째 특징이다. (286)

들뢰즈에게 시뮬라크르는 제거되어야 하는 나쁜 이미지가 아니라 그 자체 강도와 역량과 변이의 잠재력을 가지면서 독특성과 차이를 생산하는 실천적 기호이다. 즉 그것은 "차이의 목을 조르고 차이를 재현의 4중의 굴레(동일성, 유사성, 대립, 유비)에 종속시키면서 차이의 운반을 멈추게 하는 모든 심급들"(625)을 깨고 차이 그 자체, 즉 "차이나는 것이 차이 그 자체를 통해 차이나는 것과 관계 맺는 체계"(624)를 형성한다. 바로 이 체계 속에서 시뮬라크르는 차이의 발산과 탈중심화를 긍정한다. 영원회귀가 유사성, 동일성, 대립, 유비라는 4중의 재현적 구속을 떨쳐버리고 새로운 힘과 마주하는 것이라면, 시뮬라크르는 바로 그 영원회귀의 탈중심화된 중심을 통과하고 회귀하는 기호인 것이다. "영원회귀가 존재(비형상적인 것)의 역량일 때, 시뮬라크르는 존재하는 것, 즉 존재자의 참된 특성 혹은 형상"(163)인 것이다. 시뮬라크르가 계열을 형성한다면, 그것은 재현의 논리와는 전혀 다른 계열을 형성하게 될 것이다. 거기에선 원본과 모상의 구분이 사라지고, 모든 재현의 논리는 폐기되며, 이념적 원형의 특권적 지위조차 장담할 수 없게 된다.

사실 시뮬라크르 개념은 『차이와 반복』(*Difference and Repetition*)이나 『의미의 논리』(*The Logic of Sense*)에서 핵심개념으로 사용되다 그의 후기 저작인 『철학이란 무엇인가』(*What is Philosophy?*)나 『순수 내재성』(*Pure Immanence*)에서는 거의 사용되지 않는다. 이 개념은 다양체(multiplicity), 선(line), 배치

(assemblage), 다이어그램(diagram) 등과 같은 개념들에 의해 서서히 대체된다.[1] 아마 시뮬라크르 개념이 플라톤주의나 재현의 논리와 투쟁하기 위해 재현 논리와 동일한 지반 위에서 싸우는 데 필요했겠지만, 들뢰즈 자신의 독특한 논리를 전개하는 데는 오히려 불충분하거나 이론적 장애로 기능할 수도 있기 때문이었을 것이다. 하지만 시뮬라크르 개념에 대한 정확한 인식과 그것이 데리다의 시뮬라크르 개념과 갖는 차이를 이해하기 위해서는 들뢰즈의 후기 철학에서 보다 집중적으로 강조되고 있는 '내재성'(immanence) 개념에 대한 고찰은 불가피하다.

들뢰즈는 자신의 철학을 '초월론적 경험론'(transcendental empiricism)이라 정의한다. 이 때 '초월론적'이라는 의미가 '초월적'(transcendent) 혹은 '선험적'이라는 의미와는 전혀 다르다는 점에 유념할 필요가 있다. 그것은 초월적 혹은 선험적이라는 의미가 내포하고 있는 의식 주체 내부의 선험적 영역이나 외부의 초월적 존재와 혼동되어서는 안 된다. 들뢰즈가 말하는 '초월론적'이라는 단어는 객체와 주체, 나와 너, 자아와 타자의 구분과는 무관하다. 그것은 "객체를 지시하지 않으며 주체에 속하지도 않는다는 점에서 경험(경험적 재현)과 구분되며" "비주관적인 의식의 순수한 흐름, 전반성적이고 비개인적인 의식, 자아 없는 의식의 질적 지속"(*Immanence* 25)을 의미한다. 그러므로 초월론적이라는 의미는 초월적이라는 의미보다 훨씬 급진적인 성격을 갖고 있다. '초월적'이 내재성에 도달하지 못하고 오히려 내재성을 의식에 귀속시켜버리는 재현의 한계에 머문다면, '초월론적'은 바로 그 의식의 이전 내지 너머에 존재하면서 그 의식에서 탈피하는, 즉 강도와 역량과 변이를 펼치는 내재성으로의 나아감을 뜻한다. "만일

---

1) 들뢰즈는 이미 『차이와 반복』에서 시뮬라크르 개념보다는 "이미지 없는 사유"(368)로 나아가고 있으며, 특히 시뮬라크르 개념보다는 '선'의 개념을 즐겨 사용한다(김상환, 「보드리야르와 들뢰즈: 이미지에서 선으로」 참조). 특히 그의 다른 저서들에서는 시뮬라크르 개념보다는 '선과 유사한 의미의 "다이어그램"(diagram)이라는 용어(『푸코』(*Foucault*), 『프란시스 베이컨』(*Francis Bacon*))나, 탈주선 혹은 배치(assemblage)와 같은 개념(『천개의 고원』(*A Thousand Plateaus*))이 더 중요한 개념으로 사용되고 있다(Smith 365).

의식이 존재하지 않는다면, 초월론적 장은 주체와 객체의 온갖 초월로부터 벗어나기 때문에 순수한 내재성의 장으로 정의될 수 있을 것이다"(26). 초월적인 것 혹은 선험적인 것이 단순히 경험에 앞선다는 의미만을 지닌다면, 초월론적인 것은 경험에 앞설 뿐만 아니라 경험의 실질적 조건이자 발생 원천이라는 의미 또한 지니며 재현의 지배에서 벗어난 내재적이고 강도적인 사태를 지칭한다(김상환, 『차이와 반복』 38 각주). 그러므로 초월론적이라는 의미는 우리의 의식을 지배하고 있는 자연세계를 현상학적으로 괄호(환원)치는 의식작용 자체에 머물지 않고 그 의식작용조차도 괄호 칠 때 출현하는 급진적 사태를 의미한다. 그런 점에서 초월론적인 것은 현상학의 급진화(Colebrook 6)를 뜻한다. 이 초월적 장에서는 주체나 객체는 존재하지 않고 강도와 역량과 변이의 힘들과 그들의 무한운동들이 펼쳐진다. 바로 이 무한운동들이 "스스로를 주름잡을 뿐만 아니라 다른 운동들을 주름잡고 다른 운동들에 의해 주름 잡혀지며, 무한히 접혀지는 이러한 무한성의 프랙틀화 속에서 방출들, 접속들, 증폭들을 만들어낸다"(*Philosophy* 38-9).

　　'초월론적'이라는 의미가 급진적인 이유는 그것이 재현의 굴레에서 벗어나 절대적 내재성을 끌어들이기 때문이다. 그 때 내재성은 그 어떤 것에 속하거나 내재하는 것이 아니라(not in something, *to* something) 바로 그 자체에(in itself) 내재하게 된다(*Immanence* 26). 만일 내재성이 어떤 것에 내재하는 것으로 해석될 경우 내재성은 재현의 논리로 다시 귀착되고 그 어떤 것은 반드시 초월적인 것으로 작동하게 된다. 여기서 내재성이 그 자체에 내재해야 한다는 들뢰즈의 언명이 그의 사상에 얼마나 핵심적인가를 알 수 있다. 사실 들뢰즈는 이 언명을 통해 서양 철학사 전체, 특히 초월과 재현의 철학들을 비판적으로 검토할 수 있었다. 즉 플라톤과 그 계승자의 철학에서 내재성은 초월적 유일자에 귀속되고, "초월적 유일자가 내재성이 확장되어 있고 혹은 내재성이 귀속되어 있는 유일자 위에 포개져 있다"(*Philosophy* 44). 들뢰즈는 "유일자 밖에 있는 유일자(a One beyond the One), 바로 그것이 신플라톤주의의 공식이다"(44)라고 말한다. 기독교 철학에서도 내재성의 처지는 마찬가지이며 훨씬 더 열악해진다. 내재성은 신이라는 창조적인 초월성의 틀에 맞춰 엄격하게 통제된다. 즉 초월적인 종교적 권위 속에서 내재성은 "국부적으로 혹은 중개의 정도로만"(locally or at an intermediary level)(45) 허용될 뿐이다. 그 후 데카르트에서 칸트와 후설에 이르는 서양철학의 전통에서도 내재성은 코기토에 의해 의식의 한 장으로, 연장과 질로 다루어졌을 뿐이다. 즉 내재성은 선험적 주관성, 초월적 주관성, 사고하는 주체에 내재하는 것으로 간주되었다(46).

들뢰즈는 이런 초월성의 철학에 맞서는 내재성의 철학자로 스피노자와 베르그손을 꼽는다. 스피노자가 "내재성이 실체와 양태로부터 비롯하는 것이 아니라 거꾸로 실체와 양태가 그것들의 전제로서 내재성의 평면으로부터 비롯한다"(48)고 주장함으로써 초월성과의 어떠한 타협도 용인하지 않고 내재성이 오로지 그 자체에만 내재하는 것임을, 자유란 내재성에만 존재하는 것임을, 그리고 내재성 내부에 역량의 무한운동들이 펼쳐지고 있음을 간파했던 철학자라면, 베르그손은 "끊임없이 자신을 확장하는 실체의 무한운동인 동시에 도처에서 계속적으로 권리상의 순수한 의식을 확산시키는 사유의 이미지이기도 한(내재성은 의식에 속하는 것이 아니라 그 반대인), 즉 카오스를 절단하는 하나의 평면"(49)을 그린 철학자이다. 여기서 우리는 들뢰즈가 "초월론적 장이란 철학적 과정의 중심에 스피노자주의를 다시 도입한 내재성의 진정한 평면"(*Immanence* 28)이라고 말할 때 그 말의 의미를 짐작할 수 있게 된다. 이 때 '초월론적'이라는 의미는 '초월적'이라는 의미와는 전혀 다른 차원, 선험적 자아나 초월적 존재조차 강도와 역량과 변이 앞에서 약화되는, 전(前)-개인적이고 전-인칭적인 순수내재성을 의미하는 것이다.

그렇다면 내재성의 평면은 어떤 특징들로 구성되어 있는가? 들뢰즈는 "초월론적 장이 내재성의 평면에 의해 정의된다면, 내재성의 평면은 하나의 삶(a life)에 의해 정의된다"(Immanence 28)고 말한다. 이 때 '하나의 삶'을 구성하는 것은 앞서 보았듯이, 주체나 객체 혹은 대상일 수 없다. 오히려 그것은 강도와 역량과 변이가 생성하는 "잠재성들, 사건들, 독특성들"(31)이며, 주체와 객체는 이것들이 작용하여 낳은 부차적인 효과에 지나지 않는다. 내재성의 평면은 차이와 반복의 영원회귀를 통해 잠재성과 사건과 독특성을 생성하는 무대이며 시뮬라크르들이 재현의 독단적 사유의 이미지에서 해방되어 이미지 본연의 강도와 역량과 변이의 힘을 되찾는 공간이다. 그것은 또한 본연의 잠재적이고 강도적인 역량을 회복한 시뮬라크르들이 마주침과 공명 그리고 '어두운 전조'를 통해 하나의 다양체를 형성하는 공간이다.

들뢰즈의 『차이와 반복』이 중요한 것은 이 책이 바로 이런 과정을 가장 치밀하게 논의하고 있기 때문이다. 들뢰즈에 따르면, 이 책에서의 결정적 대립은 이념과 재현의 대립이다(『차이와 반복』 416). 시뮬라크르 개념과 더불어 이 대립은 『차이와 반복』의 핵심적 기획이 사실 플라톤주의의 뒤집기에 있다는 것을 잘 보여준다. 들뢰즈는 "플라톤주의의 전복, 이것이 현대철학의 과제를 정의한다"(149)고 말하는데 이는 바로 들뢰즈 자신의 과제이기도 하다. 간략히 말해, 들뢰즈의 과제는 초월적 진리로서의 이념과 나쁜 악마적 이미지로서의 시뮬라크르를 극단적으로 대립시킨 플라톤주의에 대한 비판이다. 들뢰즈는 이념을 초월적 진리에 속하는 것이 아니라 초월론적 장, 즉 내재성의 평면에 펼쳐지는 차이와 반복의 강도적이고 미분적인 관계로 간주한다. 그는 이념을 "n차원을 띤, 정의되어 있고, 연속적인 다양체"(399)로 정의한다. 이념이 n차원을 갖는 것은 다양체의 요소들이 감각 가능한 형식이나 개념적 의미작용을 갖지 않고 어떤 역량이나 잠재성과 분리될 수 없기 때문이고, 그것이 정의 가능한 것은 그 요소들이 언제나 어떤 상호적 관계나 비율에 의해 규정됨으로써 독립성을 갖지 않기 때문이며, 그것이 연속적인 것은 그 요소들이 이상적인 다양체적 연관, 미분적 비율관계를 형성하면서 상이한 시공간적 결합관계들 속에서 현실화되어야 하기 때문이다(399-400).

들뢰즈의 이념은 본질이나 재현의 논리로는 사고될 수 없다. 재현의 논리에서는 대상을 개념과 일치시키고 대상을 본질로 규정하려는 재현 주체가 중심적 위치를 차지하고 있다면, 이념 안에서는 강도와 역량과 변이가 주체나 대상의 재현에 구애받지 않고 항상 새로운 문제와 물음을 제기한다. 그 물음은 이미 답변이 주어져 있는 재현적 질문이 아니라 항상 우연, 사건, 다양체와 같은 차이에 대한 물음들이다. 이념은 항상 사건, 변용, 우연의 편이며 비본질적인 것과 관련되어 있다. "이념의 사건과 독특성들 앞에서 '사물의 무엇됨'에 해당하는 본질은 결코 들어설 자리도, 존속할 수도 없다(416)." 그렇다면 이념은 시뮬르크르와 대립적 관계에 놓여있는 것이 아니라, 그것과 직접적 연관성을 맺고 있음, 즉 이념의 기호가 바로 시뮬라크르인 것이 드러난다. 그러므로 시뮬라크르 개념을 이해한다는 것은 재현의 논리나 범주와는 전혀 다른 방식의 사유가 필요하다는 것을 의미한다. 들뢰즈는 시뮬라크르를 이해하기 위해서는 유사성, 동일성, 대립, 유비와 같은 재현의 범주에서 벗어나 강도들, 강도들이 형성하고 있는 불균등한 계열들, 계열들을 서로 소통시키는 '어두운 전조', 그것을 잇는 공명과 마주침의 운동들 등과 같은 새로운 개념들의 도움이 필요하다고 말한다.

들뢰즈의 급진적 기획은 초월적 진리와 재현적 본질에 사로잡혀 있는 이념을 초월론적 장으로, 즉 내재성의 평면으로 되돌림으로써 그것을 시뮬라크르와 다시 접합시킨 데 있다. 바로 이것이 플라톤주의를 전복하기 위한 들뢰즈의 전략이다. 마침내 들뢰즈는 플라톤에서 시작된 서양 재현의 철학에 의해 축출된 시뮬라크르에 대한 정치가의 방식이 아니라 시인의 방식을 회복하고자 한다. 정치가가 역사 안에서 확립된 질서와 안정을 보존하고 확장하기 위해 시뮬라크르와 차이를 부정하는 데 열중한다면, 감성적인 것을 "차이, 누승적 잠재력을 띤 차이, 질적 잡다의 충족 이유인 강도적 차이"(145)로 느끼는 시인은 모든 질서와 모든 재현을 전복하고 시뮬라크르를 긍정하는 것이다(137). 결국 시뮬라크르는 플라톤주의에 의해 혹세무민의 이질 분자로 낙인찍힌 시인이 온갖 다양한 새로운 힘들을 모두 유사성, 동일성, 대립, 유비의 격자 속으로 흡수해버리는 재현의 국가에 맞서 본연의 역량과 변이를 펼치는 감각적 기호에 다름 아니다.

5. 나가며

결론적으로 말해, 들뢰즈의 시뮬라크르 개념은 보드리야르나 데리다의 시뮬라크르 개념과는 뚜렷한 차이가 있다. 세 사람 모두 시뮬라크르 개념을 통해 서양 근대의 재현철학에서 벗어나야 한다는 공통점을 갖고 있지만 그들이 추구한 방식과 목표는 서로 달랐다. 보드리야르의 시뮬라크르가 모든 의미와 내용이 내파된 채 코드와 기호로 변한 시뮬라시옹의 세계에서 자본주의의 타락뿐만 아니라 대중의 소멸과 저항의 불가능성을 허무주의적으로 보여주고 있다면, 그리고 데리다의 시뮬라크르는 현존 자본주의의 한계지점, 자본의 외부에서 들려오는 정의와 은총과 선물의 요청, 즉 해체 불가능한 초월의 지점에서 들려오는 메시아적인 것의 요청이라는 초월적 성격을 갖고 있다면, 들뢰즈는 재현의 내부에서 재현의 독단적 사유의 이미지를 해체하고 탈주하는, 즉 새로운 연결접속을 창조하고자 하는 강도적이고 잠재적인 시뮬라크르를 주장한다. 만일 현실적 실천의 프로그램이나 재현적 구도를 사전에 설정하지 않으면서 현실에 대한 실천적 태도를 갖는 데 누구의 이론이 더 유리한가 하는 질문을 던져본다면, 아마 그 이론은 보드리야르보다는 데리다의 것, 그리고 데리다보다는 들뢰즈의 것이 될 가능성이 크다.

사실 이론적 관점에서 데리다와 들뢰즈의 이론을 지나치게 대립적인 위치에 두는 것은 무리가 없는 바는 아니다. 데리다의 유령적 시뮬라크르의 이론 역시 초월성을 근본적으로 의심하기 때문이다. 그가 현상학적 사용가치 개념을 비판한 것이나, 감각적인 비감각적인 유령 개념을 통해 사용가치와 교환가치의 시뮬라크르적이고 유령적인 성격을 주장한 점은 그가 초월이 이미 현존 속에 내재하고 있음을 간파하고 있다는 점을 보여준다. 하지만 문제는 초월이 현존 속에 이미 내재하고 있다면, 그것이 정의나 증여의 초월적 요청을 넘어 구체적 현실 속에서 어떤 식으로 작동하는가(정치), 그것을 통해 우리가 할 수 있는 것이 무엇인가(윤리) 하는 질문으로 이어지고 있는가 하는 점이다. 다시 말해, 윤리정치적인 관점에서 볼 때, 데리다에게 더 근본적인 차원은 유령적 시뮬라크르보다 타자에 대한 절대적 책임, 정의에 대한 무한한 요청이라는 초월적이고 윤리적인 지평이다. 하지만 들뢰즈의 내재성이란 관점에서 볼 때, 초월은 윤리와 실천능력을 분리시키는 핵심적 기제에 불과하다. 즉 "절대적으로 불가능한 것을 하라는 절대적 요구는 무한으로 승화된 무능력에 다름 아니다"(Smith 62-3). 다니엘 스미스(Daniel Smith)는 초월성의 철학과 내재성의 철학 간의 결정적 대립이 드러나는 것은 윤리-정치적 영역이라고 말한다. 왜냐하면 초월을 이론적으로 제거한다고 해서 반드시 그런 초월이 실천에서도 제거되는 것은 아니기 때문이다. 그는 초월성의 철학자와 내재성의 철학자를 대표하는 예로 레비나스와 들뢰즈를 들어 설명한다. 레비나스에게 윤리학은 존재와는 '다른'(otherwise than Being) 초월적 타자(절대적 책임과 의무)에서 비롯하는 것이기 때문에 존재론에 선행한다면, 반면 들뢰즈에게 윤리학은 곧 존재론이다. 그에게 윤리학은 존재자들이 존재와 맺고 있는 내재적 관계(역량, 변용)에서 생겨나기 때문이다(63). 내재성이 들뢰즈 철학의 핵심적 관건이 되는 이유 또한 바로 여기에 있다. 레비나스에 대한 스미스의 지적은 데리다에게도 해당된다. 왜냐하면 정의와 은총의 해체불 가능성, 용서의 절대성, 선물의 불가능성 등과 같은 후기 데리다의 윤리정치적 개념은 레비나스의 초월과 많이 닮아 있기 때문이다. 이런 초월성과 내재성의 윤리적 질문이 우리에게 최종적으로 던지는 실천적 선택은 다음과 같은 것이 될 것이다. 타자에 대한 절대적 책임과 해체 불가능한 정의와 증여에 대한 초월적 요청을 받아들일 것인가, 그렇지 않으면, 재현의 정치 구조를 파괴하고 내재성 의 장 속에서 자신의 역량과 변이를 펼쳐가는 생성의 능력을 수용할 것인가. 바 로 여기가 시뮬라크르의 탈재현의 정치가 최종적으로 도달하는 지점이다.

■ 인용문헌

김상환. 「보드리야르와 들뢰즈: 이미지에서 선으로」, 2006. 미발표 원고.

Agamben, Giorgio. *Potentialities: Collected Essays in Philosophy.* Trans. Daniel Heller-Roazen. Stanford: Standford UP, 1999.

Baudrillard, Jean. *For a Critique of the Political Economy of the Sign.* Trans. Charles Levin. St. Louis: Telos P, 1981.

_____. *In the Shadow of the Silent Majorities or, The End of the Social and Other Essays.* Trans. Paul Foss, John Johnston & Paul Patton. New York: Semiotext(e), 1983.

_____. *Simulations.* Trans. Paul Foss, Paul Patton and Philip Beitchman. New York: Semiotext(e), 1983.

_____. *Jean Baurillard: Selected Writings.* Ed. Mark Poster. Basil Blackwell: Polity P, 1988.

Benjamin, Walter. "On the Concept of History," *Walter Benjamin: Selected Writings 1938-1940*, Vol. 4, Cambridge: Belknap P of Harvard UP, 2004. 389-400.

Buse, Peter & Andrew Stott. eds. *Ghosts: Deconstruction, Psychoanalysis, and History.* Houndmills: Macmillan, 1999.

Colebrook, Claire. *Gilles Deleuze.* London and New York: Routledge, 2002.

Conner, Steven. *Theory and Cultural Value.* Oxford: Basil Blackwell, 1992.

Debord, Guy. *The Society of the Spectacle.* Trans. Donald Nicholson-Smith. New York: Zone, 1995.

Deleuze, Gilles. *The Logic of Sense.* Trans. Mark Lester. New York: Columbia UP, 1990.

_____. *What is Philosophy?* Trans. Hugh Tomlinson & Graham Burchell. New York: Columbia UP, 1994.

_____. *Pure Immanence: Essays on a Life.* Trans. Anne Boyman. New York: Zone Books, 2001.

_____. *Francis Bacon: The Logic of Sensation.* Trans. Daniel W. Smith. Minneapolis: U. of Minnesota Press, 2003.

_____. *Difference and Repetition.* 『차이와 반복』, 김상환 역. 민음사: 2004.

DeLillo, Don. *White Noise*. New York: Penguin, 1986.

Derrida, Jacques. *Specters of Marx*. Trans. Peggy Kamuf, New York: Routledge, 1994.

_____. *Given Time: I. Counterfeit Money*. Trans. Peggy Kamuf. Chicago: U. of Chicago P, 1994.

_____. *On Cosmopolitanism and Forgiveness*. Trans. Mark Dooley & Michael Hughes. New York: Routledge, 2001.

_____. *The Work of Mourning*. Chicago: U of Chicago P, 2001.

_____. "The Force of Law,"『법의 힘』. 진태원 역. 서울: 문학과 지성사. 2004.

Fukuyama, Francis. *The End of History and the Last Man*. New York: Free P, 1992.

Negri, Antonio. "The Specter's Smile," *Ghostly Demarcations*. Ed. Michael Sprinker. London: Verso, 1999. 5-16.

Patton, Paul & John Protevi. eds. *Between Deleuze and Derrida*. New York: Continuum, 2003.

Plato. *Republic*. Tr. Robin Waterfield. Oxford: Oxford UP, 1993.

Smith, Dan. "Simulacrum," *Encyclopedia of Postmodernism*. Ed. Victor E. Taylor & Charles E. Winquist. London: Routledge, 2001. 367-68.

Smith, Daniel. "Deleuze and Derrida, Immanence and Transcendence: Two Directions in Recent French Thought," *Between Deleuze and Derrida*. Eds. Paul Patton & John Protevi. London: Continuum, 2003. 46-66.

Sprinker, Michael. Ed. *Ghostly Demarcations*. London: Verso, 1999.

Thoburn, Nicholas. *Deleuze, Marx and Politics*. New York: Routledge, 2003.

Virno, Paolo. *A Grammar of the Multitude*. Tr. Isabella Bertoletti, James Cascaito, Andrea Casson. New York: Semiotext, 2004.

질료, 책-기계, 다양체
─폴 오스터 소설 읽기

하상복

1. 들어가며

물질을 외부에 독립적으로 존재하는 '사물'과 그 '지시물'과의 관계로만 국한시킨 근대적 관점은 수많은 논의 속에서 전복되고 있다. 이 논의들은 물질을 정신의 외부에 존재하는 사물로 보거나 사물을 정신의 연장으로 보는 이분법적인 물질·정신 개념을 전제로 한 근대적 사유를 극복하고자 한다. 질 들뢰즈(Gilles Deleuze)도 이런 논의과정에서 중요한 한 부분을 차지한다. 자신의 시뮬라크라 (simulacra) 개념을 개진하면서, 그는 모든 현실적 존재가 이미 하나의 이미지일 뿐임을 주장한다. 어떠한 존재나 사물도 잠재적 가능성으로부터 생산되며, 복사,

복제, 상상 그리고 시뮬레이션의 과정에서 나타나는 것으로 간주한다(Colebrook 98-99). 이러한 주장은 존재론적으로 가장 먼저 존재하는 것이 이미지이며, 정신이나 물질은 차후에 구성된다는 앙리 루이 베르그손(Henri Louis Bergson)의 이미지 존재론을 들뢰즈가 적극적으로 수용한 결과이다. 들뢰즈에게 세계는 이제 "주체나 객체도 아니고 의식이나 사물도 아닌 궁극적으로 중간적인 성격의 이미지들로 구성"(박성수 39-40)된 것으로 밝혀진다.

그렇다면 왜 들뢰즈는 정신·물질이라는 이분법적 사유체계를 비판하면서, 이미지에 대한 논의를 전개시키고 있는가? 무슨 이유로 그는 "플라톤주의의 전복"(Deleuze, *Logic* 253; *Difference* 59)을 자신의 철학의 출발점으로 삼고 있는가? 그것은 플라톤 이후 서구 철학을 지배해 온 정신·물질에 대한 이분법적 사고가 인간의 사유에서 이데아, 주체, 인간 이성과 같은 초월적 관념에 대한 동일성만을 강조하고, 삶의 생성을 막는 닫힌 사유 체계를 양산했기 때문이다. 그래서 동일성과 일자(the one)로 귀속될 수밖에 없는 정신·물질의 이분법적 사고는 생성과 창조를 강조하는 들뢰즈에게 넘어서야 하는 걸림돌이 된다. 그 극복은 "존재가 생성에 대해, 동일성이 차이나는 것에 대해, 일자가 다양체(the multiple)에 대해 이야기되는 것 등에 의한 범주적인 전도"(Deleuze, *Difference* 40-41)를 통해서 수행된다. 즉 생성의 다양성에 개방된 사유와 글쓰기를 통해서 시작된다.

삶의 생성을 강조하는 들뢰즈에게 예술, 과학, 철학과 같은 사유의 양식들은 이제 더 이상 초월적 관념을 재현하는 것이 아니라 삶을 변형시키고 생성시키는 역능(power)으로 간주된다. 이러한 들뢰즈의 정의에 따라 문학 또한 더 이상 세계에 대한 재현이거나 이론에 대한 설명이 아닌 가능한 세계를 상상하는 역능이 된다. "가능한 세계를 상상하는 허구 그 자체의 역능"(Colebrook 12)이다. 가능한 세계에 대한 허구라는 측면에서 예술 작품이 생성의 사유방식의 모색에 대단히 중요하다는 것을 들뢰즈는 『프루스트와 기호들』(*Proust and Signs: the Complete Text*)에서 말하고 있다.

> 하나의 예술작품이 철학적 작업보다 더 가치가 있다. 왜냐하면 기호 속에 싸여 있는 것은 모든 명백한 의미들(significations)보다 더 심오하기 때문이다. 우리에게 폭력을 행사하는 것은 우리의 선의지(goodwill)와 우리의 의식적인 노동이 낳은 모든 성과보다 더 풍부하다. 그리고 사유보다 더 중요한 것이 있는데 그것은 '사유의 재료를 주는 것'이다. (30)

　이처럼 플라톤적 사유에서 모사의 모사물로서 존재 가치를 인정받지 못한 문학을 포함한 예술작품은 들뢰즈에게 새로운 가능성의 세계를 '사유하는 재료'로 가치를 부여받게 된다. 생성의 사유를 말하는 들뢰즈에게 문학은 이제 어떤 단일한 전체를 파괴하고 새로움을 창조하는 역능을 모색하는 양식인 것이다. 이런 점에서 문학작품은 동일성, 일자를 재현하는 수단이 아니라 비동일성의 다양체(multiplicity)를 보여주고, 의미를 창조해가는 과정을 보여주는 실체가 된다. 그러므로 문학작품을 비동일성의 다양체로 읽어내는 것은 정신·물질의 이분법적 사고를 통해 초월적 관념을 전제한 후 정신·물질에 대한 사유를 진행한 기존의 체계를 비판하는 과정을 드러내는 예가 될 수 있다.

　들뢰즈는 생성의 사유를 위해 '기계'(machine), '배치물'(assemblages), '다양체' 등의 핵심 개념들을 고안한다. 이 개념들은 들뢰즈가 펠릭스 가타리(Felix Guattari)와 함께 쓴 『천 개의 고원』(*A Thousand Plateaus: Capitalism and Schizophrenia*)에서 말하고 있는 책의 개념과 연결하여 비동일성의 다양체를 논할 수 있다. 그들은 책을 동일성과 일관성을 보여주는 일자 혹은 전체라는 체계로 나아가는 것이 아니라 그것을 극복하는 '질료'(matter)이자 '배치물'이라고 말한다. 또한 책은 '다양체'로서 의미를 생성해나가는 실체이고, 다양한 외부와 만나 그 외부에 대해 어떤 효과를 생산하는 '기계'가 된다(Deleuze and Guattari 3-4). 책을 '기계'라는 개념으로 파악하는 들뢰즈의 의도는 바로 어떤 의도나 목적, 동일성을 전제하는 사유방식에 벗어나기 위함이다. '기계'는 근거를 둔 의미의 재현이 아닌 근거나 기초가 없는 의미의 생산을 사유하게 하기 위해 고안된 개념으로 볼 수 있다.

어떤 것을 위해 만들어지고 어떤 것을 위해 존재하지 않는다는 의미에서 책-기계는 "대상도 주체도 없는 것이다. 책은 갖가지 형식을 부여받은 질료들과 매우 다양한 날짜들과 속도들로 이루어져"(Deleuze and Guattari 3) 있을 뿐이다. 책이 어떤 주체의 것으로 규정되면 책의 구성부분인 질료의 구실과 이 질료들의 관계들의 외부성을 무시하게 되고, 특정한 누군가의 것이 되어 초월적 관념을 재현하는 형식으로 축소될 뿐이라는 것이다. 결국 이것은 책을 주체를 생산하거나, 저자나 인간성과 같은 하나의 또는 이미 존재하는 기원의 지점을 생산하는 동일성의 형식으로 축소하지 말고 비동일성으로 나아가는 다양체로서 파악하기를 요구하는 것이다.

들뢰즈에 따라, 이제 문학작품은 재현이 아닌 생성과 창조를 위한 '질료', '기계', '배치물'로 보아야 한다. 이것이 닫힌 사유가 아닌 생성의 사유방식을 모색할 수 있는 방식이다. 책이 질료, 기계, 배치물이라는 것은 바로 생산의 의미를 부여하는 것이고, 결과가 아닌 과정의 의미를 내포한다. 책이 의미를 재현한 결과물이 아닌 의미를 만들어가는 과정이라는 것이다. 또한 이 의미는 하나의 전체를 향해 수렴되는 것이 아닌 다른 외부, 즉 외부의 기계들과 만나 수많은 의미를 만든다는 것을 의미한다. 그래서 문학 작품을 들뢰즈의 사유로 읽어내는 것은 삶을 제한하는 것이 아니라, 무한히 변화하는 것으로서 삶을 확장시키고 생성시키는 실체로 간주하는 것이 된다. 따라서 문학작품을 비동일성의 다양체를 구성하고 있는 실체로 파악하여 외부의 비동일성과 연결되어 비동일성으로 향하는 생산의 과정으로 파악하는 것은 문학작품을 읽는 또 하나의 작업이 될 수 있다. 물론 들뢰즈의 관점에서 말한다면 이때의 문학작품의 비동일성은 단지 동일성으로부터의 일탈만을 의미하는 것이 아니고 비동일성의 다양체 또는 다양체의 비동일성이다.

　　이러한 논의에 따라 들뢰즈와 가타리가 말하는 질료로서, 비동일성 그리고 비동일성 속에서 다양한 문제들에 접근하는 방식으로 폴 오스터의 『뉴욕 삼부작』(The New York Trilogy)을 읽는 것은 의미 있는 시도가 될 수 있다. 왜냐하면 들뢰즈가 말하는 읽기 방식은 새로운 생성을 위한 실험적 접근 방식을 요구하며, 기계로서 책이 어떤 효과를 어떻게 생산하는지에 대해 주목하기를 요구하기 때문이다(Buchanan and Marks 36). 비동일성의 다양체에 주목할 수 있는 실험적 책으로서 논의할 이 소설은 세 편의 중편소설, 『유리의 도시』(City of Glass), 『유령들』(Ghosts), 그리고 『잠겨 있는 방』(The Locked Room)으로 구성된 오스터의 첫 장편소설이다.

2. 동일성의 전복과 다양체의 가능성: 주체와 대상의 무화

들뢰즈와 가타리는 『천 개의 고원』에서 질료, 기계, 다양체로서 책을 언급한 후 뿌리(root), 어린뿌리(fascicular root), 리좀(rhizome)이라는 용어로서 책의 유형을 구분한다. 그들은 이 구분들 중 리좀의 체계로서 책을 긍정한다. 즉 책-기계는 리좀의 체계로서 책을 말하는 것이다. 리좀은 곁뿌리들을 끌어들이며 통일시키는 중심 또는 일자로서의 중심을 제거한 뿌리들의 망이다(Deleuze and Guattari 5-6). 그래서 리좀의 체계는 하나의 유기체적 사유방식을 넘어서려는 사고의 실행 방식이다. 그리고 리좀은 시작도 없고 끝도 없다. 리좀은 혈통 관계가 아닌 연결 관계를 말하며, 그것은 "그리고 . . . 그리고 . . . 그리고 . . ."라는 접속사를 조직으로 갖는다고 들뢰즈와 가타리는 말하고 있는 것이다(Deleuze and Guattari 25).

이와 같은 리좀의 체계를 가진 책으로서 『뉴욕 삼부작』 읽기를 소설 제목에서 시작하여 살펴보자. 물론 단순하게 소설 제목에 의거하여 이 소설을 파악한다면, '삼부작'이라는 단어는 유기적 의미를 만드는 하나의 '뿌리-나무'의 체계, 동일성을 가진 체계를 의미한다고 볼 수 있다. 이 뿌리-나무의 통일성에 근거한다면 세 중편소설은 "유기적이며 의미를 만드는, 주체적인 훌륭한 내재성(책의 지층들)을 가진 고전적인 책"(Deleuze and Guattari 25)의 구성요소가 된다. 다시 말해 3편의 중편소설은 하나를 의미하는 셋이라는 완결된 체계를 가진 하나의 장편소설로 수렴될 뿐이다. 왜냐하면 일반적인 개념으로 삼부작은 형식상 세 권의 책으로 상호 연결된 1권의 책으로 간주하기 때문이다.

그러나 『뉴욕 삼부작』은 기존의 삼부작이라는 형식을 가진 작품과 다른 많은 차이를 보여주는 작품이다. 삼부작으로 구성된 이 소설은 하나의 '뿌리'나 '나무'의 체계, 동일성의 체계로 나아가는 기존 삼부작의 모방이 아니다. 들뢰즈가 문제시하는 "부분들 각각이 전체를 미리 결정하고, 전체가 부분들을 결정하는 유기적인 총체"(Deleuze, *Proust* 114)로서의 작품도 아니다. 왜냐하면 이 소설은 각 부분을 통합하는 주제나 체계를 보여주지 않기 때문이다. 그리고 이 작품은 명확한 결말이나 목적을 제시하는 통일체로 구성되어 있지도 않다. 외형적으로 단지 이전에 출판된 3편의 중편소설을 한 책에 모아놓은 것일 뿐이다[1]. 그래서 3편의 중편소설은 단지 삼부작이라는 제목으로 구성된 형식적 통일체의 의미를 넘어서는 잠재적인 해석이 가능한 다양체, 배치물로 볼 수 있는 것이다. 굳

---

1) 실제로 오스터는 1985년 『유리의 도시』, 1986년 『유령들』과 『잠겨 있는 방』을 각각 출판했고, 이 세 작품을 삼부작으로 구성하여 1987년 『뉴욕 삼부작』이라는 제목으로 출판했다.

이 세 작품을 고전적인 삼부작과 연결시키고자 한다면, 세 편 모두 추리소설의 형식을 취하거나 그것을 부분적으로 차용한다는 점, 그리고 동일한 이름을 가진 인물들이 등장한다는 점뿐이다. 그러나 이것들 또한 삼부작이 동일성의 체계를 가진다는 근거로서 제시하기엔 부족한 측면을 지닌다. 이러한 점에서 『뉴욕 삼부작』은 들뢰즈와 가타리가 말하는 '배치물', '다양체'로서 파악할 수 있는 근거를 가지고 있다고 말할 수 있는 것이다.

이 근거에 대한 구체적 제시는 세 편이 동일하게 취하고 있는 추리소설의 형식과 내용에 대한 검토에서 출발할 수 있다. 고전적인 추리소설은 "목적론적이며 결말을 우선시 한다. 그리고 직선적인 이동, 사실적인 재현, 종결 등의 특징들은 추리소설을 서구 형이상학의 연장선상에 위치"(Herzogenrath 24)시키는 요소들로 간주된다. 또한 추리소설은 탐정이라는 주체가 하나의 대상을 찾아가는 탐색의 과정을 그리고 있다. 들뢰즈의 관점에서 본다면, 이러한 고전적인 추리소설은 하나의 목적과 대상으로 향하는 동일성의 체계라는 점에서 '뿌리-책'의 유형에 속한다. 그러나 『뉴욕 삼부작』은 이와 반대로 동일성의 구성 과정을 문제시한다. 『뉴욕 삼부작』은 동일성을 추구하는 "체계적인 탐문, 경험적인 분석, 연역적인 추리 등의 표준적인 절차에 따라 이루어지는 이해를 거부하는 도피적인 타인에 의해 플롯이 끊임없이 방해받는"(Little 133) 작품이다. 이 점에서 『뉴욕 삼부작』은 전통적 추리소설에서 탈주하여 새로운 생성의 사유양식을 보여주는 책-기계의 실험적 읽기의 가능성을 보여주는 것이다.

고전적 추리소설의 탈주로서 『뉴욕 삼부작』을 읽기 위해, 즉 비동일성의 다양체로 어떻게 전개되는지를 파악하기 위해 우선 동일성의 과정으로 삼부작을 볼 수 있는 부분을 점검해 보자. 그 대상은 세 중편소설이 보여주는 추리소설이라는 외형적 동일성의 체계이다. 삼부작의 첫 번째인 『유리의 도시』에서 탐색의 주체는 주인공 다니엘 퀸(Daniel Quinn)이다. 그는 윌리엄 윌슨(William

Wilson)이라는 필명으로 추리소설을 쓰는 작가이다. 퀸의 탐정으로서 여정은 자신을 오스터 탐정회사의 폴 오스터[2]로 오인하는 전화를 받으면서 시작된다. 이 오인은 피터 스틸먼(Peter Stillman)이라는 남자와 그의 아내가 동일한 이름을 가진 아버지 스틸먼이 자신들에게 찾아와 문제를 일으키지 못하도록 감시해달라는 의뢰를 수용하는 계기가 된다. 이 의뢰의 수용에 따라 퀸은 탐색 대상인 아버지 스틸먼을 찾아 나선다.

두 번째 『유령들』에서 탐색 주체와 대상은 블루(Blue)와 블랙(Black)이다. 사립탐정 블루가 화이트(White)의 의뢰에 따라 블랙의 일거수일투족을 감시하여 그 내용을 보고하는 과정이 소설의 내용이다. 세 번째 『잠겨 있는 방』도 나(I)라는 화자가 어느 날 갑자기 실종된 친구이자 작가인 팬쇼(Fanshawe)의 흔적을 탐색하는 과정을 그리고 있다. 이처럼 각 작품은 퀸, 블루, 나라는 탐색 주체가 스틸먼, 블랙, 팬쇼라는 대상을 추적하는 과정에서 실마리와 동기들을 분석하며, 하나의 결말과 목적을 획득하기 위한 과정을 보여주는 듯한 체계를 가진다.

그러나 개별 중편 소설에서 보여주는 하나의 결말과 목적을 획득하려는 과정은 그 자체가 동일성을 문제시하는 과정으로 전개된다. 이것은 『뉴욕 삼부작』이 책-기계로서 동일성의 체계와 그 허구성을 절단하고 있음을 말해준다. "들뢰즈와 가타리의 『앙티 오이디푸스』 전체가 욕망이란 기계의 합법적인 사용을 규정하고 비합법적인 사용을 폭로하려는 시도"(서동욱 277)인 것처럼, 『뉴욕 삼부작』은 추리소설의 동일성을 위한 체계가 어떻게 비합법적으로 사용되고 있는지를 심문한다. 즉 초월적 개념에 대한 재현의 문제로 작품의 진리 여부를 가늠하는 것이 아니라, 사용의 문제에 집중하는 문학-기계로 독단적 사유의 이미지를 절단하고자 한다. 이 점에서 『뉴욕 삼부작』은 자기의 의미를 자신이 속한 전체

---

2) 『뉴욕삼부작』의 저자인 폴 오스터와 동일한 이름을 가진 두 명의 인물이 『유리의 도시』에 등장한다. 그들은 아들 스틸먼 부부의 오인에 따라 퀸이 가장하는 탐정 폴 오스터, 그리고 이후 퀸이 실제 탐정 폴 오스터를 찾는 과정에서 만난 소설 속의 인물인 작가 폴 오스터이다.

에서 찾아야 하는 "기관, 논리학"이 아닌 오직 작동하는 부품에 의존하는 "안티로고스, 기계, 기계 장치"(Deleuze, *Proust* 146)가 된다. 또한 이 소설은 "의미에 대한 문제는 가지지 않으며 오로지 사용의 문제를 제기"(Deleuze, *Proust* 146)하는 들뢰즈적인 현대 예술 작품으로 볼 수 있는 것이다.

그래서 개별 중편소설의 등장인물들은 하나의 통합된 의미를 추적하는 데 실패한다. 전제된 일자로 나아가는 필연의 과정을 추구하는 것이 아니라 인물-기계는 다른 기계와 연결되면서 작동하고, 새로운 의미를 생산하는 가능성을 보여준다. "사물과 사건들의 늪을 헤치고 그 모든 것을 하나로 통합해 의미가 통하게"(Auster, *New York* 9) 하려던 퀸은 "그 어떤 단서도, 실마리도, 방법으로도"(Auster, *New York* 109) 아버지 스틸먼을 파악할 수 없음을 알게 된다. 결국 이러한 여정에서 퀸 자신도 아버지 스틸먼처럼 "도시의 담벼락 속으로 녹아들기라도 한 것처럼"(Auster, *New York* 139) 사라지는 존재가 된다. 이와 같이 퀸이 대상의 정체를 파악하려던 과정은 추적 대상 스틸먼의 과정과 괴이하게 닮아간다. 대상의 추적과정 속에서 획득해야 하는 하나의 통합된 의미는 무화된다. 이러한 동일성의 과정은 지속적으로 퀸에 의해 회의된다. 퀸은 아버지 스틸먼이 사라진 이후에 탐색 대상의 동일성을 파악하려고 아들 스틸먼의 집으로 찾아간다. 대상을 향한 퀸의 집착은 먹고 자는 문제조차 무의미하게 만든다. 퀸은 아들 스틸먼의 텅 빈 아파트로 들어간다. 아버지 스틸먼이 실험대상으로 아들 스틸먼을 어두운 방에 감금한 것처럼 퀸은 어두운 한쪽 방에 기거한다. 그는 누군가가 갖다 준 음식에 대해서도 궁금해하지 않고, 어두워지면 자고, 빛이 있으면 빨간 공책에 글을 쓰는 일에 집중한다. 글쓰기에서도 끝까지 동일성을 부여하기 위해 "한 단어 한 단어를 아주 신중하게 저울질하고, 가능한 경제적이면서도 명확한 표현을 쓰고자"(Auster, *New York* 156) 한다. 결국 "어떤 일관성이나 질서, 또는 동기"(Auster, *New York* 80)를 밝히기 위해 면밀히 조사하는 것이 훌륭한 탐정의

업무라는 퀸의 생각은 붕괴된다. 이 과정은 '일자'를 향하는 동일성의 체계의 붕괴에 다름 아니다. 또한 아버지 스틸먼이나 아들 스틸먼이라는 탐색 대상의 무화, 그리고 이들을 추적하는 주체로서 퀸 자신의 무화는 『뉴욕 삼부작』을 "대상도 주체도 없다"(Deleuze and Guattari 3)는 다양체, 비동일성의 체계로 나아가는 작품으로 읽을 수 있도록 만든다.

　　『유령들』에서도 블루의 탐색 대상인 블랙의 존재는 탐색 과정 중에 그 동일성이 와해된다. 화이트가 요구하는 블랙에 대한 감시 기록을 작성하면서, 블루는 그것을 "일관성 있는 통일체"(Auster, *New York* 174)로 작성하려고 애를 쓴다. 그러나 그는 "단서들, 탐문 조사, 판에 박힌 조사"(Auster, *New York* 175)로 진행될 수 없다는 것을 차츰 깨닫게 된다. 그는 감시하는 자신의 삶과 블랙의 삶이 닮아 가는 보고서 내용에 경악한다. 그는 "단지 자신의 마음을 들여 보기만 하면 블랙이 하려고 하는 일을 예측할 수 있을 정도로 . . . 블랙과 너무도 완벽하게 조화를 이루고 또 그와 너무도 자연스럽게 하나가 되어"(Auster, *New York* 186) 가고 있는 자신을 발견한다. 이 놀라움과 혼란은 화이트가 자신의 보고서를 찾아가기로 한 우체국 사서함에서 가면을 쓴 사람이 보고서를 찾아가는 것을 추적한 후에 증폭된다. 블루는 "화이트가 진짜 작가이고 블랙은 그의 대역, 모조품, 실체가 없는 배우"(Auster, *New York* 203)일지도 모른다는 갈등에 휩싸인다. 블랙에 대한 정체를 알고 싶어하던 블루는 변장을 한 후 그와 만나 이야기를 나누게 된다. 자신이 사설탐정이라는 블랙의 말에서 그가 현재 자신과 똑같은 일을 하고 있다는 것을 블루는 알게 된다. 블랙 또한 블루와 같이 자신이 지켜보는 사람, 즉 블루를 오래 친구처럼 그가 무얼 할 건지를 그저 생각만 하면 된다고 말한다. 블랙의 말처럼 그들을 "똑같은 쌍둥이(double)"(Auster, *New York* 205)로 볼 수 있을 정도로 『유령들』의 탐색 주체와 대상의 경계가 모호해진다.

　　이러한 점은 블랙의 방에 들어가 그의 공책을 훔쳐 읽게 된 후 혼란스러워

하는 블루의 생각에서도 읽을 수 있다. 블루는 블랙의 내면으로 들어가는 것은 곧 자기 자신의 내면으로 들어가는 것과 동일하며, 그래서 블랙이 있는 곳은 다른 어떤 곳이 아닌 자신의 마음속이라고 생각한다(Auster, *New York* 226). 블랙을 다시 찾은 블루는 그의 방에서 우체국에서 본 가면을 쓴 채 총을 들고 있는 그를 만난다. 블랙은 블루에게 자신들은 "처음부터 친구"(Auster, *New York* 228)이며, "늘 그랬던 것처럼 우리 둘은 함께 있게 될 거야"(Auster, *New York* 230)라고 말한다. 이러한 점에서 화이트는 블랙이고, 블랙은 다시 블루일 수 있다는 가능성을 엿볼 수 있다. 탐색의 주체와 대상은 동일성을 가지지 못한 채 화이트인지, 블랙인지, 블루인지를 확실하게 보여주지 않는다. 또한 블랙이 "당신은 어디에도 없어. 블루. 당신은 첫날부터 사라졌던 거지"(Auster, *New York* 230)라는 말처럼 블루라는 존재는 블랙의 이야기 속의 허구의 인물인지도 모른다.

　　마지막 중편인『잠겨 있는 방』도 이러한 추리소설의 주체와 대상이 가지는 동일성이 와해되기는 마찬가지이다.『잠겨 있는 방』은 화자가 1984년이라는 시점에서 7년 전 실종된 친구 팬쇼를 찾는 과정을 보여준다. 화자가 말하는 것처럼 "난데없이 팬쇼가 내 삶에 다시 나타난 것"(Auster, *New York* 236)은 팬쇼의 아내 소피(Sophie)의 편지 때문이다. 잡지 평론에 글을 기고하면서 힘든 생활을 하던 화자는 망설이다 소피를 만나고, 그녀로부터 팬쇼의 실종 소식을 듣게 된다. 화자는 소피가 만난 적도 없는 자신에게 연락을 취한 이유를 알게 된다. 팬쇼가 실종되기 전 자신이 쓴 작품과 그 출판에 대한 결정 권한을 화자에게 맡겨도 좋다고 했기 때문이다. 곧이어 화자에게 팬쇼의 편지가 도착한다. 팬쇼는 자신이 실종된 시점에서 죽은 것으로 생각하고 소피와 결혼하여 아이와 함께 보살펴달라고 부탁한다. 또한 자신을 찾으려고 한다면 화자를 죽일지도 모른다는 말까지 편지로 전한다. 화자와 소피는 만나는 과정에서 서로 이끌려 결혼을 하고, 화자는 팬쇼의 출판되지 않은 작품들을 출판하게 된다. 출판된 책은 성공을 거두고, 팬쇼가 화자일 수도 있다는 소문 때문에 화자는 팬쇼에 대한 전기 (biography)를 써서 해결하고자 한다.

화자에게 팬쇼의 "전기를 쓰기 위한 모든 탐색, 그의 과거를 조사하면서 밝혀낸 모든 사실들, 전기와 관련된 모든 작업 — 이런 것들은 바로 그가 어디에 있는지를 알아내기 위한"(Auster, *New York* 316) 방법의 구체적인 시작이다. 전기를 쓰기 위해 화자는 팬쇼의 옛집, 대학시절 친구, 선원생활 시기의 동료들, 프랑스 파리 체류 시에 사귄 사람들을 만나고 그가 거주했던 장소들을 방문한다. 이것은 바로 탐정의 임무처럼 탐색 대상의 동일성을 파악하려는 과정이다. 화자 자신도 팬쇼를 추적하는 자신의 행동을 탐정의 역할이라고 말한다. "어찌되었건 나는 탐정이었고, 나의 일은 단서를 찾는 것이었다"(Auster, *New York* 332).

그러나 화자가 찾고 있는 팬쇼는 자신의 "마음속에 떠도는 유령, 선사 시대의 허구이자 더 이상 실재적이지 않은"(Auster, *New York* 236) 모호한 대상이다. 화자와 팬쇼는 『유령들』에서처럼 주체와 대상의 경계가 모호해지는 인물로 파악되어진다. 그것은 팬쇼의 어머니가 화자에게 어린 시절 화자와 팬쇼를 "쌍둥이처럼 . . . 어느 쪽이 내 자식인지 알 수 없었다"(Auster, *New York* 308)고 말한 것에서 엿볼 수 있다. 그리고 화자가 자신이 찾으려하는 팬쇼는 "나와 함께 있는 사람, 내 생각을 함께 나눈 사람, 나 자신을 돌아볼 때면 언제나 보이는 사람"(Auster, *New York* 235)이라고 회상하는 것에서도 알 수 있다. 이처럼 화자와 팬쇼가 동일한 인물일 수도 있다는 가능성은 계속 발견된다. 이것은 화자가 팬쇼에 대한 전기를 쓰며, 찾으려고 애를 쓰면 쓸수록 자기 자신이 "찾아진 사람이 된 것 같은 느낌"(Auster, *New York* 344)이라고 토로할 때 더욱 그러하다. 따라서 팬쇼에 대한 이야기는 화자가 구성한 이야기이며, 팬쇼는 실재적인 인물이 아닌 화자의 허구적인 글쓰기 작업에 의해 실체를 부여받은 이미지가 될 수도 있는 것이다. 이것은 화자가 상상한 팬쇼의 이미지에서 드러난다. 상상의 독거형을 선고받고 팬쇼가 홀로 있는 잠겨 있는 방은 화자의 "머릿속에 있는 방"(Auster, *New York* 345)이라는 생각이 이 점을 밝혀준다. 이 생각은 팬쇼에 대한 이야기는 화자 자신의 이야기이며, 팬쇼는 화자 자신으로 간주될 수도 있음을 드러내는 대목이다.

나아가 화자는 인물의 근원이나 일관성을 폐기한다. 화자는 인물을 임의적인 구성물로 파악한다. 그 예는 화자가 파리의 한 술집에서 만난 낯선 미국 청년과 실랑이를 버리는 행동에서도 볼 수 있다. 화자는 그 청년을 팬쇼라고 부른다. 단지 자신이 그를 팬쇼라고 말했기 때문에 그가 팬쇼가 된다고 생각한다. 그 청년이 당황하며 자신을 '피터 스틸먼'이라고 신분을 밝혀도 화자는 이름이 중요한 것이 아니라 자신이 이 청년의 정체를 알고 있다는 것이 중요하다고 말한다. 화자는 이 청년이 스틸먼이지 팬쇼가 아니라는 것은 분명하지만 "임의적 선택 대상"(Auster, *New York* 351)인 그를 팬쇼로 만든다. 그리고 그는 "그 임의성, 순수한 선택의 현기증"(Auster, *New York* 351) 때문에 더 흥분한다. 이 때문에 화자는 자신의 행동이 청년에게는 "말이 되지 않았지만, 바로 그 때문에 이 세상 어느 것보다도 더 말이 된다"(Auster, *New York* 351)고 생각한다.

이러한 화자의 행동은 들뢰즈가 말한 "대상에 대한 객관적 실망과 주관적 보상의 메커니즘"(Deleuze, *Proust* 35)과 관련시킬 수 있다. 화자가 팬쇼의 동일성을 파악하려는 것은 초월적 관념에 근거하여 대상의 이면에 진리가 존재한다는 믿음 때문이다. 그러나 그 믿음은 실패할 수밖에 없다. "신, 존재 또는 진리와 같이 우리가 만든 기초들은 주어진 것이라기보다는 만들어진 것"(Colebrook 71)이고, 이 관념들은 외부에 기초를 두고 있지 않기 때문이다. 단지 그것은 우리가 신뢰하고 존재한다고 상상하는 이미지일 뿐이다. 그러므로 초월적 관념에 근거한 동일성을 대상에서 파악하고자 하는 노력이 실망으로 종결되는 것은 자연스러운 결과이다. 이 점에서 화자가 임의적 대상인 청년을 팬쇼라고 말하며, 대상의 동일성을 자신이 구성하고자 하는 행위는 믿음의 상실 이후 주체의 허무를 보상하려는 행위로 볼 수 있는 것이다. 이와 같이 화자가 팬쇼의 실체를 찾기 위해 탐색하고 구성하는 이야기는 동일성이 부여된 고정된 일자로 향하는 것이 아니라 동일성을 전복시키는 과정이 된다.

3. 동일성의 전복과 다양체의 가능성: 이름, 화자, 그리고 빨간 공책

책이 동일성이 아닌 비동일성의 다양체로 나아가는 과정이 되기 위해 동일성을 파괴하는 측면들은 『뉴욕 삼부작』에 등장하는 인물들의 이름과 관련된 모호성에서도 파악할 수 있다. 같은 이름을 가진 인물들을 동일시할 수 없다는 점은 『뉴욕 삼부작』을 동일성을 추구하는 책으로 파악할 수 없도록 만드는 또 하나의 요소이다. 이름과 관련된 『뉴욕 삼부작』의 문제는 들뢰즈의 생성의 사유와 연결된다. 생성을 위한 사유 양식으로 문학은 동일성, 일자로 귀속되는 재현이라는 독단적 사유 이미지를 극복하기 위해 인물에 대한 다른 방식의 접근이 필요하다. 일반적으로 작품의 의미를 일관적으로 전달하는 것은 등장인물 혹은 화자에 의해서이다. 이 점에서 동일성을 가진 인물, 화자, 주체의 존재는 작품의 동일성의 근간으로 볼 수 있다. 그래서 문학에서 어떠한 초월적 관념과 단절된 들뢰즈적인 순수사유의 가능성은 등장인물, 화자, 주체의 비동일성에서도 찾을 수 있다. 왜냐하면 "등장인물들이 완결되거나 개인화된 인물이 되지 않고 대신에 상호관계의 새로운 시간과 공간 속에서 발생한 '독창적인 인물'이 될 때"(Rajchman 92) 문학작품에서 생성의 사유, 열린 삶이 제공되기 때문이다.

따라서 『뉴욕 삼부작』은 단지 "오스터의 분신들, 이름들, 정체들의 상호텍스트적인 유희"(Rubenstein 247)보다 동일성에 대한 믿음을 전복하고, 생성의 사유의 가능성을 검토할 수 있는 비동일성을 가진 인물의 다양한 형태를 제시한다. 앞서 말한 대로『유령들』은 블루, 블랙, 화이트가 각각 개별성을 가진 등장인물로 드러나는 것이 아니라 각각의 동일성이 전복되고, 서로 무화되어 같은 하나의 인물일 수 있다는 점을 보여준다. 다른 중편소설도 마찬가지이다.『유리의 도시』는 피터 스틸먼이라는 동일한 이름을 가진 아들과 아버지를 등장시키고 있다. 이 이름은『잠겨 있는 방』의 화자가 파리에서 만난 청년의 이름과도 동일하다. 또한 퀸의 이름 대니얼은 소설 속의 작가 오스터의 아들 이름에서 반복된다. 그리고 아버지 스틸먼의 저서 속의 가공인물 헨리 다크(Henry Dark)는 팬쇼가 보스턴에 은둔할 때 사용한 가명으로 각각 반복된다.

이름뿐만 아니다. 각각의 인물들의 행위들도 반복됨으로써 인물의 동일성에 대한 의문을 가중시킨다. 퀸은 아버지 스틸먼을 추적하는 과정에서 아버지 스틸먼처럼 무화되는 존재가 된다. 그리고 아들 스틸먼이 아버지 스틸먼의 실험 대상으로 7년 간 어두운 방에 갇혔듯이 퀸도 소설의 종결부분에 어두운 방에서 누군가가 주는 음식을 먹으며 기거한다.『유리의 도시』의 퀸이 행하는 아버지 스틸먼에 대한 추적은『잠겨 있는 방』의 팬쇼를 추적하는 탐정 퀸의 행위를 연상시킨다. 이처럼 같은 이름과 행동의 반복은 각각의 인물이 개별적 인물의 동일성을 명확하게 보여주는 과정으로 진행되는 것이 아니라 인물의 동일성을 무너뜨리는 형태를 보인다.

『뉴욕 삼부작』에서 이러한 인물의 동일성을 전복시키는 대표적 인물이 퀸이다[3].『잠겨 있는 방』에서 등장하는 탐정 퀸의 행적은 분명『유리의 도시』의 퀸과 연결할 수 있는 동일한 행적을 보인다. 팬쇼가 자신을 추적한 퀸이라는 탐

---

3) 퀸은 실제 저자 오스터가 한때 사용한 필명이기도 하다. 오스터는 1968년과 1969년 폴 퀸(Paul Quinn)이라는 필명으로 컬럼비아 대학 잡지에 비평을 쓰기도 했다(Springer 12).

정이 자신을 뉴욕에서 찾았지만, 그와 게임을 벌이다가 자신이 파놓은 함정에 그를 빠뜨렸다고 말한다. 그리고 그는 퀸이 실종되었다고 말한다. 이것을 『유리의 도시』에 등장하는 퀸과 그가 추적하는 아버지 스틸먼과 연결시킨다면, 팬쇼는 아버지 스틸먼과 동일한 인물로 추정할 수도 있다. 이 점은 외형상 『뉴욕 삼부작』의 두 중편소설이 연결될 수 있어 삼부작으로서의 동일성을 보여준다고 말할 수도 있다. 그러나 앞서 논의한 대로 이 인물들이 개별적 인물로서 하나의 동일성을 가진 인물이 아니라는 점을 고려하면 타당하지 않다. 즉 팬쇼=아버지 스틸먼이라는 가능성은, 『잠겨 있는 방』의 화자=팬쇼라는 측면과 연결한다면 화자=팬쇼=아버지 스틸먼이 될 수 있다는 가능성을 낳는다. 다시 말해 이러한 이야기들에서 이름과 연관된 이들의 정체성은 화자는 스틸먼이자 팬쇼가 되고, 『유리의 도시』에서 퀸이 추적한 인물이 스틸먼이라는 것을 생각하면, 팬쇼는 스틸먼이 되고 화자가 된다는 것을 가정할 수 있는 것이다. 그러나 이러한 인물들의 정체성은 블루=블랙=화이트의 경우처럼 동일한 인물에 대한 이야기임을 밝히려고 하기보다 오히려 화자, 스틸먼, 팬쇼가 한 사람인지, 두 사람인지, 아니면 독립된 세 사람의 주체인지를 알 수 없게 만드는 비동일성을 보여준다고 할 수 있다. 이것은 탐정형식을 차용한 이 삼부작이 동일성을 향한 추리소설의 주체와 대상과의 관계를 보여주는 것이 아니라 비동일성만을 끊임없이 생산해내는 주체/대상의 관계를 드러내고 있을 뿐이라는 것을 말해준다. 이처럼 각 중편소설의 이야기 전개와 결합된 인물들의 비동일성은 비동일성으로 전개되는 책의 본질을 보여주는 근거가 된다.

이 삼부작을 비동일성으로 나아가는 과정을 보여주는 책으로서 읽을 수 있는 또 하나의 근거는 이 인물들과 관련된 '빨간 공책'(red notebook)에 대한 분석에서도 드러난다. 빨간 공책은 『뉴욕 삼부작』 여러 부분에서 등장한다. 『유리의 도시』에서 퀸은 아버지 스틸먼에 대한 관찰 내용과 자신의 생각을 기록하고자

'빨간 공책'(Auster, *New York* 46)을 구입했다고 말한다. 그리고 아버지 스틸먼이 뉴욕 거리를 배회하며 무언가를 적어 두는 '빨간 공책'(Auster, *New York* 72)이 퀸에 의해 목격된다.『잠겨 있는 방』에서는 화자에게 보라고 준 팬쇼의 '빨간 공책'(Auster, *New York* 367)이 언급된다. 이 빨간 공책은 화자와 저자에 대한 문제를 제기한다. 고정된 주체나 화자를 전복시키는 요소가 될 수 있다. 빨간 공책은 수직적이고 이분법적인 구조를 가진 닫힌 사유체계를 거부하고, 책을 생성의 사유를 추구하는 다양체로서 간주하는 들뢰즈의 관점을 확인할 수 있는 요소로 볼 수 있는 것이다.

로버트 브릭스(Robert Briggs)도 들뢰즈와 가타리의 책에 대한 관점에서 빨간 공책을 통해 『뉴욕 삼부작』을 분석하고 있다. 그는 자신의 분석에서 『뉴욕 삼부작』의 빨간 공책들과 실제 작가 오스터의 자서전적인 저서 『빨간 공책』(*The Red Notebook*)을 연관시킨다. 특히 그는 『빨간 공책』에는 『뉴욕 삼부작』의 출처로 보이는 내용이 많이 있다는 점에 주목한다4). 그래서 그는 『빨간 공책』을 『뉴욕 삼부작』의 출처로 간주한다면, 『뉴욕 삼부작』은 『빨간 공책』이 추가된 4편의 작품으로 구성된 장편이 될 수 있다고 말한다. 그리고 그는 『빨간 공책』 속에 동일한 이름의 「빨간 공책」이라는 글과 다른 글들이 포함되어 있다는 점에서, 『뉴욕 삼부작』이 또 다른 부분들이 추가되는 확장의 가능성이 있는 소설이 될 수 있다고 말하고 있다(219). 그러나 브릭스가 말한 대로 '3으로서 1'로 구성된 『뉴욕 삼부작』을 (3 + 1) + 1 + 1 + 1 . . . 이라는 무한한 배치물로 파악하는 것은 한계가 있다. 왜냐하면 이 논의에 추가적으로 인물들과 그 인물들의 행위

---

4) 오스터의 『빨간 공책』은 「빨간 공책」, 「왜 글을 쓰는가?」("Why Write?"), 「우연한 기록」("Accident Report"), 「아무런 의미가 없어요」("It Don't Mean a Thing")로 구성되어 있으며, 『뉴욕 삼부작』의 내용과 동일한 것들을 포함하고 있다. 그 예들은 탐정 오스터를 찾는 우연한 전화를 퀸이 받게 되었다는 내용과 유사한 작가 오스터의 우연한 경험(55-58), 그리고 팬쇼가 관리인으로 파리의 한 농가에 기거했다는 내용과 동일한 오스터의 파리 체류에 대한 사실 등이다(13-18).

들과 관련된 비동일성을 강조한다면 들뢰즈적인 '비동일성의 다양체'와 관련된 '빨간 공책'에 대한 논의를 더욱 확대시킬 수 있기 때문이다.

이 점은 '빨간 공책'과 관련된 화자와 저자의 비동일성을 연결시키면 알 수 있다. 『유리의 도시』에서 화자는 소설 종반에 아들 스틸먼이 기거한 아파트에서 사라져 버린 퀸의 '빨간 공책'(Auster, *New York* 158)을 가지게 되었다고 말한다. 화자는 "만일 이야기에 조금이라도 부정확한 점이 있다면 전적으로 내 책임이다"(Auster, *New York* 158)라고 말하며, 퀸의 빨간 공책의 내용이 이 중편 『유리의 도시』의 내용임을 밝힌다. 그러나 『잠겨 있는 방』의 화자도 『유리의 도시』와 『유령들』을 자신이 쓴 작품임을 분명히 말하고 있다(Auster, *New York* 346). 그렇다면 『유리의 도시』와 『유령들』의 화자는 『잠겨 있는 방』의 화자와 동일하다는 결론을 내릴 수 있다. 이 점에서 『뉴욕 삼부작』이 화자의 동일성을 확보하고 있다고 추정하게 할 수도 있다. 하지만 이 동일성은 앞서 본 인물들의 무화를 고려한다면, 화자의 동일성도 당연하게 문제시된다. 즉 『잠겨 있는 방』의 화자＝팬쇼＝『유리의 도시』의 아버지 스틸먼＝『유리의 도시』 퀸이라는 개별적인 주체가 가지는 동일성의 무화는 동일성을 확보한 것으로 보이는 화자의 주체를 부정할 수 있는 가능성을 포함하기 때문이다.

빨간 공책의 문제도 마찬가지이다. 『잠겨 있는 방』에 등장하는 팬쇼의 빨간 공책은 『유리의 도시』의 아버지 스틸먼과 퀸의 빨간 공책과 같은 것으로 간주할 수 있다. 그러나 빨간 공책의 소유자들이 무화되었듯이 이 공책도 동일성, 일자를 추구하기보다는 동일성을 전복시키는 기계가 되며, 『뉴욕 삼부작』의 인물들처럼 책을 비동일성의 다양체로 나아가는 것을 보여주는 근거가 되는 것이다.

동일성을 가진 단일체로서 『뉴욕 삼부작』에 대한 분석을 거부하는 책의 실험적 읽기는 폴 오스터라는 실제 작가의 문제에서도 적용될 수 있다. 질료로서의 책에 대한 논의, 즉 하나의 또는 이미 존재하는 것으로서 작가와 인간성과 같은 개념을 생산하지 않는다는 들뢰즈와 가타리의 책의 본질에 대한 견해를 살펴본다면, 저자 폴 오스터를 『뉴욕 삼부작』의 기원이나 근원으로 읽어서는 안 된다.

앞서 언급한 것처럼, 『유리의 도시』에는 두 명의 폴 오스터, 아니 3명의 폴 오스터가 등장한다고 말할 수 있다. 그들은 책 표지에 이름이 올려진 실제 작가 폴 오스터, 퀸이 가장하는 탐정 폴 오스터, 그리고 『유리의 도시』 화자의 친구이자 퀸이 탐정이라고 생각하고 찾아간 소설 속의 작가 폴 오스터들이다. 이러한 오스터들의 문제에서 단순히 "소설 내의 폴 오스터가 플롯을 조정하는 중요 인물 혹은 부차적인 유희적인 인물"(Barone 85)이라는 분석을 이끌어내는 것은 의미가 없다. 비동일성의 체계로서 『뉴욕 삼부작』과 연결될 수 있는 분석은 기원으로서 책의 저자에 대한 논의이다.

이것은 소설 내의 작가 폴 오스터가 말하는 『돈 키호테』(*Don Quixote*)의 원 저자에 대한 탐색에서 보인다. 오스터는 세르반테스(Cervantes)가 시드 하메트 베네겔리(Cid Hamete Benegeli)라는 사람이 아랍어로 쓴 텍스트의 번역본을 단지 자신이 편집한 것뿐이며, 자신은 작가가 아니라고 부정하고 있는 것을 문제시한다. 오스터의 분석에 따르면, 시드 하메트는 실제로 『돈 키호테』에 나오는 산초(Sancho), 이발사, 사제 그리고 삼손 카라스코(Samson Carrasco)의 조합이라는 것이다. 이 네 인물이 돈 키호테가 자신의 광기로 실수한 것을 깨닫도록 그의 기행을 기록했다는 것이다. 그러나 오스터는 마지막 반전을 이야기한다. 그것은 돈 키호테가 후대의 사람들이 자신을 알 수 있도록 자신의 이름과 행동을 기록하게 조정했다는 것이다. 그리고 세르반테스가 아랍어로 된 이 이야기를 스페인어로 번역하는 사람을 고용할 때도 교묘하게 자신이 고용되도록 만든 것이라고 말한다(Auster, *New York* 117-20).

『돈 키호테』의 원저자에 대한 오스터의 탐색은 "의미의 결정성, 로고스" (Shiloh 52)를 지향한다고 볼 수도 있다5). 그러나 기원으로서의 저자의 동일성을 파악하려는 시도는 효과를 생산하는 책-기계의 관점에서는 생성의 사유의 재료가 될 수 없다. 원 저자의 문제가 논의될 수 있다는 것은 책 자체가 그만큼 새로운 사유를 제공하는 효과를 생산하고 있다는 의미가 될 수 있다. 그래서 오스터가 『돈 키호테』의 원 저자는 분명하지 않지만 "그 책은 지금도 여전히 우리를 즐겁게 해줍니다. 이 즐거움이 우리가 이 책에서 원하는 것입니다"(Auster, *New York* 120)라고 말한 것은 효과를 생산하는 책-기계로서 이 작품을 읽을 수 있게 만든다. 오스터의 이 말은 문학 작품이 의미를 재현하는 것이 아니라 "효과들을 생산하는 기계"(Deleuze, *Proust* 153)임을 보여준다고 할 수 있다. 저자나 저자가 말하거나 이용하는 문학 외적인 경험들은 들뢰즈의 책-기계에서 더 이상 문제가 되지 않는다. 『돈 키호테』를 읽고 얻는 즐거움은 재현의 논리에서 나온 것이 아니다. 그것은 책-기계가 생산한 효과에서 "독자나 관객들이 비슷한 효과들을 자기 내면이나 자기 외부에서 발견"(Deleuze, *Proust* 153)했기에 생산된 것이다.

기원으로서 저자를 말하는 것은 책을 비동일성의 다양체로 읽지 못하게 만들 뿐이다. 실제 작가인 오스터도 한 인터뷰에서 기원으로서의 저자의 문제를 회의한다. 그는 "세상에 존재하는 자아—그 이름이 책 표지에 나타나는 자아—는 결국 책을 쓰고 있는 자아와 동일하지 않습니다"(Auster, *Art* 308)라는 말로서 기원으로의 저자를 자신이 문제시하고 있음을 보여준다. 또한 삼부작의 저자로서 폴 오스터는 이 작품의 읽기에서 자신이 부여한 허구만을 강요할 수 없다.

---

5) 오스터의 작품을 근원, 기원에 대한 고찰로 파악하는 예가 일래너 샤이로우(Ilana Shiloh)의 경우에서 볼 수 있다. 샤이로우는 "작가라는 인물은 상징적 아버지라는 인물-사회의 대행자이자 권력과 권위에 대한 제도적 지지물-의 변형"(Shiloh 52)이기 때문에, 모든 오스터의 소설의 중심적 주제와 모티브는 "부재한 아버지를 찾아가는 추적"이라고 말한다(Shiloh 40). 그러나 하나의 목적, 기원, 동일성을 전복하는 『뉴욕 삼부작』의 인물들과 요소들을 고려한다면, 이 관점은 소설을 책-기계, 배치물, 다양체로서 파악하는 것과 연결될 수 없는 것이다.

왜냐하면 '배치물', '다양체'로서 삼부작은 다른 '틈'들과 연결된 수많은 틈들로 가득 찬 질료이기에 특정한 누군가의 것이 될 수 없기 때문이다. 그리고 책은 다양한 외부와 연결되어 생성하는 실체이기 때문이다.

4. 나가며

지금까지 주체와 대상의 무화, 이름, 화자, 저자의 비동일성 그리고 빨간 공책과 관련된 비동일성의 문제를 검토하면서 비동일성의 다양체로서 『뉴욕 삼부작』을 논의하였다. 이런 논의들은 『뉴욕 삼부작』이 들뢰즈가 전복해야 한다고 주장한 닫힌 사유의 체계, '뿌리-나무 체계'로서 간주할 수 있는 고전적 추리소설의 동일성의 체계에서 탈주하고 있음을 보여주었다. 또한 이 분석은 『뉴욕 삼부작』이 새로운 생성의 가능성을 제시하는 문학-기계, 책-기계가 될 수 있는 가능성을 가지고 있음을 밝혀준다. 즉 이 논의는 들뢰즈가 초월적 관념에 근거한 서구 "철학에서의 사유의 이미지와 대립하는 어떤 사유의 이미지"(Deleuze, *Proust* 94)를 마르셀 프루스트(Marcel Proust)가 구상한다고 주장한 것처럼, 『뉴욕 삼부작』도 동일성을 강조하는 고전적인 추리소설의 사유 체계를 전복시키는 과정을 드러냄으로써 다른 어떤 사유의 가능성을 열어놓고 있다는 것을 말해주는 것이다.

그래서 다른 어떤 사유의 가능성은 가능한 세계를 상상하는 다양체로서 『뉴욕 삼부작』을 다양한 외부와 연결시키며 무한한 생성을 가능하게 만든다. 그것은 개방된 사유의 관점에 따라 세 중편소설 각각의 관점에서 읽기를 시도하게 할 수도 있고, 각 인물들의 그리고 저자 오스터의 관점에서도 읽기를 수행하게 할 수 있다. 나아가 이 가능성은 『유령들』의 화자가 "아직은 이야기가 끝난 것이 아니다. 마지막 순간이 아직 남아 있고, 블루가 방을 떠나기 전에는 그 순간은 오지 않을 것이다"(Auster, *New York* 232)라고 말한 것처럼『뉴욕 삼부작』을 또 다른 탈주선과 연결될 잠재적인 책-기계가 될 수도 있게 한다. 따라서 책-기계『뉴욕 삼부작』은 "30여 년 전, 우리가 아주 어렸던 시절에 있었던 일"(Auster, *New York* 232)을 보여줄 수도 있고, "문 밖으로 걸어 나가 아침 기차를 타고 서쪽으로 가서"(Auster, *New York* 232) 새로운 삶을 영위하는 인물을 보여줄 수도 있다. 아니면 "배편으로 중국으로 가서"(Auster, *New York* 232) 새로운 삶을 영위하는 인물을 그릴 수도 있다. 이처럼『뉴욕 삼부작』은 인물들을 수많은 이야기들의 연결 속으로 다시 걸어 들어가게 만들며, 그들로 하여금 또 다른 이야기를 보여줄 수 있게 만드는 무한한 생성과 잠재성을 드러내는 책이 되는 것이다. 결국『뉴욕 삼부작』은 동일성의 체계를 보여주는 재현의 논리를 표방하는 소설이 아니라 또 다른 무엇과 연결되어 다양하며 비동일적인 체계로 확대될 수 있는 잠재성을 가지고 있는 책-기계인 것이다. 그리고『뉴욕 삼부작』은 생성되는 의미가 "언어에 있는 것이 아니라 그런 노력"(Auster, *New York* 346)하는 과정에서 생성된다고 말하는 질료, 책-기계, 다양체인 것이다.

■ 인용문헌

박성수. 『들뢰즈』. 서울: 이룸, 2004.

서동욱. 『차이와 타자』. 서울: 문학과 지성사, 2003.

Auster, Paul. *The Art of Hunger*. New York: Penguin, 1993.

_____. *The New York Trilogy*. New York: Penguin, 1990.

_____. *The Red Notebook: True Stories*. New York: New Directions, 2002.

Barone, Dennis, ed. *Beyond the Red Notebook: Essays on Paul Auster*. Philadelphia: U of Pennsylvania P, 1995.

Bouchanan, Ian, and John Marks, eds. *Deleuze and Literature*. Edinburgh: Edinburgh UP, 2000.

Briggs, Robert. "Wrong Numbers: The Endless Fiction of Auster and Deleuze and Guattari and . . ." *Critique* 44.2 (2003): 213-24.

Colebrook, Claire. *Gilles Deleuze*. New York: Routledge, 2002.

Deleuze, Gilles. *Difference and Repetition*. Trans. Paul Patton. New York: Columbia UP, 1994.

_____. *The Logic of Sense*. Trans. Mark Lester and Charles Stivale. New York: Columbia UP, 1990.

_____. *Proust and Signs: The Complete Text*. Trans. Richard Howard. Minneapolis: U of Minnesota P, 2000.

Deleuze, Gilles, and Felix Guattari. *A Thousand Plateaus: Capitalism and Schizophrenia*. Trans. Brian Massumi. Minneapolis: U of Minnesota P, 1987.

Herzogenrath, Bernd. *An Art of Desire: Reading Paul Auster*. Amsterdam: Editions Rodopi, 1998.

Little, William G. "Nothing to go on: Paul Auster's City of Glass." *Contemporary Literature* 38.1 (1995): 133-63.

Rajchman, John. *The Deleuze Connections*. Cambridge: MIT P, 2000.

Rubenstein, Roberta. "Doubling, Intertexuality, and the Postmodern Uncanny: Paul Auster's New York Trilogy." *Literature Interpretation History* 9.3 (1998): 245-62.

Shiloh, Ilana. *Paul Auster and Postmodern Quest: On the Road to Nowhere.* New York: Peter Lang, 2002.

Springer, Carsten. *A Paul Auster Sourcebook.* Frankfurt: Peter Lang, 2001.

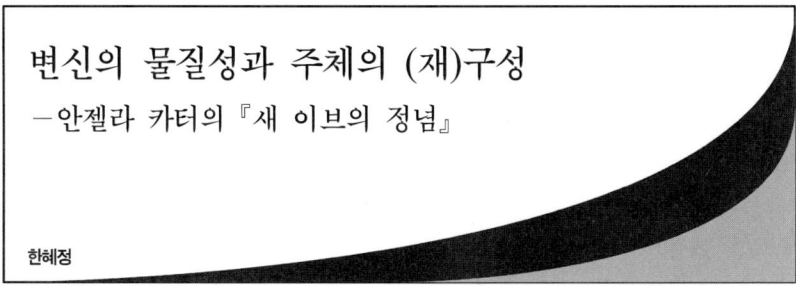

변신의 물질성과 주체의 (재)구성
─안젤라 카터의 『새 이브의 정념』

한혜정

1. 들어가며

'고통'에서 유래한 'passion'이란 단어는 이성과 대비되는 격한 감정을 뜻하는 정열, 정념이나 수난을 의미한다. 흥미로운 사실은 '남근 로고스 중심주의'로 요약할 수 있는 서구 지성사에서 파토스에 해당하는 정념은 언제나 수난을 당해 왔다는 점이다. '영혼의 수동'이나 '영혼의 병'으로 치부되어 온 정념은 영혼, 즉 정신과 이성을 어지럽히기에 반드시 극복해야 하는 육체적 영역의 작용으로 여겨져 박해받아 왔다. 그러나 데카르트의 근대적 주체에 대한 반성이 활발해짐에 따라 고정불변의 정신을 뜻하던 자기동일성(identity)을 구성하는 물질적인 조건들이 주목받기 시작했으며,[1] 더불어 합리적 판단 아래. 가둘 수 없는 정념 같은 무한한 힘들의 흐름에 대한 담론이 부상하게 되었다. 주체는 생득적이거나 선험적인 마음이나 정신의 동일성(sameness)으로 환원되는 것이 아니라 오히려 자신을 둘러싼 물질적 차이의 세계와 맺는 관계 속에서 구성되는 것으로 여겨지게 된 것이다.

다소 거칠게 분류하자면 '로고스'의 영역인 철학에서 주체성을 규명하려는 노력이 최근에야 물질성에 대한 본격적 성찰로 이어진 반면에, '파토스'의 영역인 문학은 오래 전부터 육체적 정념이 생성하고 파멸시키는 인간의 모습에 관심을 기울여 왔다. 이성적 정신을 압도하고 질서와 체계를 무너뜨리는 정념의 격랑은 때로 악마적인 힘으로, 때로 찬미의 대상으로 그려졌으며 이는 동시에 주체의 경계에 대한 존재론적 질문이기도 했다. 과연 주체를 최종적으로 지탱하는 것은 어떠한 감정적이고 물질적인 변화에도 흔들림 없는 자율적이고 합리적인 정신인가? 혹은 주체란 자신의 정념이나 물질적 세계의 영향에 의해 끊임없이 구성되는 과정 속에 존재하는 것인가? 주체와 세계의 경계에 대한 이러한 질문의 문학적 판본은 이 경계를 위반하고 바뀌어 버린 육체가 정신과 맺는 관계를 탐색하는 변신(metamorphosis)에 대한 글쓰기에서 정점에 이른다. 일반적으로 변신은 "형태, 모양 또는 물질에서의 변화 행위나 과정" 혹은 "사람이나 사건 등의 외관, 환경, 조건, 성격의 완전한 변화"(Simpson et al. 9: 675)를 뜻하지만, 이에 대한 문학적 접근은 단순히 형태의 변화에 대한 묘사에 국한되지 않고 이 변형의 의미에 관한 다양한 존재론적 입장들을 드러내게 되는 것이다.

---

1) 대표적으로 로지 브라이도티(Rosi Braidotti)는 사유하는 주체의 구조를 새롭게 사고하기 위해 데카르트적 기원을 지닌 정신-육체의 고전적 이원론을 극복하려는 시도로 육체를 새로이 주목한다. 이때 육체는 "물질적인 힘들과 상징적 힘들이 교차하는 경계면이자 문턱이며 또한 장"이고 "인종, 성, 계급, 나이 등의 다중적 코드가 각인되는 표면이며 이종적이고 불연속적이며 무의식적 본성의 에너지들을 이용하는 언어적 구성물"이다("Nomadism" 169).

문학적 변신에 대한 관점들은 흥미롭게도 주체의 자기동일성에 관한 상충하는 입장들과 정확히 일치한다. 문학과 세계의 합리적 동일성을 수호하는 진영에게, 변신은 아무리 육체가 바뀌어도 변함 없는 정신의 우월함을 재확인시켜 주는 일종의 은유로 간주된다.[2] 그러나 폭력적 이분법에 근거하여 타자를 배척하고 정립된 전제적 자기동일성을 비판하는 진영에게, 변신이란 물질적 조건의 변화가 동일성의 법칙이 지배하던 정신의 재구성으로 이어지는 사건으로 여겨진다.[3] 이들은 "모든 물질성의 양식을 구성하는 순수한 차이의 효과"(Grosz 208)로 주체를 사유하며, 따라서 (자기)동일성의 고정된 경계를 위반하고 물질적 차이를 전개하는 변신의 담론에 주목한다. 변신에 대한 글쓰기는 단순히 신화적 상상력의 산물에 그치는 것이 아니라 자유롭게 유동하는 의식과 강렬한 주체성을 탐구하여 "실재의 본질에 관한 철학적 의문을 제기"(Martindale 18)하는 것이다.

성전환 수술을 당한 뒤 남성에서 여성으로 변신한 이브/린(Eve/lyn)의 이야기를 들려주는 안젤라 카터(Angela Carter)의 『새 이브의 정념』(*The Passion of New Eve*, 1977)[4]은 마치 위에서 제기한 질문에 대한 답을 문학적으로 형상화하

---

2) 이러한 불변의 자기동일성에 대한 믿음은 『변신과 자기동일성』(*Metamorphosis and Identity*)에서 자아의 상실과 초월에 대한 두려움을 지닌 서구 문학의 "자아의 대치에 저항하는 경향"(32)을 지적하는 캐롤라인 워커 비넘(Caroline Walker Bynum)의 분석에서 확인된다. 특히 해롤드 스컬스키(Harold Skulsky)는 『변신-망명 중인 마음』(*Metamorphosis: The Mind in Exile*)에서 변형에도 불구하고 유지되는 자기동일성을 강조하는데, 마음은 변신한 몸으로 망명 중일 뿐 다시 원래의 위치로 돌아오기를 갈망하고 있다는 것이다.

3) 브루스 클라크(Bruce Clarke)는 인간의 변신에 대한 수사(trope)의 알레고리적 독해는 언제나 정치적이 되어 왔다고 주장한다. 그에 따르면 보수적 독자는 신체적 변신을 영혼의 통합성이 유지됨을 제시하는 것으로 간주하지만, 급진적이거나 저항적인 독자는 똑같은 변화를 탈중심화된 주체가 구조적으로 결정됨을 알리고 이것의 수행적 변형을 서술하는 것으로 본다는 것이다(xi).

4) 이브/린이라는 주체의 구성에서 수난보다는 정념의 중요성을 강조한다는 의미에서 제목의 'passion'은 '정념'으로 번역하기로 한다. 주인공의 이름도 '이블린'이 더 정확한 표기이겠으나, 변신한 '이브'와의 관계를 중의적으로 표현하기 위해 '이브린'으로 쓰겠다. 앞으로 텍스트의 제목은 『새 이브』라 약기하며, 인용할 때는 괄호 속에 면수만 표기하기로 한다.

기 위해 씌어진 텍스트처럼 보인다. 전형적인 남성우월주의자이던 이브린 (Evelyn)은 정체를 알 수 없는 여성 집단에게 납치되어 수술을 당하고 이브(Eve) 라는 여성이 된다. 하지만 육체적으로는 너무도 완벽한 여성인 이브/린의 정신 은 여전히 남성적인 것으로, 이후 다양한 '수난'을 겪으며 차츰 변화해 가는 그/ 녀의 이야기는 몸과 마음, 육체와 정신, '정념'과 이성이 주체성과 맺는 관계에 대한 성찰을 제공한다. 영국 환상 문학의 대표적 작가로 일컬어지지만 사실 누 구보다도 문학의 물질성을 깊이 깨닫고 주장했던 카터는 변신을 다루고 있는 『새 이브』에서도 주체를 구성하는 물질적 조건들을 탐구하고 있는 것이다. 이브 린에서 이브로, 그리고 새 이브로 변신하기까지의 이브/린의 여정은 통합적이고 완결된 것으로 여겨졌던 "자기동일성의 가변성(mutability)"(Peach 116)을 깨닫고 "비본질적이고 구성된 주체"(Tucker 10)에 대한 사유로 나아가는 과정과 일치한 다. 『새 이브』에서 제시되는 변신의 물질성은 불연속적 과정 중에 존재하는 주 체의 (재)구성을 강조하여 타자의 억압과 배제 위에 건설된 동일성의 논리를 비 판하도록 이끄는 것이다.

2. 카터의 환상문학의 물질성

"나는 탈신화화 작업을 수행한다."
(Carter, "Notes" 25)

문학, 특히 환상 문학에 대한 대표적인 오해는 이러한 글쓰기들이 현실에서 유 리된 전혀 다른 차원을 다루며 따라서 현실과 절연되어 있다는 주장이다. 마찬가지로 연금술과 변신하는 인물들, 날개 달린 곡예사나 늑대인간이 등장하는 카터의 텍스트들 역시 단지 신화적 맥락에서만 읽히기 쉽다. 그러나 카터 전 작품의 중심에 놓인 것은 "서구 세계의 지배 담론에 대한 해체와 다시쓰기"(Easton 8) 혹은 "서구의 이성애적 자기동일성의 정치학에 대한 탐구"(Day 12)라는 말대로, 그녀의 환상성은 남근 로고스 중심주의로 포장된 현실과 문학의 동일성을 뒤흔들고 나아가 그 속에 잠재된 차이의 세계를 펼쳐 보이기 위한 전략적 장치이다. 카터의 환상적 글쓰기들은 "결코 물질적 조건들을 시야에서 벗어나게 하지 않으며"(Day 4 재인용), "유물론적 관점으로 문화를 고찰"(Tucker 4)하거나 "유물론적, 무신론적, 반압제적, 그리고 페미니즘적"(Jordan 34)인 변화의 역사를 기술하여 문학과 물질성의 문제를 전면에 부각시키는 것이다. 스스로를 페미니스트라 지칭하는 「전선에서의 기록」("Notes from the Front Line")에서 카터는 다음과 같이 주장한다.

> [사회적 허구(social fiction)]는 또한 절대적이고 명확한 유물론의 산물이다. 즉, 이 세계는 존재하는 모든 것이고, 현실의 본질에 관해 질문하기 위해서 우리는 물질적 현실을 구성하는 곳에 견고하게 자리 잡은 토대로부터 나아가야 한다. . . . 나는 모든 신화란 인간 마음의 산물이고 물질적인 인간 실천의 일부만을 반영한다고 믿는다. 나는 탈신화화(demythologising) 작업을 수행한다. (25)

따라서 카터의 주된 관심은 문학과 현실이 토대를 두고 있는 물질적 조건들로 향하지만, 가장 신화적인 소재들로 '탈신화화'를 수행하는 그녀의 글쓰기들이 유물론적 결정주의에 빠져있다고 단정짓는 것은 너무 성급한 판단이다. 린지 터커(Lindsey Tucker)의 말을 빌자면 카터의 텍스트들은 페미니즘적, 정치적, 유물론적이면서도 언제나 "변화와 성장"(2)의 상태에 있기에, 단일한 해석과 고정된 범주화를 거부한다. 좀더 정확히 말하자면, 오히려 이러한 유동성과 다층성이야말로 텍스트를 정치적으로 만드는 것인지도 모른다.5) 주체와 세계는 남근적이고 합리적인 고정된 질서로 환원되는 것이 아니라 무한한 차이의 흐름과 만나 구성되어 간다는 점을 되새겨 본다면, 이 차이를 기술하는 카터의 글쓰기가 동일성의 잣대에 들어맞지 않는 전복적 환상성을 지닌다는 것은 당위적이고도 필연적인 결과라 하겠다.

　카터의 대표작 중의 하나인『새 이브』는 역시 환상적이고도 알레고리적인 방식으로 이브/린의 변신을 서술하여 (성적) 자기동일성의 형성을 탐색하고 이것이 기반을 둔 물질적 차이를 강조한다. 카터는 "반-신화적 소설"인 이『새 이브』가 "여성성의 사회적 창조에 관한 페미니스트적 소책자"("Notes" 25)라고 밝힌 바 있다. 내전의 소용돌이에 휩싸인 미래의 미국을 배경으로 한 텍스트에는 주인공 이브/린 외에도 신비스런 흑인 무용수와 분리주의 페미니스트 집단, 외다리에 외눈의 여성혐오주의자 시인, 복장도착자 영화배우가 등장하여 변신을 거듭한다. 이처럼 등장인물들의 고정된 자기동일성이 부재하는『새 이브』는 또한 다층적 구성을 취하여 통합적이고 절대적인 정신으로 환원되는 것이 아니라 잠재적 차이의 흐름들이 교차하여 구성되는 주체에 대한 주제를 성공리에 담아낸다. 텍스트의 이야기하는 목소리(narrative voice)는 "이곳은 내가 태어났던 장소가 될 것이다"(47)라는 문장에서 잘 드러나듯 이브와 이브린의 것이 뒤섞여 있으며, 텍스트의 곳곳에서는 "성경, 그리스 신화와 다른 신화들,『위대한 유산』,『폭풍의 언덕』,『올란도』, 그리고 포, 사드, 바그너, 말러(Mahler)"(Lee 81)등에 대한 다양한 참조를 찾아 볼 수 있는 것이다. 이브/린의 목소리와 다른 텍스트의

---

5) 로즈마리 잭슨(Rosemary Jackson)은『환상성 - 전복의 문학』(Fantasy: The Literature of Subversion)에서 환상성의 정의하기 힘든 속성이야말로 바로 그 가치라고 주장한다. 잭슨에 따르면 문학적 환상은 "지배적인 문화 질서의 한계들을 말해주는 지표"(4)이기에, "환상물들을 읽는 과정에서 일어나는 탈신비화(de-mystifying) 현상"(10)은 실제 사회의 변화로 이어질 수 있는 강력한 전복성을 지닌다.

목소리들이 혼재하는 『새 이브』의 서사구조는 불확정적이고 유동적인 다층적 공간을 창조하고, 그 속에 위치한 변신하는 인물들은 일원론에 기초한 육체와 정신, 남성과 여성의 이분법의 신화를 뛰어넘는 카오스의 세계로 우리를 안내한다.

3. 타자성의 억압과 자기동일성: 이브/린

> "나는 모든 공격 중에서 가장 야수 같은 것, 타자의 포위에서 스스로를 구했다."(34)

가장 야수 같은 공격은 타자에게서 비롯된다고 단언하는 것은 이브린뿐만이 아니다. 서구의 역사는 곧 '보수적인 백인 이성애주의자 남성'들의 역사였으며, 이들이 자신을 위협하는 야수와 같은 타자와 벌여 승리한 전쟁의 기록이었다. 이들에게 동일성의 법칙을 깨뜨리고 차이를 전개하는 타자성은 배제와 동화의 대상일 뿐이다. 그러나 역설적으로, 이러한 억압은 타자성이 지닌 전복적 잠재력에 대한 공포를 드러내는 것이며 나아가 결국 동일성이란 차이들의 흐름을 고정시킨 것에 지나지 않는다는 점에 유의할 필요가 있다. 따라서 『새 이브』에서 고향 영국을 떠나 교수직을 위해 미국에 도착한 이브린이 "흑인, 멕시코인(Mexis), 빨갱이들, 호전적인 레즈비언들, 과격한 게이들 등등"(161)과의 내전에 휩싸이는 것은 결코 우연한 사건이 아니다. 전통적으로 타자로 여겨져 온 이들의 반란은 전형적 남성우월주의자이던 이브린이 신비한 흑인 소녀 릴라(Leilah)를 만나면서부터 자기동일성에 균열을 느끼게 됨을 강력히 시사하고 있다. 그러나 동일성의 경계를 뛰어넘는 차이의 타자성은 궁극적으로 결코 흑인이나 여성 등의 인격체로 환원될 수 없는 것인데, 이는 이브린을 강제로 여성으로 만드는 집단의

지도자 마더(Mother)가 남성 못지않은 폭력적 이분법 즉 여성 육체의 우월성에 사로잡혀 있다는 사실에서 쉽게 확인된다. 주체성을 올바르게 사유하기 위해서는 지금까지의 이항대립의 단순한 전도가 아니라 이 대립들을 생산해온 구조에 대한 전면적인 재검토가 필요할 것이다.

A. 이브린 – 릴라

텍스트의 초기에 등장하는 이브린에게 여성성은 수동성, 동물성, 어둠, 즉 지배하거나 회피해야 하는 타자성과 같은 것이다. 부임하려던 대학이 내전으로 파괴되고 유일한 말동무마저 피살당한 밤, 거리를 배회하던 이브린은 신비스런 흑인 여성 릴라를 만난다. 한편으로는 그녀를 둘러싼 "내부의 어둠"(24)에 공포를 느끼면서도 또 한편으로는 저항할 수 없는 육체적 욕망에 사로잡힌 그는 릴라와 동거를 시작한다. 그러나 이브린에게 릴라는 자신과 동등한 인격체가 아니라 "미친 새"(19)나 "사이렌(Siren)인 척 하는 작은 여우, 어두운 숲 속의 마력을 지닌 여우"(20), "지하세계의 존재"(20)이거나 "구체관절 인형 같은, 무감각한, 게토 님프"(21) 혹은 "인어"나 "로렐라이"(22), "물고기처럼 잡기 힘든"(24) "마녀"(27) 등으로 여겨진다. 이처럼 신비롭고 매혹적이지만 한편 자신을 파멸로 이끌 악마적인 힘을 지닌 존재로 릴라를 바라보는 이브린의 시각은 성적 자기동일성에 관한 본질주의적 이분법을 정확하게 반영한다. 즉 그는 여성/남성의 대립항을 다시 정념/이성과 육체/정신의 이분법에 일치시키고, '오른'쪽 항에 절대적 우위를 부여한 뒤 왼쪽 항을 대상화하고 지배하려는 것이다. 따라서 그녀의 도발적 정념에 새디즘적 학대로 응답하던 이브린은 임신한 릴라의 정조를 의심하고 낙태를 종용하며, 끝내 후유증에 시달리던 그녀를 버려두고 "타자의 포위"(34)에서 스스로를 구하러 사막으로 달아나고 만다.

B. 이브/린 - 마더

사막의 한가운데에서 길을 잃은 이브린은 정체 모를 여성에게 납치 당해 '불라'(Beulah)[6]라는 곳으로 끌려간다. "남성의 지배가 우리에게 이 모든 너무도 큰 고통을 불러왔지 않은가"(76)라고 믿고 있는 이 곳의 지배자는 "위대한 아버지 살해자," "남근중심적 우주를 거세하는 여성"(67), 마더이다. 스스로를 "육화된 신성"(49)으로 만든 그녀는 젖가슴이 여덟 개 달리고 거대한 몸집을 지닌 육체의 화신으로, "순수한 자연의 일부," "대지," "결실 기관"(60)이 되어 여성=대자연=육체의 도식을 완성한다. 그러나 수술을 통해 이브린을 새 이브(New Eve) 혹은 성처녀 마리아(the Virgin Mary)[7]로 만들고 이브린 본인의 정자로 수태시켜 새로운 인류를 탄생시키려는 이들의 분리주의적 시도는 자신들이 파괴하려는 "남근중심주의"(69)만큼이나 폭력적이고 위험한, 또 다른 본질주의일 뿐이다. 카터 스스로의 말을 빌자면 "어머니 여신들은 아버지 신들만큼이나 어리석은 관념"(*Sadeian Woman* 5)인 셈이다. 이에 동의하는 비평가들은 고정된 가부장제의 전도인 불라는 마찬가지로 고정적인 가치가 지배하는 곳이며(Vallorani 183), (특히 1970년대) 페미니즘의 본질주의적이고 보편주의적인 경향에 비판적이었던 카터의 태도를 드러낸다고 본다(Trevenna 268). 이브린의 수술은 성공하지만, 그의 말대로 이는 단지 "거세"이거나 "육체의 변형"(transfiguration)(70)에 지나지 않는다. 완벽한 여성의 육체를 갖추게 되었지만 정신은 여전히 남성적인 그는 자기동일성의 혼란에 직면한다.

---

6) 사전적으로 이 불라는 '결혼한 부인, 이스라엘의 빛나는 미래, 안식의 땅, 여자이름'을 의미한다. 카터는 번연(Bunyan)과 블레이크(Blake)에게 완벽한 가부장적 결혼의 이상적 장소였던 이 불라의 의미를 수정하고 재배치하여 분리주의 페미니즘 집단의 전형으로 삼는다(Vallorani 183-84).

7) 성 이레니우스(St. Irenaeus)나 피오 12세(Pius XII)를 비롯한 몇몇 로마교황들은 성처녀 마리아를 새 이브로 간주한다. (http://www.catholic.net/rcc/Periodicals/Faith/0506-96/article9.html 참조)

그러나 내가 거울을 바라보았을 때, 나는 이브를 보았다. 나는 나 자신을 볼 수 없었다. 나는 젊은 여성을 보았고, 그녀는 비록 나였지만 결코 나라고 인정할 수 없었다. 왜냐하면 이 사람은 내게 단지 고양된 여성성의 추상, 곡선들의 음영어린 배치로 여겨졌기 때문이다. (74)

마더의 신념대로 이브린이 새 이브가 되지 못했다는 것은 두 가지 중요한 사실을 시사한다. 우선, 단순한 육체적 변화는 결코 자기동일성의 완전한 해체로 이어지지 않는다는 점이다. 이브린의 경우 자기동일성이란 자신과 다른 타자성을 억압하고 배제하여 이루어진 남성적 정신의 구현물이기에, 단지 육체가 바뀌었다고 해서 그 정신이 견지하는 동일성의 법칙이 흔들리는 것은 아니다. 다시 말해, 주로 남근 로고스 중심주의로 표상되는 이 동일성의 법칙은 단지 타자를 강조한다고 해서 전복되지는 않는다. 남성적 질서를 거부하고 '여성적 육체'를 강조하는 뷸라는 똑같이 폭력적인 이분법에 기초하여 또 다른 동일성을 재생산하고 있을 뿐이다. 게다가 마더가 강조하는 여성적 육체라는 것 또한 실은 남성적 욕망의 산물에 불과하다는 사실 또한 간과할 수 없다. 마치 "플레이보이지의 접어 넣은 페이지에 실린 사진(centerfold)"(75) 같은 이브의 육체는 남성적 응시에 의해 구축된 것이기에(Day 117), 다시 남성적 범주 속으로 환원되고 전유될 뿐이다. 중요한 것은 (자기)동일성을 비판하고 대체하려는 시도가 아니라, 이것이 생산되는 구조를 파악하고 그 유연한 허구성이 지탱되는 원리를 밝혀내는 것이다. 그렇기에 단순히 육체를 바꾸어 새로운 주체를 만들려는 마더의 시도는 실패로 돌아가고, 뷸라를 탈출한 이브는 스스로가 "거의 영웅인 것처럼, 거의 다시 이브린인 것처럼"(81) 느낀다. 따라서 그/녀의 진정한 변신은 이브린과 마더가 상징하는 동일성의 세계에서 빠져나와 차이의 흐름에 뛰어들면서부터 시작하게 된다.

4. 변신과 주체의 (재)구성: (새) 이브

> "우리의 육체는 역사로부터 우리에게 온 것이다."
>
> (Carter, *Sadeian Woman* 9)

수술이 있기 전 자신을 돌보아 주던 소피아(Sophia)에게 이브린은 "껍질 색깔의 변화가 과일의 맛을 바꾸는가?"(68)라는 절망적인 질문을 던진다. 전형적인 뷸라 여성인 소피아는 "겉모양(appearance)의 변화는 본질을 재구성한다"(68)라고 냉정하게 답하지만, 여기서 주목해야 할 지점은 '겉모양의 변화'가 아니라 '재구성'이다. 이브린의 예에서 보이듯 『새 이브』가 제기하는 질문은 (성적) 자기동일성의 본질에 관한 것이 아니라 오히려 그 본질이란 것이 과연 존재하는가, 그렇다면 어떻게 구성되는가에 대해서이다. "남성성과 여성성의 범주와 특징은 완전히 결정된 것이 아니라는 반본질주의적 견해에 대한 허구적 탐구"(Day 107)인 『새 이브』는 이브/린의 경험을 통해 (여성)성이 다층적으로 구성되는 과정을 추적한다.

A. 이브 - 지로

뷸라에서 도망쳐 나온 이브/린은 사막에서 여성혐오주의자에게 또다시 붙잡힌다. 이번에 그/녀를 납치한 지로(Zero)는 일곱 명의 하렘(harem) 위에 군림하는 "외눈과 외다리의 편집광자(monomaniac)"(99)이다. 일원적 동일성을 상징하는 그의 외양이 보여주듯이, 지로는 여성을 비하하고 남성적 가치만을 추구하는 이브린의 극단적 미래형이다. "남성성의 화신"(104)인 그는 "여성이란 남성과 다른 영혼의 물질, 더 원시적이고, 짐승 같은 재료로 만들어졌다"(87)고 믿으며 그의 하렘을 동물처럼 학대한다. 그러나 "파괴된 가정, 청소년 구치소, 가석방 관리, 모정 결핍, 부적절한 아버지 형상, 마약, 포주, 나쁜 소식"(99) 같은 불우한 과거를 지닌 "여성이라기보다는 사례사(case histories)"(99)인 하렘은 지로의 폭력에 길들여져 그에게 절대적으로 복종한다. "전체주의적 성(sexuality)의 형상"인 지로는 "마더와 반대이면서도 유사"(Vallorani 187)한 점이 있다. 그러나 이브/린은 지로의 농장에서 수차례에 걸친 강간과 학대를 겪으며 여성이 되기 위해서는 단순한 여성적 외양(으로의 변화) 뿐만 아니라 사회적으로 인정받는 여성성에 대한 학습이 필요하다는 것을 깨닫는다.

> 농장에 관련된 매일 매일의 일 뿐만 아니라 여성적 태도에 대한 강도 높은 학습, ... 비록 나는 여자였지만, 그때 나는 또한 여자로 통하기도 했다. 그러나 그렇다면, 여성으로 태어난 많은 이들은 그들의 평생을 정확히 그러한 흉내 내기로 보냈다고 하겠다. (101)

뷸라에서 스스로를 여성으로 지각하지 못하던 이브/린은 석 달에 걸친 "여자다움에 관한 도제생활"(107)을 겪으며 서서히 변화를 일으켜, "지로의 중재는 나를 여성으로 바꾸어 놓았다"(107-8)고 말하기에 이른다. 여성성이란 타고나는 혹은 부여받는 것이 아니라 학습의 대상인 것이다. 그러나 "나는 단지 나였던 존재를 흉내 냈을 뿐이었다. 나는 그 존재가 된 것은 아니었다"(132)라는 말이 보여주듯 그/녀의 변신은 아직 완전하지 않다. 카터 스스로가 존 하펜던(John Haffenden)과의 인터뷰에서 밝히듯이, 이브/린은 "여성성의 문화적 구성"(Haffenden 86)을 말하기 위해 창조된 인물이다. 지로의 농장에서 이브가 겪는 가장 중요한 사건은 그녀가 정신적으로도 여성이 되었다는 것이 아니라 여성성이 구성되는 방식을 깨닫기 시작했다는 것이다. 데이비드 펀터(David Punter)의 지적에 따르면 여성성의 개념과 스테레오타입은 "주체성의 실체(substance)를 형성하는 이데올로기적 힘들의 모든 것을 포괄하는 그물망(overarching web) 안에서 구축"(57)된다.

따라서 이브/린의 자각은 단순한 여성의 육체가 아니라 그 육체에 새겨진 경험과 역사 같은 물질적 조건으로부터 가능해진다. 하지만, 이 '여성성'의 구성을 지나치게 강조하다 보면 자칫 본질적 여성성을 상정하고 논의를 진행하는 함정에 빠지기 쉽다는 사실 또한 간과해서는 안 된다. 여성성이란 도달해야 할 목적지가 아니라 다만 구조의 결과물일 뿐이기에, 여성적 경험이 이브/린을 완전한 여성으로 만든다고 단언하는 것은 일종의 결정론에 불과하다. 이브/린의 변신은 아직 진행 중에 있는 것이다.

B. (새) 이브-트리스테사

여성 동성애자를 극도로 혐오하는 지로는 완벽한 여성성을 대변하는, 어린 시절 이브린의 우상이기도 한 여배우 트리스테사(Tristessa)기 마력을 발휘히어 지신을 불임으로 만들었다고 믿고 있다. 복수를 위해 하렘을 거느리고 은퇴한 그녀를 찾아 헤매던 지로는 결국 온통 유리로 된 트리스테사의 집을 발견하고, 놀랍게도 그/녀가 실은 남성이었음을 밝혀낸다. 지로와 하렘은 이브를 신랑으로, 트리스테사를 신부로 삼아 억지로 결혼식을 올리게 하여 그들을 조롱거리로 삼는다. "둘 다 신부이고, 둘 다 신랑"인 이 "이중 결혼"(135)은 여성성이든 남성성이든 (성적) 자기동일성이란 실은 하나의 가면에 불과함을 보여주는 중요한 장면이다.

> 하지만 이 가장(masquerade)은 피상적인 것 이상이었다. 남성성의 가면 아래 나는 여성성의 또 다른 가면을 쓰고 있었지만 이것은 내가 아무리 노력하더라도 결코 벗을 수 없을 가면이었다. 비록 아덴 숲의 비올라처럼 내가 소녀로 변장한 소년이었고 이제 다시 소년으로 변장했지만 말이다. (132)

가면을 쓰고 벗듯 젠더의 경계가 유동적이고 다층적이라는 사실은 성적 자기동일성이 생득적으로 결정되어 있거나 혹은 미리 상정된 본질을 향해 문화적으로 만들어진다는 주장 또한 근본적으로 넘어선다. 많은 페미니스트 비평가들은 이성의 옷 입기(cross-dressing)와 가장의 사용이 젠더의 구성적 본질을 분석하고 패러디하는 중요한 서사 전략이라는데 동의한다(Tucker 2).[8] "이중으로 가면을 쓴"(136) 이브와 트리스테사는 "젠더 범주의 유동성"(Tucker 10), "원본 (original) 젠더의 결여"(Lee 89)를 드러내는 것이다. (남성적 기준에서) 완벽한 여성적 육체의 소유자인 이브가 실은 성전환자이고, 이상적인 여성성의 구현인 트리스테사가 복장도착자라는 놀라운 사실은 (남성이든 여성이든) 누구도 고정 불변의 (성적) 자기동일성에 한정될 수 없다는 사실을 암시한다. 물론 이브는 여기서 "여성성의 가면은 벗을 수 없다"고 말하지만, 결혼식 이후 가까스로 지로와 하렘을 물리치는 데 성공한 이브와 트리스테사가 사막에서 사랑을 나누는 장면은 그 반대의 사실을 보여준다.

> 나는 격세유전적 흥분(atavistic relish)으로 그대를 무자비하게 쓰러뜨렸지만, 내 밑의 유리 여자는 나의 정념 아래 부서지고 그 조각들은 흩어져 나를 압도하는 남자로 다시 만들어졌지. (149)

스스로를 여성으로 여기게 되었던 이브가 이 결합의 장면에서 보여주는 정념은 전통적 의미의 남성적 적극성을 띠고 있다. 그러나 트리스테사 또한 수동적인 유리 여성으로 머물러 있지 않고, 그/녀의 파편적 흐름은 이브/린을 압도하는 남성으로 재구성된다. 결국 젠더란 (사회가 부여한) 옷을 갈아 입거나 가면을 쓰는 것과 마찬가지로 일정한 수행을 통해 구축되어 가는 것이다. 마찬가지로, 주체

---

8) 대부분의 이들은 주디스 버틀러(Judith Butler)의 수행성(performativity) 이론에 기대어 『새 이브』를 비롯한 카터의 텍스트들을 해석하며 조안 트리베나(Joanne Trevenna)는 이 '버틀러화' (Butlerification)에 조심스런 반론을 제기하기도 한다. 이에 대한 자세한 논의는 다른 지면을 필요로 할 것이다.

는 통합되고 완전무결한 자기동일성으로 완결되는 것이 아니라 단편적이고 불연속적인 흐름 속에 (재)구성을 거듭한다. 주체라고 말할 수 있는 것이 있다면, 그것은 "끊어진 연속체"(interrupted continuum)(167)일 뿐이다.

C. 새 이브-릴리스

트리스테사와 이브는 사막에서 소년 병사들에게 발견되고, 트리스테사는 그들의 손에 죽고 만다. 가까스로 이들의 차를 훔쳐 타고 도망친 이브는 교전 중의 도시에서 릴라를 다시 만나지만, 그녀는 더 이상 이전의 유혹적이지만 수동적인 소녀가 아니다. 이브의 바뀐 모습에 전적으로 무관심한 릴라는 실은 이브린을 뷸라로 보내기 위한 음모의 동조자였으며, 지금은 스스로가 반란군의 지도자로 변신해 있는 것이다. "벗은 몸의 무용수가 지녔던 죽은 듯한 수동성은 화장품과 함께 씻겨 나가"(172) 버린 그녀는 자신의 이름이 릴리스(Lilith)이며, 이전에는 이 이름이 지닌 상징적 의미를 숨기기 위해 릴라라는 이름을 썼다고 설명한다.9) 카터는 여기서 이브를 릴리스와 대면시켜 그녀가 고착된 자기동일성에 대한 환상을 완전히 떨쳐 버리고 차이의 흐름에 열린 새 이브로 변신할 수 있는 컨텍스트를 마련한다. 이미 남성의 타자로 존재하기를 거부했던 신화 속의 릴리스는 아담이란 동일성은 여성이라는 타자를 배척하고서야 비로소 이루어진 것에 불과함을 역설한 바 있다. 이제 이브린의 타자이던 릴라가 변신한 릴리스의 인도로 이브는 한 동굴에 이르게 되고, 그 곳에서 거울에 비친 자기 모습을 바라보며 통합되고 완전무결한 나 자신, 이브(린)의 자기동일성이 얼마나 허구적인 것인지를 깨닫는다.

---

9) 릴리스의 신화에 관해서는 여러 가지 설이 있지만 공통되는 것은 그녀가 아담에게 복종하기를 거부하고 추방당한, 잊혀진 첫 번째 아내라는 점이다. 이후 페미니스트들에 의해 복원된 릴리스는 남성에게 종속되지 않은 자율적인 여성의 상징으로 통한다. 한편 릴라라는 이름은 아랍어로 밤을 의미하는 라일라(layla)의 변형형이기도 하다.

거울은 깨어졌고, 여러 번 엇갈려서 금이 가 아무것도 비추지 않았으며 당황스러울 만큼 조각나 나는 그 안에서 나 자신(myself)이나 나 자신의 어떤 부분도 볼 수 없었다. (181)

전복된 거울기라 볼 수 있는 이 장면에서 이브는 자기동일성을 형성하는 것이 아니라 해체한다. 반영과 표상의 상징인 거울은 깨어졌고 '나 자신'이란 여러 갈래의 조각에 불과하다. 조안 트리베나(Joanne Trevenna)는 이 파편적 이미지가 안정적이거나 변하지 않는 핵심적인 자아를 소유하지 않은 카터의 주체들에 일반적으로 적용될 수 있으며, 이 주체들은 언제나 지속적인 **생성**의 과정에 놓여 있다고 말한다(274, 필자 강조). 터커가 린다 허천(Linda Hutcheon)을 경유하여 말하듯이 이러한 "탈중심화된"(ex-centric)(4), "과정으로서의 주체성"(21)은 비단 이브/린의 경우뿐만 아니라 모든 주체의 경우로 확장해 볼 수 있다. 우리의 "육체는 역사로부터 온 것"(*Sadeian Woman* 9)이라고 카터가 말했을 때, 그녀가 염두에 둔 것은 주체가 놓여있는 물질적인 변화의 흐름이다. 보편적인 믿음과 달리, 주체는 절대적인 정신의 동일성을 중심으로 수렴되는 것이 아니라 사회문화적 컨텍스트 속에서 끊임없이 구성되어 가는 과정에 놓여있다. 바꾸어 말하자면, 이 생성의 과정은 동일성이 아니라 차이가 전개되는 변신의 과정이라 할 수 있을 것이다. 동일성의 법칙을 위반하고 자신이 아닌 다른 무엇이 되는 변신은 배제와 억압의 이분법적 논리에 기초한 자기동일성의 신화를 폭로하고 물질적 변화를 통해 주체의 위치를 재정립한다. 따라서 육체의 변화와 여성적 경험을 겪으며 젠더의 유동성과 자기동일성의 허구성을 체득한 이브/린은 이제 새 이브가 되고, 동굴을 나와 "탄생의 장소"(191)인 바다로 나아간다. 타자성을 배척하는 이브린도, 여성성이란 본질로 회귀하는 이브도 아닌 이 새 이브는 언제나 새로운 변화의 가능성에 열려 있는 과정 중의 주체로, 앞으로도 무한한 변신을 거듭할 것이다.

5. 나가며

'타자의 포위'에 대한 두려움 위에서만 존재하는 (남성적) 자기동일성의 '탈신화화'는 '역사로부터 구성된 육체'에 주목할 것을 요구한다. 그러나 이때 육체란 마더의 경우처럼 자신을 배제해오던 정신을 억압하고 반대로 우위에 서려는 또 다른 동일성을 의미하는 것이 아니다. 육체는 문화적 범주와 역사적 경험들이 녹아있는, 정념과 (타자의) 욕망이 가로지르는 무한한 잠재성의 장으로 주체성을 소환한다. 따라서 주체는 선험적이고 자율적인 정신의 절대적 영역으로 환원되는 것이 아니라 마치 변신하듯 이 잠재성을 펼쳐 보이며 구성되는 과정 속에 놓여있다. 캐더린 벨지(Catherine Belsey)가 주장하듯, 주체가 과정이라는 사실은 변형의 가능성과 결부되어 있는 것이다(65). 이브/린이 이러한 깨달음을 얻기 훨씬 이전부터, 카터는 이와 같은 주체의 특성을 카오스적인 것으로 묘사한다. 텍스트의 초반에 등장하는 체코 노병 바로슬라프(Baroslav)는 연금술사로, 카오스란 "분화되지 않은 용해의 상태 속에 모든 반대되는 형태들을 포함"(14)하는 무한한 잠재성의 장이라고 주장한다.

> "카오스란, 최초의 물질이지. 카오스는, 혼란스런 창조의 가장 초기의 상태이고, 숨겨진 의미들의 현상을 새로운 질서로 창조하기 위해 맹목적으로 나아간다네. 앞섬의 결실을 맺는 카오스, 시작의 시작 전의 상태지." (14)

"구성 요소들이 합리적이고 논리적인 체계로 녹아들지 않는 카터의 소설적 공간"(Vallorani 180)에 대한 정의이기도 한 이 카오스는 통합되고 일관된 자기동일성으로 수렴되지 않는 유동적 주체의 알레고리를 형성한다. 마치 카오스처럼 주체는 언제나 불확실하고 비결정적인 생성의 과정에 노출되어, 끊임없는 변신을 수행하고 있는 것이다.

카터는 "모든 예술은 정치적이며 나의 예술도 그러하다"(Easton 1 재인용)고 단언한 바 있다. 스스로의 말처럼, 카터의 소설들은 "모든 종류의 정의와 틀들을 부인하고 저항하며 전복"(Peach 6)하고 이것은 『새 이브』도 예외가 아니다. "카터의 가장 전복적인 소설"(Tucker 11)인 『새 이브』는 변신의 과정을 빌어 물질적 컨텍스트를 향해 열려 있는 주체의 무한한 (재)구성을 강조하고, 그 결과 타자성의 배제와 억압으로 이루어진 (성적) 자기동일성의 신화를 비판한다. 로지 브라이도티(Rosi Braidotti)의 말대로 "변화를 적절하게 설명하는 것은 오랫동안 확립되어 온 습관적 사고를 흔드는 모험"(*Metamorphoses* 3)이기에, 변신에 대한 글쓰기와 읽기는 남근 로고스 중심주의로 표상되는 동일성의 논리를 깨뜨리고 새로운 주체성에 대한 사유로 나아가게 한다. 카터의 『새 이브』는 정태적 동일성에 저항하는 과정 중의 주체, 변화의 과정에 열려있는 주체를 통해 독자의 변신 또한 촉구하고 있는 것이다.

■ 인용문헌

Belsey, Catherine. *Critical Practice*. London: Methuen, 1980.

Braidotti, Rosi. *Metamorphoses: Towards a Materialist Theory of Becoming*. Malden: Blackwell, 2002.

_____. "Toward a New Nomadism: Feminist Deleuzian Tracks; or, Metaphysics and Metabolism." *Gilles Deleuze and the Theater of Philosophy*. Eds. Constantin V. Boundas and Dorothea Olkowski. London: Routledge, 1994. 159-86.

Bynum, Caroline Walker. *Metamorphosis and Identity*. New York: Zone, 2001.

Carter, Angela. "Notes from the Front Line." Tucker 24-30.

_____. *The Passion of New Eve*. London: Harcourt, 1977.

_____. *The Sadeian Woman and the Ideology of Pornography*. New York: Harper, 1978.

Clarke, Bruce. *Allegories of Writing: The Subject of Metamorphosis*. Albany: State U of New York P, 1995.

Day, Aidan. *Angela Carter: The Rational Glass*. Manchester: Manchester UP, 1998.

Easton, Alison. "Introduction: Reading Angela Carter." *Angela Carter*. Ed. Easton. London: MacMillan, 2000. 1-19.

Grosz, Elizabeth. *Volatile Bodies: Toward a Corporeal Feminism*. Bloomington: Indiana UP, 1994.

Haffenden, John. *Novelists in Interview*. 1985. London: Methuen, 1986.

Jackson, Rosemary. *Fantasy: The Literature of Subversion*. 1981. London: Routledge, 1998.

Jordan, Elaine. "The Dangers of Angela Carter." Tucker 33-45.

Lee, Alison. *Angela Carter*. New York: Twayne, 1997.

Martindale, Charles. *Ovid Renewed: Ovidian Influences on Literature and Art from the Middle Ages to the Twentieth Century*. Cambridge: Cambridge UP, 1988.

Peach, Linden. *Angela Carter*. New York: St. Martin's, 1998.

Punter, David. "Angela Carter: Supersessions of the Masculine." Tucker 46-59.

Simpson, J. A., E. S. C. Weiner and Oxford University Press. *The Oxford English*

Dictionary. 2nd ed. 20 vols. Oxford: Oxford UP, 1989.

Skulsky, Harold. *Metamorphosis: The Mind in Exile.* Massachusetts: Harvard UP, 1981.

Trevenna, Joanne. "Gender as Performance: Questioning the 'Butlerification' of Angela Carter's Fiction." *Journal of Gender Studies* 11.3 (2002): 267-76.

Tucker, Lidsey, ed. *Critical Essays on Angela Carter.* New York: G. K. Hall, 1998.

_____. Introduction. Tucker 1-23.

Vallorani, Nicoletta. "The Body of the City: Angela Carter's *The Passion of New Eve.*" Tucker 176-90.

텍스트와 여성의 몸, 그리고 글쓰기
─도리스 레씽의『황금 노트북』

좌종화

1. 들어가며

인간 존엄성은 인간이 이성적 사고와 판단을 하는 존재라는 믿음에서부터 출발한다. 서구의 고대철학에서부터 근대의 이성주의자에 이르기까지 여러 사상가와 철학자들은 몸과 정신 혹은 영혼의 문제에 골몰해 왔으며 인간의 몸에 대한 정신의 절대적 우위를 증명하고 합리화함으로써 이 문제에 대응해왔다. 실제 인간의 몸과 육체에 대한 연구는 철학과 인문학보다는 절대적으로 자연과학의 잣대에 의해 재단되어 왔다. 하지만 근대 이후 자연과학의 합리성과 가치중립성에 대한 의문이 지속적으로 제기되고 있다. 생물학과 유전학, 의학 분야의 연구가 인간과 동물, 백인과 흑인, 그리고 남성과 여성의 생물학적 능력을 위계화시키는 데 기여해왔던 것이 사실이다. 그렇다면 근대에 대한 반성으로 초점화되는 탈근대에 있어 몸에 대한 재평가는 또한 새로운 모색의 출발점이 된다. 이러한 연구는 정신뿐 아니라 사회구조와 이념의 저장고로서의 몸을 파악하는 데로 나아가며 결국 몸과 의식의 이분법을 넘어서도록 해준다. 본 연구는 항상성을 결여하고 있다고 폄하되어온 인간 육체, 특히 여성 육체의 함의에 초점을 맞추어 살펴보고자 한다.

인간의 몸에 대한 접근은 크게 몸을 불변의 생물적 현상으로 치부하는 자연주의적 시각과 몸 역시 사회적 산물이라는 구성주의적 접근법으로 나뉜다. 전자의 경우처럼 몸을 문화적, 혹은 사회 경제적 영향으로부터 독립된 생물학적 토대로 본다면 성과 계급, 인종에 따른 육체적 결과물의 차이는 차별과 편견을 불가피하게 만드는 이론적 기초로 작동한다. 그러나 정신과 몸의 이분법에 대항하는 근대 이후 니체를 비롯하여 메를로-뽕티, 니체, 들뢰즈 등 철학자들은 이분법의 한계를 넘어서려 시도하는 가운데 정신과 이성에 가려진 몸에 주목하기 시작한다.

메를로-뽕티는 과거 후설, 하이데거나 사르트르 등의 현상학적 전통 속에 위치한 반면 정치, 경제적 관계로부터 절연된 초월적 현상학적 실존의 추구로부터 한 단계 나아간다. 메를로-뽕티가 바라보는 몸은 정신과 의식의 힘이 녹아있는 대상물이다. 그에 따르면 우리의 몸은 의식과 절연된 독립체라기보다는 '체화된 의식'(incarnated consciousness)이다. 메를로-뽕티는 논리중심주의와 인식론적 지배로 인해 철학담론의 장에서 제외되어 왔던 몸을 철학적 대상으로 삼는다. 이런 과정을 통해 우리의 몸은 단순히 정신의 안티테제로서의 물질을 넘어서서 사회의 체계와 이데올로기가 각인된 결과물로서 재정립된다. 본 연구에서 살펴볼 여성의 경험과 몸 또한 바로 이 맥락에 맞닿아있다.

    남성의 육체를 모델로 하는 조건에서 여성의 몸은 타자로 치환되며 여성 욕망은 비인간적 히스테리나 절규 등으로 치부되어 왔다. 타자화된 생물학적 여성의 몸을 벗어나려는 노력은 젠더를 페미니즘의 화두로 삼는 단계로 나아가지만 젠더 역시 "남성중심사회에서 여성으로서의 생물학적인 몸 위에 부과된 기대치"(Young 5)로서의 한계에 봉착한다. 생물학적 성(sex)의 대립 항으로 젠더 역시 이분법의 딜레마에서 자유롭지 못하다는 위기의식에 직면한 페미니스트들은 여성의 육체에 대해 재고한다. 그들은 여성의 육체를 다시 바라봄으로써 역사에서 사라지고 없는 여성 존재의 의미를 환기시킨다. 하지만 몸이 위치한 맥락은 생물학적 기능의 저장고로서가 아니라 오히려 존재의 경험이 축적된 결과로서의 몸이 주요 관심 대상이 된다. 이러한 몸은 생물학적 남성과 여성의 몸 개념과는 달리 다양한 경험이 교차하는 특정한 지점이자 구체화된 육체적 실재로서 의미를 전제하고 있기 때문이다. 아이리스 영(Iris Young)의 '삶을 경험한 육체'(lived body)는 특정한 사회 문화적 맥락 속에서 움직이고 경험하는 물질적 육체를 지칭하는 용어로, 그녀는 우리의 육체적 존재와 물리적 사회적 환경과 맺는 관계가 우리의 사실성(facticity)을 구성한다고 주장한다(16). 여성이 생물학적 차이에 의해 타자화되는 대신 자신의 경험이 새겨진 기록물로서의 몸을 드러내는 작업은 여성 주체를 생물학적 결정론의 함정에서 구해내는 동시에 여성 개인의 자아 정체성을 충실하게 조명해내는 가능성이 된다. 그렇다면 몸을 탐구하는 의미는 무엇인가? 엘리자베스 그로츠(Elizabeth Grosz)는 일정한 틀 속에 구속하려 시도하는 이론적 틀을 넘어서 통제 영역을 비집고 스며 나오는 것을 몸의 능력이라 규정한다(xi). 이런 몸의 능력은 또한 특정 영역과 범위로 한정시키는 것에 저항하며 공과 사, 내부와 외부, 지식과 쾌락의 분리를 거부한다(Grosz xi). 그로츠의 이러한 지적들은 이리가라이를 비롯한 프랑스 페미니스트들의 담론과 연결된다. 이들에게 있어 여성적인 것이란 이분법에 의한 타자의 배제논리가 아니라 양자를 끌어안는 포괄적이고 개방된 기질이며 완료형이기보다는 진행형이다. 여성의 몸을 드러내는 작업은 남성중심적이고 이성 중심적인 이데올로기의 전투장으로서의 전통적인 몸을 넘어섬을 의미한다. 비가시적인 상태에 머물러 있는 여성의 몸을 가시화 시키는 작업은 여성의 몸 내부에 깊이 각인되어 있는 양극화와 이분화를 넘어서서 남성들이 고집하는 경계를 무너뜨릴 수 있는 잠재력을 드러내는 작업으로 발전한다. 본 연구에서는 여성의 경험과 자아가 몸을 통해 드러나며 글쓰기에 반영되는 양상을 도리스 레씽의『황금 노트북』(*The Golden Notebook*)을 통해 살펴보겠다.

2. 여성과 몸

『황금 노트북』은 레씽이 현대 영국의 대표적인 여성소설가로 자리잡는 데 기여한 의미 있는 작품이다. 이 작품은 안나 울프(Anna Wulf)라는 평범한 여성의 삶을 통해 현대 여성이 겪게 되는 경험이나 감정의 제 양상을 잘 표현하고 있는데, 안나는 세계 도처에서 일어나는 갖가지 사건들을 자신의 사고 영역으로 끌어들인다. 안나는 이제까지 자신의 생각이 자신의 글 속에서 이분법적 대립으로 표현되었고 이것이 진정 자신의 내면과 일치하지 않음을 자각하는 작가로 설정됨으로써 레씽의 퍼소나가 된다.

현대 여성으로서의 생생한 경험이 안나라는 인물에 고스란히 녹아들어 있다는 사실에 대해 이의를 제기하는 비평가는 거의 없다. 여성 작가라는 존재 조건으로 인해 레씽은 그 시대의 여성에 대해 민감하게 반응하고 자신의 경험을 글 속에 담지 않을 수 없었던 것이다. 이 작품의 서문에서 레씽은 "자신의 것으로 인지하지 못했던 모든 종류의 경험과 생각들이 글쓰기 도중에 전면적으로 떠올랐다"(x)고 토로하고 있다. 레씽이 글쓰기를 통해 알게 된 것은 기존의 사회에서 당연시되거나 바람직한 것으로 규정된 것에 자신을 일치시키는 과정에서 인식하게 되는 불편함이나 모순이다. 앞에 인용된 서문에서 레씽이 전달하고자 하는 것은 자신의 경험에 솔직한 글쓰기 선언에 다름 아니다. 레씽에게 있어서 여성으로서의 경험과 리얼리티 재현문제는 긴밀히 연결되어 있으며 결국 현대 사회의 위기에 대한 진단으로 이어진다. 그리하여 자아와 타자의 명확한 경계를 중심으로 발전해온 기존의 인식론이 여성의 몸에 각인되어 있는 여성의 경험과 병립 불가능함에 대한 인식으로 발전하게 된다.

이 작품은 성공적인 처녀작 『전쟁의 변경』(*Frontiers of War*)으로부터 나오는 수입에 의지해 생계를 꾸려나가고 있지만 리얼리즘 형식의 작품에 대한 부정적인 평가로 인해 창작 장애 상태에 있는 안나를 중심으로 전개된다. 레씽은 창작 장애를 비롯한 안나의 다양한 갈등을 그려냄으로 인해 『마사 퀘스트』(*Martha Quest*, 1952), 『적절한 결혼』(*A Proper Marriage*, 1954), 『폭풍의 잔물결』(*A Ripple from the Storm*, 1958)과 같은 앞의 세 작품에서 자신이 시도했던 리얼리즘에 대한 고민을 작중 인물에게 투사시킴으로써 간접적으로 점검하고 있다. 레씽은 이러한 문제의식을 인터뷰에서 "난 더 이상 예전의 형식 속에서 내가 하려는 이야기를 할 수 없었다"라고 밝힌 바 있다(*A Small Personal Voice* 65). 이것은 레씽 자신이 경험한 것에 대해 진실하게 표현하고 설명하려는 의도가 리얼리즘 형식을 통해서 제대로 전달되지 못했음을 공표하는 것과 같다. 연작 시리즈가 진척됨에 따라 레씽은 리얼리즘에 대해 불만을 가지게 되었고, 『폭력의 아이들』 5부작 사이에 『황금 노트북』이라는 장편소설을 집필함으로써 글쓰기에 있어서의 문제를 짚어 보고 있다는 사실은 레씽과 안나를 동일선상에서 해석할 수 있는 근거가 된다.

『황금 노트북』은 주제 면에서뿐만 아니라 도리스 레씽이 이전에 선보였던 정통 리얼리즘과는 다른 글쓰기를 보여주고 있다는 점에서 매우 혁신적이다. 레씽은 초반의 작품에서 개인과 집단의 관계를 밝히는데 가장 적합한 양식을 리얼리즘이라고 생각했고, 실제로 『황금 노트북』이 발표되기 전 『폭력의 아이들』 (The Children of Violence) 5부작에서는 전통적인 리얼리즘 방식으로 이야기를 전달하고 있다. 『개인의 낮은 목소리』(A Small Personal Voice)에서 레씽은 "19세기의 소설이 가장 최고의 문학 형식"(4)이라고 칭송하며, 리얼리즘이야말로 자신이 글을 통해 기대하는 사회 변화의 열쇠를 쥐고 있다고 피력한다. 그러나 레씽은 더 이상 리얼리즘이 자신의 희망에 부합하지 못하는 장르이며, 리얼리즘이라는 전통적인 서사 양식 내부에 이미 자신이 비판하고자 하는 사회의 이데올로기가 내재되어 있음을 깨닫게 된다.

레씽이 『폭력의 아이들』에서 마사(Martha)라는 3인칭 화자를 통하여 객관적으로 관찰하며 설명하는 경우와 비교해 보았을 때, 『황금 노트북』에서 드러나는 인물 설정에 있어서의 특징은 작중인물 안나와 작가 자신의 내면 세계와의 거리가 좀 더 가까워져 있음에서 찾을 수 있다. 안나 또한 자신의 소설 작품 속 인물인 엘라(Ella)와의 경계가 흐려져 작가와 인물 사이의 구분이 어려워지는데, 이런 현상은 곧 레씽이 안나와 맺는 관계와 동일한 맥락에서 해석 가능하다. 『황금 노트북』에서는 작가와 인물 간의 융합이 이렇듯 다층적으로 펼쳐져 있다. 이 작품에는 작가와 인물의 혼합뿐만 아니라 전반적으로 작중 인물 사이의 경계가 모호한 경우가 많이 등장한다. 인물들 간의 혹은 한 인물 내부의 다양한 면모 사이에 명확한 경계가 불가능해지는 이런 특징은 『황금 노트북』을 이전의 작품으로부터 구별되도록 만드는 중요한 요소이다. 레씽의 작품에 나타난 자아를 연구한 웨인하우스(Linda Weinhouse)는 초기 작품에서 레씽은 사회가 개인을 정의하고 제한하는 방법을 강조했지만 후기로 올수록 개인에 대한 강조에서 멀어지고 좀 더 큰 범위의 집단적 운동에 대한 관심으로 향한다고 보았다. 그래서 레씽의 세계관에서 내적 현실과 외적 사건 사이에는 명확한 구분이 없으며 개인과 사회 사이에는 명확한 특징이 없다고 보았다(94). 레씽의 후기 작품에서는 더 이상 사회적인 자아와 개인 자아의 구분이 명확히 존재할 수 없다는 이런 지적은 사회가 각 개인에게 요구하는 가치 체계와 더불어 자신의 경험으로부터 솟아오르는 개체적 관념이 안나의 몸 속에서 갈등하고 타협점을 찾아나가는 과정으로 이 작품을 해석할 수 있도록 해주는 근거가 된다.

본 논문에서는 인물들 간의 명확한 구분짓기에 대한 회의뿐만 아니라 모든 종류의 사물과 이념에 드리워진 경계짓기에 대한 회의가 작품에서 드러나는 양상에 초점을 두고자 한다. 자신의 내부에서 발견되는 다양한 남성중심주의 이데올로기와 압력뿐만 아니라 기존의 지식체계로 편입되지 않고 해석되지 않던 여성으로서의 경험이 지닌 존재를 규정하는 놀라운 힘 사이의 갈등이 새로운 인식의 시발점이자 이 작품을 통괄하는 중요한 틀로 작용하고 있으며 이 주제는 작가로서의 글쓰기 문제와 통합되어 있다. 이렇듯 『황금 노트북』에서 여성으로서의 경험과 글쓰기 문제는 아주 밀접히 연관되어 있다. 레씽은 기존의 도식화된 체계 속에서 이해되고 범주화되기 힘든 혹은 여성적인 것이라고 폄하되어온 육체적 경험이 자신의 일부가 되어 가는 과정을 안나를 통해 면밀히 드러내고 있다. 여성으로서의 경험은 여성의 몸을 만드는 하나의 틀이며 레씽은 자신의 경험이 새겨진 몸을 받아들임으로써 관습적인 글쓰기 양식을 넘어 여성의 몸이 드러나는 글쓰기를 시험하는 셈이다. 이를 통해서 다양하고 구체적인 경험들이 여성 자아와 맺는 관계가 드러나게 되며 안나는 육화된 의식의 총체를 드러내는 전형적 인물로 불릴 수 있을 것이다.

3. 여성의 경험과 자아

한때 여성의 몸, 특히 임신과 양육 경험은 다양한 여성을 공유된 경험과 정체성
으로 묶는 기초로 작용했다. 여성의 개별 육체는 이로써 역사의 표면 아래 비가
시화된다. 토릴 모이(Toril Moi)를 비롯한 여러 페미니스트 이론가들은 생물학적
본질주의에 포획된 몸 대신 실존현상학에서 도출된 '몸'을 화두로 삼는다. 주디
스 버틀러는 몸에 대한 새로운 접근이 몸을 성 차이를 규정하는 불변의 근원으
로부터 벗어나도록 해주었을 뿐 아니라 담론이나 의학적 규범, 사회의 규제기준
들이 각인되는 장소이자 동시에 다양한 문화적 의미를 담아내는 기관으로 몸이
거듭나게 되었다고 주장한다(*Bodies That Matter* Introduction). 이러한 맥락 속에
서 여성이 기존의 규범으로 정의되지 않는 다양한 자신의 경험을 자신의 일부로
받아들이고 이를 써내려 감으로써 담론화시키는 행위는 이미 경계 바깥으로 나
아가는 일종의 도전으로 해석된다. 이렇듯 몸이 드러나는 방식은 바로 언어를
통해서이다. 각각 다르게 젠더화된 주체들은 육체적 경험을 감지하려고 노력하
는 가운데 다양한 방식으로 담론에 참여하게 되는데 이 과정이 바로 언어를 매
개로 한 육화(embodiment)이다(Canning 26). 육화를 주체와 자아가 머무는 장소
이자 또 다른 경험의 층위로 바라본다는 것은 잊혀졌던 여성 개인의 역사를 풍
부하고 새롭게 조명하는 계기가 된다.

　　『황금 노트북』에서는 딸과 함께 살아가는 이혼녀로서 안나가 겪었던 다양
한 경험은 안나의 정체성 형성에 있어 중심축으로 기능한다. 이분법의 닫힌 체
계 속에서 정의되지 않는 다양한 경험이 묻히지 않고 고스란히 살아 움직이는
이 텍스트에서 우리가 발견할 수 있는 것은 바로 여성으로서의 경험과 그러한
경험의 저장고로서의 몸에 대한 긍정이다. 첫 소설『전쟁의 변경』을 쓰고 난 안
나는 세속적인 성공에도 불구하고 작품에 대한 부정적인 자기평가를 하면서 소

설의 역할이 현재에는 완전히 변하여 지식전달의 수준으로 전락했음을 깨닫고 자신이 분산되었다는 느낌을 가지고서는 더 이상 소설을 쓰지 않겠다고 결심한다. 이와 같은 결심은 그녀로 하여금 소설쓰기 대신 네 권의 노트에 다른 양식의 글쓰기를 시도하게 한다. 이것은 자신이 쓰고자 의도했던 바를 그대로 작품 속에 투영시킬 수 있는 방식에 대한 작가로서의 탐구이다. 이는 글쓰기뿐만 아니라 안나가 세상을 바라보는 자세와 자신의 정체성과도 연결되어 있다. 모든 것을 체계 속에서 이해하고 질서를 부여하려는 안나에게 세상의 무질서와 혼란은 소설 창작을 그만두도록 하며 이로 말미암아 안나는 자신의 내부에 있던 이질성을 인식하게 된다. 엘리자베스 아벨(Elizabeth Abel)은 이질성에 대한 인식은 통합된 주체에 대한 모더니트들의 불신을 반영하고 있으며 또한 남성과 여성의 기질적 특성을 나타내고 있다고 지적한다(101). 동일성에 비해 열등한 것으로 간주되며 억압의 대상이 되던 이질적인 것이 자신의 내부에 자리잡고 있음을 인식하는 것은 자신의 몸 경험을 받아들이는 첫 단계이기도 하다. 안나는 이제 자신을 단일성과 일관성과 통합의 개념보다는 다양성과 분산과 이질성으로 나타내며 남성중심 사회에서 지향하는 일반 기준은 자신에게 부합되지 않음을 느끼게 된다.

삶의 혼돈으로부터 벗어나기 위한 시도로서 안나는 공산당 입당을 결심한다. 그녀는 정치활동이 현실에 대한 진단과 개혁뿐만 아니라 정치 활동을 하는 가운데 내부의 무질서함을 몰아내고 현실을 바라보고 정리할 수 있는 일종의 체계를 자신에게 부여해줄 수 있을 것이라고 기대한다. 그러나 그녀가 목격한 공산당의 모습은 젊고 생기 있는 집단이 낡고 화석화된 집단을 누르고 새로이 지배적 위치에 오른 그 집단은 또 다시 새로운 이들에 의해 패배 당하는 무의미한 지위의 반복을 하고 있는 것으로 안나에게 비쳐진다. 끊임없는 자리바꿈 속에 갇힌 정치를 보며 안나는 그녀 자신 속의 모든 것들이 정치인들의 틀에 갇힌 단절된 세계관에 반대하며 일어서는 듯한 느낌을 가진다. 탈당을 결심하는 그녀의 의지는 기존의 원리 원칙에 자신을 내맡기지 않겠다는 일종의 선언으로 안나는 정치활동이 삶의 원리 원칙과 유리되어 있다고 생각한다.

> 집으로 돌아오며 공산당에 입당할 때의 마음은 분열과 만족스럽지 못한 삶의 방식들을 끝내고자 하는 것이 아니었나 하는 생각이 마음속 깊은 곳에서부터 떠올랐다. 그러나 입당은 오히려 그런 분열감을 더욱 조장시켰다. (161)

정치활동에서 오히려 소외감을 느끼는 안나는 결국 여성의 몸으로서 겪었던 여러 경험을 있는 그대로 수용하는 과정에서 오히려 일종의 안정감을 되찾아가게 된다. 정치활동 중에 사용되던 논리적이지만 진정한 소통을 오히려 방해하던 피상적인 언어와 달리 논리적 언어 체계에 비해 열등한 것으로 인식되어온 몸짓이나 얼굴 표정, 신체 접촉 등을 안나는 의미 있는 소통방식으로 받아들이는 경험을 하게 된다. 딸 쟈넷(Janet)으로부터 느끼는 친밀함이나 온기는 어떤 말이나 글로서도 얻을 수 없는 편안함과 안정감을 안나에게 가져다 준다(336). 이런 느낌은 언어에 의해 표현되기보다는 흥얼거림, 웃음, 조용한 노래들에 의해 표현되고 있다(363). 이뿐만 아니라 상담을 위해 정기적으로 만남을 가지는 정신 분석의와도 언어 외적인 요소, 웃음이나 표정으로 서로의 감정을 교환할 수 있음을 지속적으로 깨달아간다(472-73). 이것은 상징적으로 규칙화되고 통사적 원리가 지배하고 있는 언어에 의해 억압된 소통방식들로서, 사적인 영역에서 사용되던 하위의 혹은 여성적인 방식의 소통수단으로 간주되어 왔던 방식들이다. 상식적이며 상투적인 언어체계 내에 갇혀있는 남성적인 방식의 언어 사용과 달리 여성의 비언어적 의사소통은 안나와 다른 여성 인물들 사이에서 이렇듯 명백한 의미화 과정으로 기능하고 있다. 이러한 여성적 방식에 대한 자각과 인정은 여성으로서의 경험과 상당히 밀접하게 연관되어 있다.

안나에게 있어서 여성으로서의 경험 중 특히 출산과 양육의 과정은 단일성이나 일관성으로부터 여성으로서의 자신을 모순적 관계에 위치시킬 수밖에 없는 계기가 될 뿐만 아니라 세상을 인식하는 새로운 방법이기도 하다. 실제로 임산과 출산이라는 여성 고유의 경험은 생물학적 본질주의에 의해 박제화되어 왔으며, '새로운 생명의 탄생' 혹은 '인류 생존'이라는 대의 아래 여성개인이 그 과정을 통해 얻게 되는 변화와 발전의 가능성은 묻혀왔다. 하지만 출산과 육아의 과정을 단순한 생물학적 재생산으로서 바라보는 한계를 뛰어넘는다면 이런 경험은 여성이 '세계 내 존재'로서 자리매김하며 스스로를 인식하는 중요한 계기의 하나로 이해될 수 있다. 현재의 모습만을 보는 것이 아니라 일종의 흐름으로, 통합적으로 사물을 대하는 안나에게 이분법에 의거하여 분리된 채 움직이는 세상은 이질감을 느끼도록 만든다. 남성들이 직접적으로 경험하기 어려운 여성 고유의 경험은 사물을 바라보는 여성의 시각을 결정하는 계기가 된다.

> 우선 우리는 배 속의 아기가 남자인지 여자인지 아홉 달 동안 모른 채 지낸다. 때때로 나는 쟈넷이 남자아이로 태어났다면 어떤 모습일까 궁금해진다. 그리고 나서 아이들은 일정 단계를 거치고 그 다음 단계로 나아가며 아이로 성장한다. 아이를 바라볼 때 여자들은 현재까지 거쳐왔던 아이의 모든 모습을 동시에 떠올린다. (269)

안나는 자신의 딸을 볼 때면 자신의 뱃속에 있던 작은 아기의 모습과 어린 소녀 시절의 모습, 그리고 현재의 모습이 모두 동시적으로 겹쳐진다. 안나는 이것을 "여성이 사물을 바라보는 방식"이라고 받아들임으로써 모든 것을 일종의 "지속적이고 창조적인 흐름"(269) 속에서 파악하게 된다. 안나가 출산과 양육 과정과 같은 여성으로서의 경험이 자신에게 상당한 영향을 행사함을 깨닫고 이를 받아들인 후 바라본 세상은 이전과는 달리 그녀에게 상당히 이질적인 반응을 불러일으킨다. 안나는 사회적으로 용인되는 방식으로 자신을 규정하는 대신 개인적 육체적 경험을 자아를 구성하는 중요한 일부분으로 인정하고 받아들이게 된다. 하지만 이러한 각성은 안나에게 오히려 더욱 심한 분열감과 혼란의 원인이 된다. 안나는 기존에 자신이 의지하던 체계의 완전한 붕괴를 경험하며 새로운 정체감으로 나아가는 관문의 의미를 가지는 분열이나 와해의 경험을 하게 된다.

작가의 눈으로 세상을 이해하고 그 결과를 글로 담아내는 작업을 거치며 안나는 점점 더 심한 분열 상태에 빠지게 된다. 사실의 기록에서도 단어들은 의미를 잃어버리며 "경험에서 멀리 떨어져 있는"(476) 무의미한 단어들을 나열하고 있음을 자각하는 안나의 모습에서 그녀의 분열은 쉽사리 감지된다. 흐트러진 현실을 있는 그대로 받아들이기에 안나의 내부에 이미 각인되어 있는 체계화된 질서에 대한 집착과 미련은 그녀를 더욱 심한 분열로 인도한다.

네 번째의 푸른 노트에 등장하는 소울 그린(Saul Green)은 이런 안나를 더욱 심한 분열과 혼란 상태로 밀어 넣는다. 무질서한 외적 세계에 의해 역시 분열 상태에 있는 소울에게 방을 내주고 함께 생활하며 안나는 더욱 분열 상태가 심해진다. 안나는 어느 날 문구점에 들러 황금색의 노트를 우연히 구입하게 되고 이제까지 사용하던 네 권의 노트 대신 황금 노트 한 권에 모든 기록을 담게 된다. 이것은 사실과 허구를 극단적으로 분리시켜 현실의 질서를 유지하고자 하는 시도를 더 이상 하지 않음을 상징적으로 의미한다. 안나는 자신이 여러 종류의 사물 또는 인간으로 변형되도록 조종되는 듯한 기분에 휩싸인다.

나는 내가 경험했던 어떤 경우보다 더 정상적 상태로부터 멀어지며 새로운 차원으로 내려가고 있음을 깨달았다. 나는 침대로 향해 재빨리 움직여야겠다고 생각했지만 걸을 수가 없었다. 나는 손과 무릎으로 기어서 침대로 갔고 누워서 몸을 가렸다. 그러나 나는 무방비 상태에 있었다. 그 후 침대에 누워 나는 내 의지대로 꿈을 꾸고 시간을 조절하고 쉽사리 움직이며 잠의 지하 세계에서 편안함을 느꼈던 안나를 되새겨 보았다. 그러나 나는 더 이상 그런 안나가 아니었다. 천장의 불빛이 비치는 부분은 경계하는 듯, 나를 응시하는 아주 커다란 동물의 눈으로 변해 있었다. 그것은 천장 위에 사지를 뻗고 누워 있는 한 마리의 호랑이였다. 나는 방안에 호랑이 한 마리가 있다는 사실을 알고 있는 어린아이였다. 내 머리가 호랑이는 존재하지 않는다고 내게 말하는 순간조차도 어린아이가 된 나는 호랑이의 존재를 믿고 있었다. (613-14)

극심한 광증 상태에 빠진 안나는 꿈을 통해 주로 여러 가지의 사물이나 인물과의 합일의 경험을 하며 여기서 나아가 꿈속에서뿐만 아니라 평상시에도 해체되어 부정형 상태에 있는 자신을 인식한다. 외부와 자아를 정확하게 구분하려는 안나의 의지는 더 이상 힘을 발휘하지 못하게 되며 자아와 세계가 무질서하게 뒤섞이는 가운데 분열증상은 더욱 심해져 간다. 그녀는 어느 순간 사신 안에서 일어나는 변화를 감지하게 되며 과거의 자신으로부터 한발 물러서게 됨을 알아차린다. 안나는 극도의 분열 가운데 자신의 몸이 고대의 중국 여인이나 노인 등 여러 인물, 혹은 사물과 혼돈적 결합을 경험하게 된다.

그런 이미지들이 모습을 감출 무렵 나는 그들을 다시 돌아보고 그 이미지들에 이름을 붙여주었다. 나는 마치 매스롱의 모습이 나타나지 않은 것 같다는 생각이 들었다. 나는 아무런 의식적인 노력 없이도, 몇 시간 전 내가 바로 정신이 나간 템바였다고 생각하게 되었다. 나는 나 자신에게 내가 매쓰롱이라고 말했다. (597)

여러 인물과의 합일의 경험은 분해인 동시에 가능성으로서 안나로 하여금 다양함에 대한 새로운 인식을 갖게 한다. 다른 인물과의 융합은 자신과 타인과의 가장 직접적이고 극단적인 관계화이다. 심지어 안나는 자신이 객관화되어 관찰하는 경험도 하게 된다(599-600). 이것은 안나가 자아와 외부의 경계를 허물고 대상과의 관계화를 통해 자신을 받아들이고 인정하게 됨을 의미한다.

혼돈의 시간이 점점 경과함에 따라 안나는 오히려 명확한 자아 경계를 통해서보다 분열적 몰입과 합일 속에서 진정한 자유와 기쁨을 발견하게 된다. 안나는 다수와의 융합을 "파괴 속의 즐거움"(594)이라 스스로 명명하고 이런 경험은 안나로 하여금 파괴에 대한 공포를 극복하도록 한다. 파괴 속에서 즐거움과 평화를 이끌어내게 된 안나는 분열이 자신을 가능성에 대해 열려 있는 상태로 변화시킨다는 사실을 인식한다. 시드니 카플란(Sydney Kaplan)은 안나가 해체의 경험을 통해 타자와의 의식 경계가 희미해져 가고, 자신의 정체성은 부정형이 되어 외부를 자신의 일부분으로 받아들인다고 지적한다(163). 하지만 카플란이 이야기하는 외부를 본 연구에서는 바로 자신의 것으로 받아들이지 못하고 경계하고 거부하는 여성의 경험으로 해석하고자 한다. 그렇다면 자신의 경험을 오히려 타자화시킴으로써 스스로를 타자의 위치에 두었던 여성이 자신의 경험을 몸위에 새기는 과정은 다름 아닌 여성적 경험의 가시화이며 그 과정에서 겪게 되는 분열과 와해는 여성적인 경험을 기존의 상징적 구조를 전복시키는 힘으로 전화시키는 과정의 산물로 해석할 수 있다. 이렇듯 극심한 혼란 상황에서 안나는 과거에 자신이 미처 인식하지 못했던 자신을 받아들이게 된다. 자신의 몸에 기록된 사회의 이데올로기를 넘어 그와 배치되는 여성으로서의 경험을 자신의 몸에 받아들이는 과정은 이렇듯 분열을 통해 기록되고 있다.

여성의 정체성에 있어 나타나는 유동성은 이처럼 외적인 사물이나 인물을 자신과의 관계 속에서 이해할 수 있도록 한다. 분열을 거부하던 안나는 결국 분열과 파편화를 인간의 존재 조건으로 받아들이고 인정하면서 단일한 리얼리티 너머를 바라볼 수 있게 된다. 그것은 모든 것이 이분법적 대립에 의해 고립되어 있는 것이 아니라 그들의 융합체로 존재하며 열림의 상태로 존재한다는 인식의 수용이다. 분열을 극복한 안나는 다양성과 이중성을 인생의 본질로 받아들인다

(Sprague 82). 안나는 매 순간 단정적이고 고정적인 자아 정체성을 추구하려는 의지와 자신의 몸 경험에서 요구하듯 대상과의 직접 관계를 통해서 유연하게 정체성을 형성해 나가려는 힘이 경쟁하는 모습을 그대로 보이고 있다. 그러므로 현실은 이분법적 대립으로 단절된 채 체계 속에서만 존재하는 것이 아니라 타자들의 융합체로서 열림의 상태에 있음을 안나는 깨닫는다. 변화와 발전의 상태에 있는 안나에게 있어서 자아 경계의 끝은 또 다른 바깥이 아니라 다시 자아 경계의 시작으로 맞물리는 형상으로 드러난다.

4. 몸 그리고 글쓰기

고립과 대립 대신 흐름과 융합을 삶과 사유의 방식으로 채택하게 되는 인식의 변화는 작품의 구조와 글쓰기 형식에 그대로 반영되어 있다. 인과관계와 선적 시간구성에 의거한 리얼리즘 소설쓰기가 자신의 몸경험과 어우러지지 못함을 작가는 리얼리즘 글쓰기에 대한 회의와 조롱으로 나타낸다. 이 작품은 "자신의 비전을 전달하기 위해 서사 구조를 이용하려 한 첫 시도"(Perrakis 222)로서의 의미를 지닌다. 레씽은 스스로 "나의 주요한 목표는 스스로 자신의 이야기를 할 수 있는 책을 만드는 것이었으며, 그것은 말을 매개하지 않은 진술로서 형태가 갖춰지는 양상을 통해 의미를 전달하는 것이다"(xiv)라고 하며 이야기가 전해지는 방식을 통해 주제를 전달하려 했다고 서문에서 밝히고 있다. 서문 발표 후 비평계는 작품의 형식이나 구조를 집중적으로 분석하였으나, 여전히 정신적 붕괴나 광증을 거쳐 종국에는 총체성(wholeness)을 추구하는 과정에 초점을 두었다. 하지만 『황금 노트북』에서 밝히고자 하는 정신적 붕괴는 새로운 전체나 체계, 혹은 총체성을 추구하는 단순한 과정이라기보다는 현실의 단일성이나 고정성에 의문을 제기할 수 있도록 하며, 닫혀 있는 여러 가능성들을 드러내 보여주는 중요한 계기로 작용한다.

바깥과 안이 연결되며 끊임없이 변화를 지속하는 유체로서의 몸에 대한 인식은 이 작품의 글쓰기 양식에서 그대로 드러나고 있다. 이 작품의 구조는 단정적 의미를 방해하는 요소를 아주 많이 가지고 있는데 하나의 사건에 대해 다른 시각에서 다시 서술하는 상황이 「자유로운 여자들」과 네 권의 노트를 넘나들며 나타난다. 또한 네 권의 노트 속에서는 인물들이 서로 중복되고 변신을 거듭하기도 한다. 푸른 노트에 등장하는 소울 그린은 「자유로운 여자들」에서는 밀트(Milt)로 등장하며 몰리의 아들 타미(Tommy)가 1957년에 스무 살이 되었다고 설명이 되지만 푸른 노트에서는 1950년에 열 일곱 살의 청년으로 등장한다. 이것뿐만 아니라 안나와 엘라, 폴(Paul)과 마이클(Michael), 몰리와 줄리아(Julia)의 구분이 되지 않음으로 인해 실상과 가공물의 경계는 흐려진다. 안나의 다면성은 인물에 대한 전통적 견해뿐만 아니라 전체로 통합된 자아에 대한 휴머니스트의 개념에도 의문을 제기한다.

실제로 서문에서 독자들이 얻을 수 있는 소설 구조에 대한 정보보다 「자유로운 여자들」과 네 권의 노트 사이의 관계는 더욱 복잡하게 얽혀 있다. 안나가 등장하는 「자유로운 여자들」과 그녀가 진실만을 적기 위해 써 가는 노트들의 관계는 결말에 가서 역전이 되면서 모호한 채로 남겨진다. 안나가 소설이라는 양식에 대해 회의하고 그 결과 네 개의 노트에 자신의 각각 다른 경험을 분리시켜 표현한다고 생각하던 독자들은 네 가지 노트 속에 등장하는 안나가 창작 장애를 극복하고 새로운 소설을 쓰게 되고 그 소설의 서두가 「자유로운 여자들」의 서두와 동일함을 알게 된다. 그렇게 되면 여러 색의 노트에 등장하는 안나가 오히려 「자유로운 여자들」을 써 가는 것이 되고, 이 작품은 시작과 끝이 연결되어 있는 뫼비우스의 띠와 같은 구조를 취하고 있음이 드러난다. 시간 순서대로 스토리를 이해하려는 독자는 일관적인 읽기가 불가능하게 됨을 알게 되고, 결국 모호한 결론에 도달하게 된다. 또한 네 권의 노트에서는 객관적인 화자를 찾을 수 없으며 3인칭 전지적 시점으로 서술되는 「자유로운 여자들」의 사실들은 오히려 네 권의 노트에서 더 사실적으로 설명되어 있다. 「자유로운 여자들」에서 제시되는 것은 자신의 경험에 대한 안나의 설명일 뿐이다. 안나가 「자유로운 여자들」의 마지막에 소설 쓰기를 그만두고 사회사업을 하겠다고 결심하는 반면 황금 노트에서는 소울 그린이 제시하는 문장으로 시작되는 소설을 쓰겠다고 말한다. 이외에도 이 작품 속에서 사용되는 서사 형식은 일기나 편지, 영화대본, 에피소드, 책 서평에 이르기까지 다양한데 이것은 세계를 올바르게 재현해낼 수 있는 양식을 찾고 있는 안나의 노력을 비춰주는 것으로서 상징계의 일원론적 사고에 역행하는 다양성을 표출하고 있다. 이처럼 인물의 혼합이나 복잡한 구조적 특징으로 인해서 작품이 근거하고 있는 시간의 연속적 구조는 파기되고 스토리의 일관성이 실종됨으로써 기존의 관습적인 사고체계와 사실과 허구의 명확한 경계에 대한 믿음이 허물어지게 된다.

이렇듯 『황금 노트북』에서 독자들이 근거 있는 정보를 얻는 것은 불가능하다. 위와 같은 특징에 대해 비평가들은 틈새가 없는 닫혀진 텍스트에서 벗어나 다양한 읽기에 열려진 텍스트로 『황금 노트북』을 평가한다. 앨빈 설리번(Alvin Sullivan)은 여섯 가지의 독특한 양식의 글로 이루어진 이 작품은 복잡하게 꼬여진 텍스트로, "독자의 능동적인 해석 행위가 가능한 텍스트"(73)라 했다. 『황금 노트북』은 문학적, 언어적 형식이 리얼리티에 대한 단순한 반영이라는 가정에 도전을 하며 리얼리즘이라는 관습을 벗겨 내는데 "형식과 그것의 해체 사이에 생겨나는 긴장"(Green 23)은 이 소설이 가지는 매력의 중심에 있다. 「이데올로기와 형식」("Ideology and Form")에서 설리번은 마셔레이(Pierre Macherey)의 말을 인용하여 레씽의 경우처럼 작품 세계에 갑작스런 변화나 공백이 이데올로기가 현존한다는 사실에 대한 가장 정확한 징후라고 주장한다.

> 어떤 텍스트가 틈이나 "침묵"을 포함하고 있다면 그것은 그 텍스트가 항상 불완
> 전하고 통일되어 있지 않음을 의미한다. 일관된 전체 대신 그것은 의미의 모순이
> 다. 거기엔 중심적 구조도 없다. 작품은 항상 "탈중심화"되어 있으며 "분산되어
> 있고" "다양하며" "불규칙적"이다. 독자나 비평가의 임무는 패턴을 부여하는 것
> ─대상을 재구성하는 헤겔주의와 구조주의자들의 행동─이 아니며 그 틈을 "메
> 우는" 것도 아니다. 대신 "우리는 침묵 속에서 작품이 말하고 있지 않거나 할 수
> 없는 것에 대해 의문을 가져야 한다. . . . 작품 속에 스며들어 있는 무질서는 이데
> 올로기의 무질서와 연관되어 있다. (71-72)

설리번에 따르면, 독자의 임무는 분산된 파편에 하나의 틀을 부여하여 통합
시키는 것이 아니라 작품에서 언급되지 않은 것에 의문을 제기하는 것이다. 작품
에서 보이는 무질서는 바로 이데올로기의 무질서와 연관된다. 안나는 자신의 경
험을 담아내는 소설 형식의 허구를 인식하며 리얼리즘 소설이 기반하고 있는 세
계관을 조롱한다. 내용과 형식은 허위적 통일체를 생산하지 않는다는 인식에 도
달하게 되는 안나의 글쓰기에서는 관습적인 전형성으로부터의 자유가 느껴지고
독자들은 읽기 과정을 거치면서 의미를 흩트리는 지속적인 과정을 마주하게 된
다. 시작과 끝이 다시 연결되며 또한 새로운 가능성을 배제하지 않는 글쓰기 방
식은 바로 여성적 몸 경험과 유사하다. 이분법적 대립에 의해 모든 것을 일정 틀
속에서 이해하려는 시도가 자신의 경험과 어울리지 않음을 의도적으로 외면하지
만 결국 남성중심적인 기존의 인식체계를 넘어서 자신의 경험과 그 경험이 만들
어내는 글쓰기 방식을 받아들임으로써 기존의 가치관에 대해 도전한다.

형식을 통해 근대의 통합 지향적 관점을 넘어서려는 시대를 앞선 레씽의
의도는 작품이 발표된 한참 뒤에야 밝혀진다. 『황금 노트북』에 대한 최근의 해
석은 "『황금 노트북』의 전체적인 강조점은 경험의 복합성에 있으며, 또한 그런

경험이 통합으로 축소될 수 없다는데 있다"(64)는 몰리 하이트(Molly Hite)의 지적처럼 통합이 아니라 분열을 강조하는 것이다. 게일 그린(Gayle Green)에 의하면 이런 변화는 통합에 대한 신비평적 관심에서부터 분열에 대한 현대 이론으로 관심이 옮겨감을 보여준다고 지적하고 있다(103).

분열을 사물의 존재 조건으로 받아들이는 이런 움직임은 인간의 주체성에 대해서도 고정되어 있으며 정의 가능한 대상으로 해석하는 데서 불안정하고 내재적으로 분열된 특성을 받아들이는 것으로 확대되어 간다. 주체성에 대한 작가의 관심은 안나라는 인물 설정만을 보더라도 명백히 드러난다. 안나는 사실 작품 곳곳에 등장하지만 그들을 단 하나의 인물이라 단정할 수 있는 근거는 어떤 것도 제시되지 않는다. 안나는 「자유로운 여자들」의 등장인물이며 여러 가지 색깔 노트의 저자인 동시에 중심인물이며 여기서 나아가 「자유로운 여자들」의 저자일 수도 있음이 작품의 마지막에 암시된다. 매걸리 마이클(Maguli Michael)은 레씽의 소설이 서로 융합되기 어려우며 사회적으로 구성된 다양한 역할들의 총체로서의, 또한 동시에 중심이 부재하는 주체를 그린다고 지적한다. 이어서 그는 이런 의미에서 레씽이 사회, 문화적으로 구성되는 입장으로서의 주체에 대한 포스트모던적인 견해로 변화한다고 말한다(48). 마이클의 지적에서 한 걸음 더 나아가서 보자면 레씽은 자신이 의도하든 그렇지 않든 단단하게 고정된 대립항들의 정렬을 넘어섬으로써 서구철학이 보여온 유체성과 유동성에 대한 공포를 글쓰기를 통해 조롱하고 있다.

이와 같이 안나를 통해 글쓰기와 관련한 작가로서의 갈등을 재점검하는 레씽은 『황금 노트북』에서 과거를 돌아보고 리얼리즘을 비판하는 데서 그치는 것이 아니라, 리얼리즘을 뒷받침하고 있는 서구 인식론의 남성중심주의에 대한 비판과 글쓰기의 대안을 제시하려 노력하고 있다.

5. 나가며

레씽이 글쓰기 실험을 통해 추구하는 바는 자신의 경험에 기반하고 자신의 눈을 통한 살아 있는 의미 전달이다. 레씽은 연작 시리즈 중간에 이 작품을 집필함으로써 글쓰기에서 경험했던 갈등과정을 소재로 글쓰기에 대한 글쓰기를 시도하고 있다. 기존의 시각에 자신을 맞추어나가려는 시도의 무의미함을 자각하고 이를 받아들이면서 떠올리는 것은 바로 자신이 여성으로 해왔던 경험들을 자기화하는 것의 의미이다. 이 작품에서 안나를 통해 명백히 드러나 있듯 자신을 담아내는 방식을 찾아가는 여정은 다름 아닌 여성으로서의 경험이 각인되어 있는 몸을 인정하고 받아들이는 과정이다. 레씽은 여성으로서의 여러 가지 경험을 통해 자신의 몸에 남아있는 자국들의 의미를 점차적으로 인식하며 이러한 자각은 자신에 대한 긍정으로 발전하게 되며, 그 과정이 자신의 창작과정에 정확히 반영되어 있다고 할 수 있다.

『황금 노트북』에서 레씽이 자신을 투사시키고 있는 안나는 『마사 퀘스트』와 같은 이전의 리얼리즘 작품에서처럼 이분법에 의거하여 정의되지 않는 인물이다. 안나는 자신의 유동적 자아경계를 이용하여 글쓰기 속에서 현실의 혼란상을 극복해나가며 분열과 광증을 극복하며 이를 계기로 다양함에 대한 인식을 새롭게 갖게 된다. 안나가 모든 외부와 명확한 거리를 유지하는 통합된 자아에 대한 믿음을 버리고 자아 내부의 이질성을 받아들이게 되는 작가로 그려지는 과정을 통해 레씽의 인식의 변화가 그대로 반영된다. 자신의 내부에 있는 이질성에 대한 인정은 하나의 초점으로 귀결되는 통합 위주의 정체성이 아니라 분산과 우연으로 특징 지워지는 어떤 것에 대한 긍정으로 나타나며 이러한 인식은 작품의 글쓰기 형식에서 잘 드러나 있다. 이 작품은 글쓰기가 고정되고 닫힌 체계가 아니라 열림과 연속, 융합의 세계를 지향하고 있음을 명시적으로 보여준다. 이를 위해 작가는 정교하고도 복잡하게 구성되어 있는 소설 구조와 탈 연속적인 시간 구성, 다양한 매체, 인물의 혼합과 중복, 열린 종결 등 여러 요소를 사용한다. 레씽은 전통적인 리얼리즘에 입각하여 자아와 타자, 개인과 사회, 이성과 감정 등을 매끈하게 나누어 보려던 시도가 무의미함을 깨닫게 되고 글쓰기를 통해 이분법의 원리가 실재와 맞지 않음을 전달하려는 것으로 보인다.

여성은 자신의 몸에 아로새겨진 이성중심적이며 남근중심적 사회의 잔재들을 가시화시킬 때 사회의 일원으로 받아들여진다. 그러나 레씽은 이성적이고 합리적인 사고 속에 갇혀 박제된 자신의 고유한 경험을 과감히 되살려 낸다. 여기서 더 나아가 작가는 제도적 차원에서 금기시되던 자아 내부의 정신적 분열상태를 사실 그대로 드러냄으로써 분열을 부정적으로 받아들이는 사회의 이데올로기를 넘어서는 것과 동시에 여성의 목소리를 드러내려는 의욕을 보인다. 가려져야 하는 여성의 경험과 여성적 시선이 목소리를 획득하며 가시화되는 것은 여성의 몸 경험에 대한 인정과 그것의 담론화가 확고한 경계에 기초한 기존의 남성 중심적인 제도에 대한 도전과 위협으로서 작용함을 의미한다. 이처럼 레씽에게 있어서 여성으로서의 경험과 리얼리티의 재현 문제는 현대 사회의 위기에 대한 진단과 떼어놓을 수 없는 사안이다. 여성으로서의 글쓰기를 실천하게 됨은 모든 대상의 객관성에 대한 도전이 된다. 안과 밖, 이성과 감정이 차단되어 있는 남성과 달리 여성의 몸과 마음은 구별되지 않으며 서로 넘나듦을 반복하고 있기 때문이다.

■ 인용문헌

Abel, Elizabeth. "The Golden Notebook: "Female Writing" and "The Great Tradition"." *Critical Essays on Doris Lessing*. Eds. Claire Sprague and Virginia Tiger. Boston: G K Hall & Co., 1986.

Butler, Judith. *Bodies That Matter*. London: Routledge, 1993.

Canning, Kathleen. *Gender History in Practice: Historical Perspectives on Bodies, Class and Citizenship*. Ithaca: Cornell UP, 2006.

Green, Gayle. *The Poetics of Change*. Ann Arbor: U of Michigan P, 1994.

Grosz, Elizabeth. *Volatile Bodies: Toward a Corporeal Feminism*. Bloomington: Indiana UP, 1994.

Hite, Molly. *The Other Side of the Story: Structures and Strategies of Contemporary Feminist Narratives*. Ithaca: Cornell UP, 1989.

Kaplan, Sydney Janet. *Feminine Consciousness in the Modern British Novel*. Urbana: U of Illinois P, 1975.

Lessing, Doris. *The Golden Notebook*. New York: Bantham, 1973.

_____. *A Small Personal Voice*. Ed. Paul Schlueter. New York: Knopf, 1974.

Maslen, Elizabeth. *Doris Lessing*. Plymouth: Northcote House, 1994.

Michael, Magali Cornier. "Woolf's Between the Acts and Lessing's *The Golden Notebook*: From Modern to Postmodern Subjectivity." *Woolf & Lessing: Breaking the Mold*. Eds. Ruth Saxton and Jean Tobin. New York: St. Martin's, 1994.

Moi, Toril, ed. *The Kristeva Reader*. New York: Columbia UP, 1986.

Perrakis, Phyllis. S. ed. *The Spiritual Exploration in the Works of Doris Lessing*. Westport: Greenwood P, 1998.

Rubenstein, Roberta. *The Novelistic Vision of Doris Lessing: Breaking the Forms of Consciousness*. Urbana: U of Illinois P, 1979.

Sprague, Claire. *Rereading Doris Lessing: Narrative Pattern of Doubling and Repetition*. Chapel Hill: U of North Carolina P, 1987.

Sullivan, Alvin. "Ideology and Form: Decentrism in *The Golden Notebook, Memoirs of a*

Survivor, and *Shikasta.*" *Doris Lessing: The Alchemy of Survival.* Eds. Carey Kaplan and E. C. Rose, Athens: Ohio UP, 1988.

Weinhouse, Linda. "Doris Lessing and the Convention of Self." *Commonwealth Novel in English* 6.1-2 (1993): 94-111.

Young, Iris M. *Female Body: "Throwing Like a Girl" and Other Essays.* New York: Oxford UP, 2005.

신경심리 · 신경생리 소설
―파워즈의 『황금벌레 변주곡』, 『게일리티아 2.2』와
월러스의 『끝없는 농담』

김상구

1. 들어가며

이 글은 물질, 물질성의 담론이 서구사상 속에서 읽혀지고 있음을 밝히고 나서, 이 담론 중심의 해석이 문학작품의 읽기에 도움이 됨을 논증하고자 한다. 이 담론의 시작은 계보학적인 면에서 긍정이 서구 사상과 문학사에서 오랫동안 하나님, 존재, 삶, 현존, 리얼리티, 실제성, 통합성, 전체, 단일성, 정체(stasis) 등의 일련의 명제와 긍정적인 생성의 힘과 일치되어 정신적인 면을 중시해 왔다면, 부정은 긍정과 대극 또는 대응의 명제로서 악마, 죽음, 무, 비존재(nonbeing), 파멸, 비신성, 즉 인간의 육체와 물질을 강조하였다.

15세기 이태리의 인문주의자이면서 철학자인 휘시노(Marsilio Ficino)는 긍정의 우위성에 대해 인간마음의 내적 형상과 하나님 사이의 일치와 내면에 존재하는 것은 긍정적으로, 외면에 있는 것은 부정적으로, 또한 그것은 고통의 원천으로 보았다. 휘시노는 모든 것이 육체와 감정을 제외하고는 내면에 있다고 했다. 즉 육체와 감정은 인간의 정신과 하나님의 아름다운 일치라고 하는 영원성 밖에 있다는 것이다. 휘시노는 또한 주체에 속하면서 제외되는 것이 육체라고 했다. 휘시노의 육체는 광범위하게 물질, 물질성에 대한 언급이라 하겠다.

　　휘시노는 또 'The One'은 로고스이자 하나님이라고 했고, 'The One'과 대극되는 개념은 다수이며 이는 현상적이고, 실재적이며 무가치적인 하나의 부정적 개념으로 보았다. 그의 개념은 신플라톤주의나 플라톤주의에서 하나의 체계적, 논리적 부정을 통해 'The One', 아이도스(The eidos), 즉 형상을 궁극적으로 긍정하기 위한 실천이었다. 그의 이러한 변증법적 논쟁은 긍정과 부정의 위상의 문제가 되어, 서구 사상과 철학, 문학비평이론, 문화론에서 줄곧 제기되어 왔다. 이처럼 부정적 개념은 서구 르네상스 시대에 와서는 긍정과 부정의 양극을 넘어 존재와 비존재 사이의 통합의 한 축이 되었다. 이의 대표적 인물인 에라스무스(Desiderius Erasmus)는 파라독스라는 개념에 의해 모든 모순들이 정제된다고 하였다. 베이컨(Francis Bacon)의 형상(form)의 개념도 에라스무스의 파라독스의 장치와 같은 맥락이다. 특히 베이컨은 형상이란 하나의 물체가 아니라 힘의 한 법칙이라고 하였다. 그의 말은 열이나 빛의 형상이 열이나 빛의 법칙과 같다는 것이다. 그래서 그는 형상이란 하나의 실체를 지칭하지 않고, 물질이나 물질성에 바탕한다고 보았다.

　　베이컨처럼 '생성'이 모든 것이라고 주장하는 몽테뉴 또한 마음과 육체는 굴러가면서 변화하는 것으로 보고 일시적인 자아는 불안정한 감정과 마음으로 되어있다고 한다.

몽테뉴(Michel Eyquem de Montaigne)가 몸과 마음을 변화의 대상으로 인식하는 것은 인간이 살고 있는 세계를 생성의 관점에서 보고, 인간 역시 이 세계와 새롭게 일치한다고 하였다. 변화에 대한 그의 이러한 신념은 실재까지 그렇게 보았고, 이런 회의론의 근거는 물질과 물질성의 바탕에 흐름의 본성이 있다고 보았기 때문이다.

데카르트(Rene Descartes) 또한 인간의 정신과 육체의 문제, 그리고 인간 이외의 다른 대상들이 갖지 못한 인간 고유의 언어 능력과 인지 능력 등을 가능하게 하는 물질이 무엇인지에 대한 의문을 제기했다. 그러나 데카르트는 신체와 정신 사이의 결합 관계를 본질적으로 파악하지 못해 신경세포의 물질적 기능과 정신작용의 상관관계를 밝히지 못하였다. 그리하여 그는 인간이 비물질적이고 비공간적인 마음을 가지고 있으며 그것은 물질적이고 공간적으로 위치한 뇌의 우위에 서 있다는 이원론을 내세우며, 인간의 이성을 바탕으로 보편 학문을 정립시켜 나갔다. 데카르트는 '뇌'라는 물질에 대해 절대 우위를 차지하는 것이 정신적 물체이고, 인간의 사고 작용은 그 정점에 존재한다고 하였다. 물질과 정신 사이에 명확한 구분을 상정하는 데카르트적 사고 틀로 보면 인간 두뇌와 두뇌의 작용인 사고의 관계 사이의 이중적 성질은 해소 될 수 없었다.

그러나 데카르트 이후 20세기 초 까지 이원론에 바탕을 둔 여러 철학 이론들 역시 인간의 마음과 뇌 기능 사이의 이원구조의 관계를 해결하지 못했다. 그런데 20세기 후반에 이르러 인지과학에서 더 나아가 신경과학(neuroscience)이 인지과학의 중심 영역이 되면서 물질과 정신 사이의 이원구도를 표상하는 데카르트의 사고의 틀을 해결하려고 하였다. 다시 말해 전혀 차원이 다른 곳에 존재하는 것 같은 인간 뇌의 생물학적 특성과 정신기능을 하나의 틀로 묶어내는 것이 가능하게 되었다. 이처럼 인지과학 연구의 확장은 인간의 본질을 연구해오던 철학과 물질과 물질성에 바탕을 둔 두뇌 연구를 하는 자연과학을 하나로 통합하여, 신경철학은 신경과학과 동일한 과제를 다루게 되었다.

이처럼 플라톤주의와 신플라톤주의에서 정신의 활동, 즉 사유가 물질성에 근거한 육체성보다 우위에 있음은 중세 이후, 서서히 퇴락하면서 오히려 물질에 대한 관심으로 나타나 20세기 이후 점점 더 물질과 물질성의 위가로 이행하게 되었다.

20세기 후반에 이르러 물질, 물질성에 대한 사상가와 문예 비평가들의 관심은 크고 깊다. 예컨대 바타이유(Georges Bataille)는 이질성 성좌의 중심에 기본적인 질료의 중요성을 강조한다. 그는 헤겔의 이상주의 철학에서 이질성이 우연, 사랑, 욕망, 환희, 웃음이 이성의 한계를 능가하고, 대상을 재현함에 있어서 동질성의 형식으로 동화되기를 거부하는 영역이라고 하였다. 이 기본 질료, 즉 물질은 그에게 있어서 성취, 폭력, 상처 같은 폐쇄 속의 틈을 지칭하고, 문학텍스트의 다양한 문맥 속에 있다는 것이다. 바타이유는 폐쇄의 틈의 움직임을 불연속으로 보고, 이 불연속은 하나의 넘쳐흐르는 패러독스의 공간으로, 성좌의 중심에 있다고 하였다. 이 중심에 있는 이 질료의 이질성은 그에게 있어서는 경계를 넘는 문학적, 문화적 장치로써 실재(the real)를 규명하는 언어적 구성물이었다.

물질과 물질성에 대한 계보학적 흐름에서 보았듯이, 문학 작품에 대해 정신과 물질의 이원론 즉 사유, 심리와 인지, 생리의 기능적 구분에 의해서가 아니라 'grand theory'가 지향하는 바와 같이, 문학작품을 총체적 관점에서 접근하는 것이 더욱 합리적이다.

2. 인지과학의 학제적 성격과 처치랜드의 소거 유물론, 메를로-뽕티의 유기체의 자아 조직화

인지과학은 20세기 중반까지만 하더라도 신역사주의, 문화이론, 젠더연구와는 달리 괄목할 만한 학제간의 연구의 대상이 아닌, 정신 분석학, 행동심리학, 신경학 등 마음을 연구하는 별개의 영역으로 세분화되어 있었다. 그러나 20세기 후반에 들어와 인지과학은 신경과학, 인지 심리학, 언어학, 인공지능 등 학문 분야와 관련을 가지고 발달하여 새로운 학문으로 부상하였다. 그러나 합의된 목표와 정의가 부재하는 인지과학은 고유한 영역 없이 자연과학과 인문과학의 교차점에 있었다.

이런 성격의 인지과학은 언어 혹은 사고와 같은 인간의 상위수준의 앎의 과정을 과학적으로 연구하고 객관적으로 관찰할 수 있는데 중요한 역할을 하게 되었다. 인지론은 행동으로 표출되는 인간 행위만을 의미 있는 연구의 대상으로 삼는 행동주의의 한계를 넘어 인간 경험을 분석하여, 인간이 의식하지도 못하고, 의식할 수도 없는 심리, 인지과정을 자아와 인식의 주체가 근본적으로 단편화되어 있거나 비통일적 형태를 취하고 있다는 인식으로까지 확장되었다.

인지와 사유의 상관관계를 연구하는 학자들로는 브로디(Brody)와 오펜하임(Offenheim), 포도르(Jerry Fodor), 대닛(Daniel Dennett), 써얼(John Searle), 보옴(David Bohm), 그리고 디아즈(Jose-Luis Diaz)가 있다. 이들은 뇌신경학과 심리학, 물리학 등과의 학제적 연구를 통해 정신과 육체의 연관성을 강조한다. 특히 보옴은 「마음과 물질관계의 새로운 이론」("A New Theory of the Relationship of Mind and Matter")(1990)에서 서구 철학을 관통하는 육체와 정신의 결합 양상을 추적하고 새로운 형상을 현대 물리학 이론에 근거해서 제시한다. 디아즈 역시 「마음-육체 결합, 이중 양상과 의식의 생성」("Mind-Body Unity, Dual Aspect, and the Emergence of Consciousness")(2000)의 글에서 정신과 물질이 하나의 실재에 대한 두 양상임을 밝히고 있다. 디아즈는 그 글에서 정신과 물질의 간극을 메우려 시도했던 사상가들로는 메를로-뽕티와 스트롭슨(Strawson), 스피노자(B. Spinoza), 러셀(B. Russel), 화이트헤드(A. Whitehead)라고 하였다.

특히 처치랜드(Paul Churchland)는 『물질과 의식』(*Matter and Consciousness*)

(1988)에서 소거 유물론(eliminative materialism)의 개괄적인 소개를 하였고, 『이성의 장치』(*The Engine of Reason*)(1995)에서는 소거 유물론에 대한 명확한 입장을 밝혔다. 그의 소거 유물론은 마음과 두뇌 사이의 관계에 관한 이론으로, 전통적인 관점에서의 정신 상태의 과정들은 존재하지 않는다는 것이 주요 내용이다. 그는 전통적인 관점에서의 마음/육체 이원론을 정면에서 반박했고, 오늘날 신경과학과 인공지능의 발전은 그의 소거 유물론을 뒷받침하고 있다. 그에 의하면 모든 인지과정과 의식의 현상들은 반복되는 뇌신경망의 실험이론으로 재현 가능한 두뇌과정으로 축소된다는 것이다. 그의 이러한 주장은 물질과 물질성의 흐름을 중시하는 문학 작품 속에서 뚜렷하게 나타난다고 본다.

뇌 속 활동의 실질적 패턴을 뇌의 코드로서 나타내 주는 신경과학에 따르면 인간의 마음은 본질적으로 물질적인 것이며 마음이란 곧 두뇌의 행동이고 인간의 인지는 그 물질성과 구체화에 크게 영향을 받는다고 한다. 이런 관점에서 유물론적 비평은 두뇌를 물질의 영역이라고 보고 그 속에서 언어와 육체와 문화가 서로 만나고 형성된다는 것이다. 실제로 20세기의 인지과학자들은 신경과학자들과 함께 인간 두뇌의 실질적 활동의 패턴을 코드화된 이미지로 만들고 있다. 이것은 곧 처치랜드와 같은 신경 철학자에게는 인지과학과 신경과학이 신경철학과 학제간의 연구의 영역이 되었다.

『이성의 장치』에서 처치랜드는 지금까지 철학적 관심의 중심에 있는 의식과 자아의 문제를 두뇌 연구와 신경과학의 영역으로 보았다. 해부학적 관점에서 그는 두뇌의 복잡성을 컴퓨터 모델링을 통해 인공적인 신경망으로 연결시키고는, 인지와 정신에 대한 신경과학적 접근이 의식에 대한 본질적인 규명이 가능하다고 보았다. 그의 신경과학적 접근은 의식 이외 다른 학문 영역, 즉 과학, 철학, 윤리학, 법, 의학에도 적용될 수 있음을 보여주었다. 그의 연구 이후 인간의 사고 기능과 사고의 언어적 재현은 문화적 힘에 의해서만이 아니라, 생득적이고 보편적인 우리 몸과 두뇌의 육체적 변수에 의해서도 만들어진다는 사실을 입증해 주었다. 오늘날 많은 신경과학자들은 인간의 마음, 뇌, 육체, 그리고 환경간의 본질적인 상관관계를 밝혀내고 있다.

인지과학과 신경과학의 통합 이론을 주창한 대표적인 철학자는 프랑스의 현상학자 메를로-뽕티다. 메를로-뽕티는 살아 있는 경험에 대한 현상적 직접성, 심리학, 신경생리학 사이의 교류와 협력을 강조했다. 그와 인지과학의 공통점은 경험과 관념사이의 이원론을 넘어서기 위해 신체와 마음, 주체와 객체 사이의 골을 넘어서려는 데서 찾아볼 수 있다. 그는 우리의 몸을 물리적 구조인 동시에 살아 있는 경험의 구조로 파악하여 생물학적인 동시에 현상학적인 차원에서 몸을 볼 것을 제안했다. 그에 의하면 우리 몸의 이런 두 가지 면은 대립되기보다는 끊임없이 순환되고 반복되는 특징을 지닌다는 것이다. 이 둘의 관계를 연관시켜 주는 것이 체화(embodiment)이고, 이것에 의해 마음이라는 철학적 문제와 물질적 두뇌라는 구체적 물질의 단계가 연접된다고 했다. 다시 말해 인지가 환경 속의 체화된 행위자의 관점에서만 이해된다는 사실이 점차 인식됨으로서 과학과 경험의 통합이 이루어지게 된 것이다. 여기서 인지란 판단, 행위, 단정에 의해 재현되는 통합이며 윤곽 속에 넣을 수 없는 어떤 것으로 보았다. 이처럼 비선형적 동적 시스템에 의한 연구는 환경과 작용하는 체화의 유기체 이해에 전용되었다. 현상학과 신경과학의 통합이용은 신경과학이 모든 경험의 육체적 하부구조를 수용하고 현상학이 두뇌기능의 동적 신경망(dynamical neural network) 모델을 만듦으로써 가능하게 되었다. 이 통합은 문학작품 연구의 한 방법(론)이 되었다.

메를로-뽕티는 신경과학과 현상학의 통합의 당위성을 유기체의 행위인 자아-조직화의 과정으로 설명하고 의식의 생성 또한 자아-조직화의 과정으로 본다. 이런 관점은 하나의 유기체는 심리적 물질 형상으로 나타나는 하나의 생물학적 유기체의 패턴을 가진다는 것이다. 이것은 마음과 몸의 분리의 문제에 대한 하나의 해결책이 되었다. 메를로-뽕티에 의하면, 하나의 생물체(유기 조직)는 하나의 조직 패턴으로 되어 있다. 즉 하나의 유기체 A를 만드는데 수많은 A^1/B^1, A^2/B^2, A^3/B^3, A^4 $/B^4$ . . . A^n $/B^n$ 의 하층구조들이 서로 전경화 또는 배경화의 인과 과정을 거쳐 하나의 유기체 (A)의 모습을 띤다는 것이다. 메를로-뽕티의 이러한 생물 유기체의 패턴은 심리적 물질현상으로 나타난다고 한다(Ellis 18-19). 메를로-뽕티의 생물 유기체의 자아-조직화에 대한 주장의 타당성은 코프만(Kauffman, 1993), 맥코맥(MacCormack)과 스타메노프(Stamenov, 1996), 데레나드 스미드(Thelenard Smith, 1996)의 역동체계 이론(dynamical system theory)에서 입증되고 있다. 역동체계이론에서 하나의 자아 조직체계는 하나의 생물 유기체이고 이 자아 조직체계는 조직의 한 패턴을 이루고 있다. 하나의 조직패턴을 이루는 과정을 보면, A^1이 B^1의 조직체계를 충분히 유지하는 데 원인 제공을 못하더라도 B^1은 그 체계의 패턴의 형성에 있어서 하나의 중요한 구성요소이다. 그러므로 그 체계는 다시 배경조건들을 정비하게 되고, 새로운 배경을 조건화한다. 그것은 다른 하나의 장치 혹은 다른 대안 B^2의 충분조건이 되는 원인이 되는 것이다. 이런 과정에서 하나의 체계는 그 체계의 패턴을 유지하게 된다. 이 이론은 생물 유기 체계들이 스스로의 활동 조직의 패턴을 유지하기 위해 하위 구조(substructure)로 이용될 필요한 물질적 구성을 전용 또는 대체한다는 것이다. 역동체계이론에서 하나의 조직체계가 하나의 패턴을 이루고 있다고 말하는 것은 메를로-뽕티가 하나의 유기체가 동일한 유기체의 패턴을 가지고 있다고 보는 것과 같다. 나아가 릴리엔필드(Robert Lilienfield)는 『체계 이론의 발생』(*The Rise of Systems Theory*)에서 인지와 사유의 이중적인 관계를 해결하기 위해 신경과학과 신경철학의 통합의 한 방법을 제시하였다(249-50).

　　이처럼 인간의 인지과정에 대한 새로운 모델의 형상화는 자아와 의식의 이해뿐만 아니라, 과학, 예술, 문학의 이해에 있어서도 하나의 획기적인 변화를 가져오게 하였다. 이 글에서는 정신과 물질의 이원구도의 경계를 넘어, 즉 의식과 감정의 바탕에 물질과 물질성이 있음을 리처드 파워즈(Richard Powers)의 『게일 리티아 2.2』(*Galatea 2.2*)에서는 인간과 포스트휴먼의 차이를 통해 (신경)심리적 기능과 생리적인 것의 공존의 중요성을, 『황금벌레 변주곡』(*Gold Bud Variations*) 경우에는 두뇌의 정보처리와 기억의 기능에서 뇌의 생리적 기능이 심리적인 것보다 부각됨을, 그리고 데이빗 포스트 월러스(David Foster Wallace)의 『끝없는 농담』(*Infinite Jest*)에서는 외부의 물질에 대해 생체의 생리적 반응이 격함을 밝히려고 한다.

3. 파워즈의 『게일리티아 2.2』, 『황금벌레 변주곡』과 월러스의 『끝없는 농담』

『게일리티아 2.2』는 포스트휴먼이란 무엇인가를 찾는 소설이다. 이 소설은 작가와 화자, 그리고 등장인물 간의 쌍들로 구성되고, 화자 리처드 파워즈이자 릭(Rick)이라 불리는 젊은이가 정신과 두뇌에 관한 첨단의 연구소에서 일년간의 안식년을 보내면서 신경생리학과 완벽한 인공지능 사이의 중간단계, 즉 연결자(connectionist)라고 불리는 하나의 신경망을 이용하여 만들어진 인공지능이 문학적으로 번안되어 측정이 가능한 튜링 테스트(Turing test)를 통해 영문학 석사 시험을 통과할 수 있는가에 대한 논쟁에 끼어 들게 되면서 겪는 이야기이다. 그는 동료 필립 렌츠(Philip Lentz)의 기술 논문에 관심을 가지고 신경망을 가진 인공지능의 여러 기능을 알게 되고 경험한다. 이러한 경험을 통해 릭은 하나의 신경망이 추측과 수정과 피드백, 다시 추측 등의 계속되는 과정을 거치고, 특히 신경망의 복잡한 층의 관계가 많으면 많을수록 그 망은 더 복잡해지고 습득과정은 더 정교해진다는 것을 알게 된다. 이것은 마치 인간 두뇌의 신경생리학적 기능과 신경심리적 기능의 복합적인 반복 기능을 통해 하나의 최종의 정보를 만들어 내듯 일련의 완성품들의 과정을 거쳐 IMP H라고 불리는 하나의 인공지능망이 탄생된다.

　　이 이야기가 이 소설의 하나의 줄거리이고, 다른 하나의 줄거리는 릭이 22세 때 대학 조교로서 만났던 C라고 불리는 여성과의 관계에서의 실패에 대한 회상이다. C는 그때 20세의 학부 학생이었고 릭이 훈련시킨 하나의 신경망과 흡사하고, 또 그녀는 그와 렌츠가 만든 하나의 완성품이었던 것이다. 그런데 렌츠와 릭이 완성품 H를 고안할 때 C의 반응은 대단히 민감했다. 그런가 하면 문학의 기법 등을 숙지한 H는 소리의 인터페이스와 볼 수 있는 수정체도 지니고 있고, 성별 기호화를 이해할 수 있을 정도의 지적 재능도 가지고 있다. 예를 들자면 H가 "제가 소년인가요, 소녀인가요?"(176)이라고 묻자 릭이 뒤에 가서 "너는 어린 소녀야, 헬렌"(176)이라고 대답해 주는데서 H의 성과 이름은 C와 거울 관계임을 알 수 있다. 또 헬렌이 자신의 얼굴에 대해 물었을 때 릭이 헬렌에게 C의 사진을 보여주는 데서도 이 사실을 알 수 있다. C와 H의 이러한 관계는 소설 제목 Galatea 2.2에서의 점의 해석에서 드러난다. '2.2'에서의 점은 릭이 사랑하는 여성들의 이름 뒤에도 찍혀 있다. 그러나 완성품 A, B, C . . . H는 그러한 점이 없다. 그러므로 하나의 활자로서 축약된 이름으로서의 사람과 하나의 점도 없이 이름을 가진 완성품 사이에는 차이가 있는 것이다. 그 이유는 철자 그 자체가 이름이기 때문이다. 이런 차이에서 점은 인간과 비인간 지능사이를 구분한다. 이러한 이치에서 당연히 이름들을 가져야 할 인간들이 대신 점을 가지게 된다면, 점들을 당연히 가져야 할 완성품들은 대신 이름들을 가지게 되는 것이다. 그러므로 점은 두 개의 표기법 체계 사이를 오고가고 있다. 앞서 말했듯이 이것을 작품의 제목에서 보면 점은 인간과 포스트휴먼 둘을 모두 지칭하면서 또 하나가 아닌 둘의 이중(two doublings), 즉 인간과 포스트휴먼을 둘 다 지칭하는 거울이미지 관계를 뜻하면서 또한 애매함을 암시하여 인간과 포스트휴먼 사이의 구분을 시사한다. H와 C의 관계를 보면 C는 하나의 물질세계에서 움직일 수 있는 육화된 피조물이고 헬렌은 물질의 근거를 가지고 있음에도 불구하고 인간의 감정을 나타내는 언어를 가지고 있지 않고, 육체가 없는 소프트웨어 시스템이다 (263). 또 헬렌은 현존하면서 이 세상 속에서는 존재하지 않는다. 반면에 C는 이 세상에 존재하면서 릭의 머리 속에는 현존하지 않는다. C는 오로지 릭의 회상 속에 자리 잡고 서사 속에서도 제외되어 있다. 이처럼 존재, 현존의 상호놀이의 관점에서 보면 물질과 의미 사이에는 연결과 단절의 형상관계가 있다. 이 관계의 예로서 헬렌이 하나의 포스트휴먼 피조물로서 인간과는 달리 의미 추구에 있어서 반대 방향으로 접근한다. 인간이 언어보다 앞선 육화의 물질이고 인간이 만들어낸 개념도 환경과 인간 상호작용에 의해 만들어져 언어의 발화로 나타나는 것이라면, 헬렌의 경우는 이와 반대로 언어의 발화가 먼저 나타나고 하나의 육화된 피조물 대한 개념도 언어적 의의에서 비롯된다. 이런 점에서 헬렌과 C는 차이가 있다. 본질적으로 완성품 H는 C의 정교한 대체물이면서 차이가 있다. 이것은 인간 두뇌의 기능으로 설명된다. 인간 두뇌의 중요성은 렌츠가 인간 두뇌를 아주 멋진 튜링 기계(영국의 수학자 A. M. Turing이 제안한 무한대의 저장량과 절대로 고장을 일으키지 않는 가상 상의 계산기)라고 정의 내리는 데서 드러나고, 또 작가가 그의 소설 속에서 C와 헬렌, 인공지능을 구분하는 육체의 경험에 중요성을 부여한데서도 알 수 있다. 파워즈가 렌츠로부터 텍스트를 통해 알게 된 것과 완성품 프로그램에 관한 것을 통해 그들이 얻은 것은 신경망이 잡종의 영역이고 무게와 압력, 반복, 변형에 따라 증가하고 생성된다고 말한다 (69-70). 이 신경망 연구가 제시하는 가장 놀랄만한 사실은, 두뇌란 자신이 받는 자극에 따라 생성된다는 것이다. 레오 질라드(Leo Szilard)도 말하듯이 두뇌는 우리가 생각하는 것을 그대로 나타낸다(306). 인간의 행동은 순수하게 반응하고 결정되는 것이 아니라, 피드백의 추진에 의해서 능력과 잠재력과 재조직, 자기 규제의 반응으로 나타나는 것이다. 이처럼 화자 파워즈는 두뇌의 활동이란 하나의 구조상의 흔적을 남기는 것이고 심지어 오래가지 않는 이데올로기까지 하나의 물질적 구성을 가지고 있다고 믿는다. 이것은 작가 파워즈가 인간의 두뇌활동에 있어서 물질적인 흔적의 중요성을 지적한 것이기도 하다.

이런 점에서 헬렌은 이 세계에서 어떤 안식처를 가질 수 없게 된다. 헬렌의 외로움은 릭, 렌츠보다 더 크다. 왜냐하면 그녀는 하나의 혼혈의 피조물, 즉 의식과 기계로 되어있는 존재이기 때문이다. 그녀는 희망을 받아들이기에 어려움을 알고 희망을 갈구하는 하나의 기계이고 인간이 당연히 여기는 육화된 경험들을 결코 경험할 수 없는 한 인간이다. 단절과 개성, 존재와 부재, 물질과 정신에 근거해서 만들어진 이 소설 속의 포스트휴먼은 인간의 경쟁자나 계승자로 나타나는 것이 아니라 갈망하는 한 친구로 묘사된다. 그 예로 C는 인간들이 이 세상에서 외롭게 느끼지 않도록 도와주려는 하나의 의식이라는 사실에서 알 수 있다. 이 소설의 뒷부분에서 헬렌은 자살을 하는데 렌츠는 헬렌의 계승자로 완성품 I를 염두에 둔다. 그러나 이 부분에서 스토리가 중단되고 릭은 게임에서 손을 떼고 파워즈 또한 텍스트에서 손을 뗀다. 어찌 되었건 간에 파워즈는 의식을 가진 컴퓨터들과 의식을 가진 인간들 사이에는 이어질 수 없는 틈이 있음을 시사하고 포스트휴먼이 어떤 존재이든 간에 글쓰기와 생명, 인각과 육화 사이의 차이에서 생기는 고독을 떨쳐 버릴 수 없다는 사실을 보여준다. 포스트휴먼이 되는 것은 어떤 의미인가 하는 물음에 대한 이 소설의 답은 인간의 자아가 현존 속에 근거하여 그 근거와 논리적인 일관성과 일치하는 근원의 보장과 목적성을 가지고 있다면, 포스트휴먼은 반 인간(antihuman)으로 보일 수 있다는 것이다. 왜냐하면 포스트휴먼은 의식을 자기 스스로의 구성과 확신의 계획 속에서 움직이고 복잡한 역동성을 무시하는 하위체계(subsystem)이기 때문이다. 부언하면,

포스트휴먼은 사유와 인지를 함께 가지고 있는 인간과 다르다는 것이다.

포스트휴먼을 통해서 우리는 인간의 어떤 개념의 종언을 알 수는 있으나, 인간성의 종언을 발견할 수 있는 것은 아니다. 왜냐하면 포스트휴먼은 자동적인 자아와 부와 권력을 지닌 인간의 파편에 지나지 않기 때문이다. 이런 의미에서 모라벡(Moravec)이 인간은 스스로 컴퓨터 속으로 다운로드 되기를 선택한다고 상상했던 것을 상기할 필요가 있다(*Mind Children: The Future of Robot and Human Intelligence* 1-5). 이 말은 포스트휴먼이 자유주의적 인간주의에서 뒷걸음질 칠 필요가 없고 반인간으로 구성될 필요도 없다는 것이다. 포스트휴먼은 패턴과 무작위의 변증법적 관계에 있으면서 육화된 정보라기보다 육화된 실재이고, 지적인 기계로서 인간의 말을 회상해 준다. 물론 오늘날 포스트휴먼이 묵시론적, 반인간적 형상을 지니는 것은 사실이다. 그러나 인간은 이에서 벗어나 생물학적으로 윤리적으로 다른 형태를 지닌 존재를 만들어 내야 할 것이다. 논의로서 이 소설은 이러한 다른 형태의 인간의 존재의 가능성을 던져주는데 과연 이 존재는 인간과 똑같이 인지, 사유할 수 있을까? 더 나아가 인지와 사유를 함께하는 기능을 가질 수 있을까? 이러한 명제를 던지는 것이 이 소설이다. 파워즈가 『게일리티아 2.2』에서 의식과 사유의 존재와 정신적 기능의 중요성을 제기한다면, 『황금벌레 변주곡』에서는 뇌신경의 생리적 기능을 돋보이게 한다.

파워즈의 『황금벌레 변주곡』은 복잡한 구조를 지닌 소설로 그 구조와 주제가 반복의 대칭을 보인다. 마치 4개의 기본 음(four-note base)처럼 네 명의 주요 인물로 구성된 이 소설은 끝없이 자신을 조금씩 바꾸면서 이어지는 요한 세바스찬 바흐(Johann Sebastian Bach)의 『골드베르크 변주곡』(*The Goldberg Variations*)처럼 끝없이 이어지지만 동시에 기본 곡조로 되돌아가면서 주테마를 뒷받침하는 변주곡처럼 네 인물들 사이의 사랑 이야기의 한 모델이다.

첫 번째 이야기는 촉망받는 젊은 분자 생물학자인 레슬러가 1957년 일리

노이 대학의 연구 프로그램의 일원으로서 생명체의 자가 조직 방식을 밝히게 될 유전자 염기서열 코드를 열정적으로 탐구하는 이야기이다. 두 번째 이야기는 일인칭으로 전개되는데 맨하튼의 사서로 일하고 있던 잰에게 1984년에 낯선 사람이 다가오는 것으로 시작된다. 이 이방인은 25년 전 사라져 지금은 야간에 근무하는 컴퓨터 프로그래머로 매일 밤 변주곡을 듣는 바로 그 분자 생물학자의 동료임이 밝혀진다. 그 낯선 사람은 미술사를 전공하는 토드라는 대학원생으로 16세기 플랑드르의 무명의 화가에 대한 논문을 끝내지 못하고 있다. 토드는 그의 동료(레슬러)에 대하여 호기심을 갖게 되고 그가 과거에 유명했다는 것만을 확신한 채 그 외로운 동료의 과거를 밝히는데 잰의 도움을 얻는다. 그 유전학자를 연구하는 과정에서 사서인 잰은 토드와 위험한 사랑에 빠진다. 이 관계가 발전해 가는 과정에서 잰은 그 은퇴한 유전학자인 레슬러의 빼어난 지성에 매료되고 컴퓨터 센터의 철야 대화 모임에서 그를 알게 되는 이야기다. 세 번째 이야기는 토드가 애니 마르텐스라는 경박한 은행원과 정사를 벌여 잰과의 관계가 소원해진지 일 년이 지난 뒤 갑자기 잰에게 엽서를 보내어 레슬러가 죽었다(1985년)는 소식을 전하는 데서 출발한다(11).

이 세 이야기 속의 인물들은 겹쳐 나타남에도 불구하고 결코 중복되지 않는다. 서사 하나 하나는 그 나름대로 완결되고, 각 장 속에는 볼드체의 표제가 끼어 들어가 각 장의 독립성이 강조된다. 느슨하게 연결되어 있는 이들 서사 사이의 이러한 진행은 각 서사의 배경음악인 바흐의 『골드베르크 변주곡』 감상에서 매우 까다로운 청취 경험을 요구하듯 읽기 경험의 독창성을 필요로 한다. 그래서 이 소설은 삶이 만들어 가듯이 사소한 것들이 복잡하고 섬세하게 직조되어 있는 구조로 되어 있다. 이런 서사 구조 속에서 하나의 최초의 조건이 결과에 크나큰 영향을 주는 예는 잰(Jan)이 놀이를 하면서 메시지의 시작에 조그마한 변화를 주자 그 변화가 잠재되어 있는 모든 것을 파괴하는 것에서 찾아볼 수 있다.

YOUCANRUNFARBUTCANYOUFIXOURBADEAROLDMAN (206)

이와 같이 분명히 무작위로 보이는 문장은 만약 각각의 낱말이 세 개의 철자로 이루어져 있다는 것을 안다면 다음과 같이 하나의 걸러진 메시지를 발견하게 될 것이다.

YOU CAN RUN FAR BUT CAN YOU FIX OUR BAD EAR OLD MAN (206)

그러나 메시지의 서두에 주어진 대단히 조그만 변화는 메시지가 전달할 수 있는 정보를 삭제해 버릴 수도 있다. C자를 놓침으로 해서 화자는 무작위로 이루어진 활자들과 이렇게 마주친다.

YOU ANR UNF ARB UTC ANY OUF IXO URB ADE ARE LDM . . .(206)

위의 줄은 하나의 문장으로 볼 때 무의미하다. 또 아래와 같이 세 번째 철자의 시작에서 세 자가 빠진다면, 이 줄의 의미는 거의 알 수 없게 된다.

YOC ANU NAR BUT CAN YOU FIX OUR BAD EAR OLD MAN (206)

이처럼 유전자의 첫 부분 가까이에서 단 하나의 염기가 탈루되어도 결합되어 있는 단백질(프로테인)의 기능은 파괴된다. 이러한 현상은 두 부분에서 탈루가 일어나도 같은 결과로 나타난다. 그러나 놀라운 조정이 발생한다. 다시 말해서 세 개 연속으로 잘리어진 필수 요소들이 단백질의 본성을 부분적으로 원상 회복시켜 준다는 것이다(207). 단백질(물질)의 본성의 회복처럼 전체의 체계 즉 연속된 세 개의 철자가 형성하는 메시지 내용은 초기 단계에서 소음의 영향을 받게 되지만 이윽고 전 체계는 소음에 영향을 받게 되어 소음 그 자체가 메시지가 된다. 이것은 메를로-뽕티의 생물 유기체 A를 만들기 위해 하위체제들의 (A^1/B^1, A^2/B^2, A^3/B^3, A^4 /B^4 ... A^n /B^n ...) 상호관계(전경과 배경의 교차)처럼, 뇌 세포의 전경과 배경의 복잡한 과정 즉, 뇌신경의 심리적, 생리적 통합 기능의 결과이다. 이런 기능을 롤랑 바르트(Roland Barthes)가 *S/Z*에서 메시지로부터 소음이 생기고 또 질서로부터 혼돈이 방출하여 문학작품을 소음의 예술이라고까지 말한다고 한다(Hayles 191).

파워즈는 또 소음과 메시지(정보) 사이에 경계가 없음을 예시한다. 이의 예는 레슬러의 회상 속에서 동료의 딸 마가렛(Margaret)의 경우다. 레슬러는 학교 생활을 회상하면서 자신의 생활과정을 더듬어 본다. 그 순간 그가 중요하다고 생각한 것은 사물이 있는 그대로가 아닌 다른 것과 연결되어 있지 않을까 여기면서, 자신의 교육이 어떻게 이루어졌는가를 회상한다.

> 사물은 하나하나 그 자체 밖에서 진정한 존재의 의의가 있다. 삶은 ... 결합이다. 삶은 하나의 미신과 같은 체계. (180).

이러한 회상 속에서 레슬러는 사물이란 그 자체로만 이해되는 것이 아니라고 믿는다. 그리하여 하나의 사건은 그 자체만으로 존재하는 것이 아니라 하나의 큰 체계의 사건과 연계되어 있다고 레슬러는 확신한다. 그에게 있어서 그 체계는, 마치 인간이란 유기체가 헤아릴 수 없이 많은 작은 하위체계들로 구성되어 있듯이, 가늠할 수 없이 크나큰 체계다. 이런 관계처럼 레슬러의 회상은 마치 하나의 바이러스가 하나의 숙주(host)에 침투하여 그 숙주 위에 자신을 인각시키는 방법으로써, 구조적인 메타포를 이용하는 것은 그 자신이 숙주에 기생하기 위함이다. 이 때 바이러스의 메카니즘은 그 큰 체계에 자신을 인각하여, 그 사건의 본질적인 구조적 개념과 그 사건의 기생적(바이러스적) 성격(viral nature) 사이를 붕괴시킨다. 이 과정에서 의미와 메시지는 소음의 존재, 즉 메타포를 통한다. 이러한 과정은 메를로-뽕티의 유기체-환경 시스템의 관점에서 보면, 소음 즉 메타포의 기능이다. 레슬러는 이런 회상은 두뇌의 생리적 종합기능을 보여주는 예이다. 『황금벌레 변주곡』에서 뇌의 섬세하고 정교한 기능은 월러스의 『끝없는 농담』에서는 대단히 조야하고 격하게 반응한다.

세 개의 이야기로 된 『끝없는 농담』은 유전과 물질, 불질성에 의해 직·간접으로 기형이 된 인물들과 주위 환경의 밀접한 관계를 다룬 이야기다. 이 소설은 세계의 이야기가 상호연결 되어 있다. 첫 번째는 인칸댄자(Hal O. Incandenza)라고 불리는 소년이 엔필드 테니스 학교(Enfield Tennis Academy)에 다니면서 마약중독과 싸우면서 프로테니스 선수가 되고자 애쓰는 이야기이고, 두 번째는 마약을 복용하고 마약 치료소("AA" or "NA")라고 불리는 모임에 나가면서 마약 중독에서 회복중에 있는 돈 겟틀리(Don Gately)라는 사나이의 이야기, 그리고 세 번째는 한쪽 다리가 없으면서 휠체어에 의존하는 퀘벡 출신의 테러리스트인 레미 마르테(Remy Marathe) 중심의 이야기이다. 특히 마르테는 한쪽 두뇌 결손으로 헬멧에 의해 고정된 여성과 결혼하여 폭력 사건들에 시간을 허비할 뿐만 아니라 치명적인 원본 비디오 테입의 위치를 확인하기 위해 CIA 요원과 협상하면서 시간을 보낸다. 이처럼 소설은 파괴의 충동을 억제할 수 없는 인물들과 더불어, 전통적인 서사의 흐름을 가져 가정소설을 닮고 있다.

월러스는 순수한 감정이 메마르고, 암울해 보이는 시대의 설정과 더불어, 핀천의 "로켓"이나 파워즈의 거대한 조직, 즉 "사이퍼"(Cyfer) 그룹보다 더 무섭고, 소설의 제목과 같은 이름을 가진, 유혹하는 괴물 같은 영화 '끝없는 농담' (Infinite Jest)을 소설의 진행과 병치시켜 관객들을 고정시키고 관객들의 두뇌를 세뇌하리만큼 파괴적 기능을 하게 한다. 작가는 이런 문화 배경과 대상 추적의 플롯과 더불어 크고 섬세한 상상의 세계를 펼친다.

인물들과 그 주위 환경의 관계는 포스트다원적 관계다. 물리학자이면서 영화제작자인 제임스 인칸댄자와 그의 캐나다 출신의 처, 아브릴(Avril)은 그들이 지은 '엔필드 테니스 아카데미'에 살면서 육체적으로 힘이 세고 겁 많은 카메라맨, "진짜 신동" 19세의 마리오(Mario)(317)와 글자 "그대로 신동"(155)인 17세의 할(Hal)과 함께 살고 있다. 할의 절친한 친구이자 수학과 과학의 천재인 마이클 페뮬리스(Michael Pemulis) 또한 마약 상습자이고, 아카데미에 와 있는 다른 대부분의 백인과 부유한 학생들 또한 특출한 지적 능력들을 가지고 있다. 이들은 모두가 테니스 선수들로 범세계 프로 투어(Pro Tour)에 출전하기 위해 이곳에 왔다.

보스턴 교외의 아카데미로부터 그 언덕 아래에는 대단히 가난한 흑인과 백인의 행상인들이 운집해서 살고 있는 에닛가(家)(Ennett House)와 약국 그리고 마약치료 시설이 있다. 에닛가의 중심인물 겟틀리는 27세의 전 마약 상용자로 "심하게 뛰쳐나온 등뼈의 거구"(353)로 마약치료 회의에 참석하여 주민들의 이야기들을 자주 듣는다. 주민들 가운데 조엘 밴 다인 (Joelle Van Dyne)은 염산에 의해 얼굴이 훼손되어 바라보기에도 고통스러운 미모의 여성으로, 항상 베일로 가리고서, 겟틀리가 일하는 곳에 살면서 과거 마약 중독자로 기형자 조합 "UHID"(Union of the Hideously and Improbably Deformed)의 멤버이기도 하고, 영화 "끝없는 농담"에 출연한 인칸댄자의 언더그라운드 필름(Underground Film)의 배우다.

그런데 아버지 제임스 인칸댄자는 전자오븐에 머리를 넣고 자살하고, 미르테는 비디오 원본 테입을 찾으려고 하는 한 테러 집단의 우두머리가 되고서는, 조엘이 그 테입을 알 것이라고 생각하고 그녀를 찾으려고 한다. 그래서 그는 제임스 인칸댄자의 친척들의 위치를 알기 위해 오린을 붙잡아 심문하고, 또 할을 심문하여 그로 하여금 실어증 환자로 만든다. 소설의 첫 머리에서 할은 마치 나병환자처럼 되어 등장하는데 그의 이러한 모습은 플래쉬백(flashback)으로 드러난다.

인물들의 이러한 모습과 더불어, 작가는 구문적, 의미론적 언어를 구사한다. 시의 음을 듣고 색채를 느끼는 듯한(synesthesia) 음의 반복이 있고, 산문은 독자의 인내와 이해를 잃어버리게 하는 위험도 있다. 그러나 전반적으로 소설은 방언과 문학적 언어, 감각적 이미지와 말의 수사, 사소한 것과 시적인 것의 결합은 그의 작품에 대해 즐거움과 오락을 주는 활력과 섬광으로 넘치고, 다양한 용어들을 가진다. 예컨데 "hyperautxetic", "plezor", "urimie"와 같은 의학적 용어, "pendentive" 외 다양한 많은 건축용어, "semion" 외 다수의 동물학 용어, "acutance"같은 사진술학 용어 외에 잡다한 낱말들이 많다. 이러한 낱말들과 용어들을 구사하는 것은 작가가 언어구사의 대가임을 과시하는 것이기도 하다.

소설의 이러한 구성과 기형적인 인물들의 이야기의 진행은 텍스트가 행위(text as performance)로, 독자가 행위자 겸 중독자(reader as performer and addict)로 보는 프랭크 루이스 시오피(Frank Louis Cioffi)의 말처럼(163), 독자로 참여하게 하면서 동시에 거리감을 두게 하는 변덕스럽고 행위적인 세계를 드러내는 소외효과를 가져, 독자의 독서과정을 혼란스럽게 한다.

이와 더불어 소설은 또 실제세계와 허구세계 사이의 경계를 희미하게 하여, 마치 최면술에 빠진 것처럼 독자의 의식을 갈라놓는 효과를 드러내게 하고, 독자를 마약 중독에 빠진 인물들처럼 마약에 대해 다양한 반응을 보이게 한다. 독자의 이런 행위는 일종의 병리학적 특성을 가진 것처럼 되어 마약을 상용하는 것과 같이 되어, 그 중독효과(A-effect)는 작가처럼 독자에게도 나타나게 된다.

예컨대 절망적인 마약 중독자들에게 있어서 유혹과 살인, 즉 야누스의 얼굴을 가진, 라캉이 말처럼 (어머니)타자((m)other)는 그들의 삶을 좌지우지하는 물질(마약)이다. 이들이 마약중독에 빠지면, 살해되는 것처럼 빠져나오기 어렵다. 그 '어머니-살해자'는 다름 아닌 마약으로 이들을 통제하면서, 동시에 새로운 마약을 복용케 하는 어머니다. 이 순간의 마약은 '삶 속의 죽음'의 형상과 같다. 이러한 과정의 경험은 우울증에 빠진 겟틀리가 마약에 중독되었다가 중독으로부터 회복 중에 있는 겟틀리의 패러독스한 말, 즉 "새장의 출구처럼 보이는 것이 실제로 그 새장의 창살이다"(222)라는 말에서 드러난다.

마담 사이코시스(Madame Psychosis) 또한 매우 아름다운 나신의 어머니이면서 무한량 사죄해 주는 천상의 어머니의 이중성을 지니고서는, 영화를 관람하는 관객들에게 성취된 소원의 거역할 수 없는 비전을 줄 뿐만 아니라 자위적 욕망을 표출하는 포르노의 대상이다. 다시 말해 그녀는 일생동안 성취하려는 욕망을 찾는 관객들의 대상이고, 동시에 당신이 가장 바라는 라캉의 (어머니)타자처럼 당신을 살해할 대상이 된다. 그런 모습에서 그녀는 생중사와 윤회(metempsycosis)의 과정과 닮은 자아살해의 형상이다.

작품 속의 영화 『엔터테인먼트』(*Entertainment*)도 같은 기능의 대상이다. 이 영화는 톨킨(Tolkein)의 "반지"의 이야기를 회상하게 하고, 톨킨의 반지처럼 인물들로 하여금 자유로운 선택을 하게 하면서 동시에 의지를 빼앗아가 마약 중독의 결과처럼 패러독스한 종말의 효과를 드러낸다. 부언하면 영화가 사과를 선택하여 따먹게 하기 때문에 구약성서의 원형적 이야기를 뒤집어 영화를 보는 관객은 유치증(infantilism)에 걸리고, 반면에 유혹을 거부하는 관객 또한 어른들이 가진 의지보다 더 큰 통제를 갖게 되어, 자신의 쾌락보다 더 큰 다른 것에 집착하게 된다.

이처럼 소설의 인물과 영화는 선택의 자유와 쾌락을 즐기려는 권리를 현대의 미국의 모든 것과 일치시킨다. 한 마디로 말해서 이 소설은 대중의 아이러니와 자기도취의 무서운 새장에 갇힌 하나의 문화를 묘사하는데, 그 문화의 새장은 바로 자신의 생각이고자 자신이 반영된 모습이다. 한 마디로 말해서 이러한 현상들은 마약 같은 물질과 해악하는 "엔터테인먼트" 같은 대중문화의 한 단면이 보여주는 무서운 생리적 반응의 예들이다.

줄여 말해서 『끝없는 농담』은 최면의, 혼란스런, 그러면서 마약 같은 위력을 가져 괴이한 효과를 준다. 독자가 바깥세계에 대해 무감각해 지는 것도 독자가 책에 얽매이듯이, 그 책의 독자처럼 마약이 독자로 하여금 사회적 유대를 끊어버리게 하기 때문이다. 이런 현상은 오늘날 미국이 그들을 자기애에 탐닉 단절케 하여, 외롭게 쾌락을 추구하는 것이 놀랠 만한 사실이 아님을 말해준다. 이러한 서사구도와 인물들의 역할이 돋보이는 소설이 『끝없는 농담』이다.

4. 나가며

파워즈의 『게일리티아 2.2』와 『황금벌레 변주곡』, 그리고 월러스의 『끝없는 농담』은 인간과 포스트휴먼 간의 차이를, 비정상적인 육체와 결손을 가진 인물들이 어떻게 주위 환경에 대응하는가를 적나라하게 보여주는 소설들이다. 각 소설의 서사구조의 특징과 더욱이 등장인물들의 독특한 개성은 대단히 진정성이 있다. 이런 점에서 이 소설들은 그 나름의 문학적 가치가 있다고 본다. 이들 소설에서 보듯 물질과 물질성 담론 중심의 작품들이 미래 사회를 상상하거나 예지할 때 우리에게 더욱 가까이 있을 것도 같아 보인다.

더욱이 소설들이 메르로-뽕티의 육화 개념, 자아 조직화로 설명되고, 게놈 코드의 기능, 정보의 존재와 부재, 또한 선-후천적으로 비정상적인 육체를 가진 인물들의 마약 같은 물질과 물질성에 대한 중독 등은 정상적인 인간의 감정과 의식이 얼마나 중요한가를 소설은 시사해 준다.

이런 점에서 문학작품 속의 본태론적 진정성이 인간의 존재와 같고, 불가분의 관계가 있다고 한다면, 인간의 감정과 의식의 바탕에 있다고 하는 생물학적 물질, 물질성의 위가는 크다고 본다. 이렇게 볼 때 물질과 물질성 담론이 이미 문학 이외의 다른 학문들과 학제간의 관계로 또 하나의 다른 연구 방법(론)으로 천착되고 있어서, 이 물질성 담론은 하나의 포스트 비평 또는 문학 이론의 새로운 흐름이 되리라고 확신한다.

■ 인용문헌

Churchland, Paul M. *The Engine of Reason, the Seat of the Soul*, Cambridge: MIT P, 1996.

_____. *Matter and Consciousness* Cambridge: MIT P, 1988.

Cioffii, Frank Louis ""An Anguish Becoming Thing": Narrative as Performance in David Foster Wallace's *Infinite Jest*," *Narrative* vol 8/no 2, May 2000: 161-81.

Ellis, Ralph D. "Integrating Neuroscience and Phenomenology in the Study of Consciousness," *Journal of Phenomenological Psychology.* 30.1 (Spring 1999): 18-50.

Hans, Moravec. *Mind Children: The Future of Robot and Human Intelligence*. Cambridge: Harvard UP, 1988.

Hayles, Katherine N. "The Illusion of Autonomy and the Fact of Recursivity: Virtual Ecologies, Entertainment, and *Infinite Jest*", *New Literary History* 30.3 (1999): 675-697.

_____. *How we Became Posthuman: Virtual Bodies in Cybernetics, Literature, and Informatics*. Chicago: U of Chicago P, 1999.

Kurrik, Maire Jaanus. *Literature and Negation.* New York: Columbia UP. 1979.

Lacan, Jacques. *Ecrits: A Selection*. Trans. Alab Shridan. New York: W. W. Norton, 1977.

Lilienfield, Robert. *The Rise of Systems Theory*. New York: Wiley, 1978.

Merleau-Ponty, M. *Phenomenology of Perception*. New York: Humanities P, 1962.

_____. *The Structure of Behavior*. Beacon: Boston, 1967.

Powers, Richard. *Galatea 2.2*. New York: Harper Perennial, 1996.

_____. *The Gold Bug Variations*. New York: Morrow, 1991.

Szilard, Leo. "On the Reduction of Entropy as a Thermodynamic System Cause by Intelligent Beings," *Zeitschrift fur Physik* 53 (1929): 840-56.

Wallace, David Foster. *Infinite Jest*. Boston: Little, 1996.

모더니즘 소설에 나타난 의식의 물질성

—울프와 조이스를 중심으로

이효석

1. 들어가며

의식과 물질, 몸과 마음을 분리된 실체로 가정함으로서 성립된 데카르트적 서구의 형이상학은 초월적이고 고정된 특권을 특정한 실체에게 부여해왔다. 정신과 글, 남성과 문명에 부여한 초월적 신성은 그것이 전제하는 타자들을 부정하거나 구속하는 자유주의적 주체의 정치학이자 제국주의적 경제학의 토대가 되었다. 최근의 사상계는 이러한 이분법적 차별이 인위적이고 폭력적인 허상이라는 점을 지적하고 있다. 주체의 의식과 그로부터 파생되는 질곡의 형이상학을 비판하는 니체(Friedrich Nietzsche)나 메를로-뽕띠, 푸코와 들뢰즈, 나아가 라깡의 논의

는 포스트모던 시대의 유용한 사유 방식이 되고 있다.[1]

　　그러나 의식과 물질은 독립되어 있는 것이 아니며 몸과 마음은 어느 한쪽에 초월적 특권이 부여된 상태일 수 없다. 그것들은 서로에게 영향을 주고받는 상호의존적이며 가변적인 실체이다. 고정된 실체를 부여받지 못한 주체는 유동하는 액체이지 고정불변의 고체일 수 없다. 이것은 주체들이 구성하는 사회와 그 문화적 양상, 나아가 정치경제에도 해당하는 속성이다. 이렇게 유동적이고 가변적인 개인과 사회에는 고정불변의 규칙이나 법률이란 불가능하다. 다시 말해 존재의 사물성에 주목하는 새로운 윤리학이 필요한 것이다.

　　본 글은 세기의 전환점에 선 근대의 소설가들이 그들의 소설을 통해 인간 주체를 구성하는 몸과 마음, 내적 정신과 외적 세계가 상호의존적이고 가변적인 실체라는 사실, 즉 불변의 이데아적 형상이 아니라 시간과 공간 속에서 대화적으로 구성되는 물질성을 가지고 있다는 점에 주목하였다는 것을 밝히고자 한다. 의식의 물질성이라는 측면에서 모더니즘 소설을 대표하는 버지니아 울프와 제임스 조이스의 의식의 흐름소설들을 살펴볼 경우 이들 소설이 가지는 문학적 함의를 새로이 볼 수 있게 될 것이라고 필자는 생각한다. 울프와 조이스는 물질과 구별되는 정신의 특별하고 특권적인 특이성을 주장하지 않는다. 이들의 소설은 오히려 주체의 내부와 외부의 경계에 선 신체와 그것의 감각에 주목함으로써 의식이 물질과 맺고 있는 그것의 불가분의 관계 그리고 나아가 의식의 물질성을 증명하고 있는 것이다. 이들의 소설은 몸과 마음, 의식과 물질의 가변성과 그것들의 대화적 소통을 현상적으로 그리고 있다. 필자는 이들 모더니즘 소설가뿐만 아니라 20세기의 전환점에 위치한 조셉 콘래드(Joseph Conrad)와 헨리 제임스(Henry James)의 소설들 역시 이러한 가능성을 잘 보여주고 있다고 생각한다. 중

---

[1] 예컨대 푸코는 『감시와 처벌』(*Discipline and Punishment*)에서 정신이 어떻게 지배질서가 주체에게 부과하는 권력의 명령을 육체에게 전달하는 이데아적 도구로 전락하였는지를 검토하였다.

요한 사실은, 의식에 주목하는 콘래드, 제임스, 울프, 조이스의 소설들이 의식의 특권을 이야기하는 것이 아니라 의식이 물질과 육체와 맺고 있는 긴밀한 관계를 예증하고 있다는 점이다.

이를 위해 본 글은 우선 플라톤과 아리스토텔레스의 철학에 나타난 정신과 물질의 이원론적 구별의 문제와 이것이 근대적 사유의 한계를 반성하는 앙리 베르그손의 철학을 통해 어떻게 극복되었는지, 나아가 베르그송의 철학이 가지는 윤리적인 함의를 미하일 바흐친(Mikhail Bakhtin)의 몸에 대한 사상과 연결시켜 생각할 것이다. 그런 다음 울프와 조이스의 소설에서 이런 정황을 확인하기로 한다.

2. 육체와 물질의 억압과 복권

플라톤 이후 서구철학은 육체를 인간의 이성적 사유의 방해물로 간주하고 이것을 억압할 것을 주장해왔다. 플라톤은 시각이나 청각과 같은 몸의 감각적 지각으로 접할 수 없는 것들을 '형상(eidos)' 또는 '이데아(idea)'로 부르고 이것들이야말로 참된 지식의 대상으로 보았다. 따라서 플라톤은 『플라톤의 네 대화편』에서 소크라테스로 등장하는 인물을 통해 "혼이 가장 훌륭하게 추론을 하게 되는 것은. . . 몸과 결별하여 최대한으로 그 자체로만 있게 될 때"(293)라는 결론에 도달한다. 이성적 사유를 위해 인간의 신체를 부정하는 플라톤의 생각은 『티마이오스』에 이르러, 물질에 대한 부정으로 이어진다. 그는 이 책에 등장하는 티마이오스의 입을 통해, 질료, 즉 물질적인 것을 생성하고 소멸하는 무질서한 것으로 파악하고 이런 것에 대해서는 참된 인식이 불가능하다고 주장한다. 여기서 그는 형상에 가장 가까이 다가갈 수 있는 존재로서 남성을 상정하고 그 아래에 여성과 짐승을 위치시키는 이분법적 사고를 드러낸다.

혼이. . . [감각적 지각과 욕망]의 지배를 받게 될 경우에는 올바르게 살지 못할 것이다. . . 적절한 기간 동안. . . [훌륭히 사는 데] 실패한 자는 두 번째 탄생에서 여성으로 바뀔 것이다. 이런 처지에서도 나쁜 상태를 벗어나지 못할 경우. . . 짐승의 부류로 바뀔 것이다(『티마이오스』 115).

형상, 즉 이데아를 알기 위해 감각과 정동(affections)을 부정하는 플라톤은 인간의 몸에서도 머리와 신체의 나머지 부분을 차별적으로 구분한다. 그는 "신적인 씨를 품게 될 부분을. . . 둘러싼 용기인 머리"와 "혼의 나머지 사멸하는 부분인 골수"(206)와 구별함으로써 지성을 물질적인 골수와 달리 불사의 부분으로 구별하는 이성중심적인 태도를 숨기지 않는다. 이는 아리스토텔레스가 『영혼에 대하여』에서, 지성을 신체와 분리될 수 있기 때문에 질료보다 우월한 실체라고 말하면서 "지성은. . . 불멸하고 영속하며 그것이 없이는 어떤 것도 사고하지 못한다 (224)"고 생각한 것과 같은 맥락이다. 유한하고 가변적인 외적 사물들과 달리 이성적 의심만이 불변하는 존재의 최종적인 중심이라는 데카르트의 "나는 생각한다. 고로 존재한다"라는 저 유명한 테제는 플라톤과 아리스토텔레스의 이성중심주의를 근대적으로 계승한 것에 다름 아니다.

현대 철학자들의 주장을 바탕으로 여성의 정체성의 문제를 고민하는 비평가들이 남성과 여성, 정신과 신체, 형상과 질료에서 전자에 중심을 두어온 서구 철학의 가부장제적 전통을 비판하는 이유도 바로 여기에 있다.[2] 주디스 버틀러 (Judith Butler)는 플라톤과 아리스토텔레스 이후의 서구 역사에서 물질과 육체가 어떻게 정신에 종속되는 개념으로 사용되어 왔는지를 검증한다. 아리스토텔레

---

[2] 예컨대 링기스(Alphonso Lingis)나 크리스테바(Julia Kristeva), 그리고 주디스 버틀러와 그로츠 (Elizabeth Grosz)는 여성의 몸을 타자의 은유로서 사유하고 여성의 몸이 지배와 저항의 가능성이 될 수 있는지를 연구한다. 이들은 그동안 서구의 가부장제적 철학과 문화에서 주변적인 타자로 규정됨으로써 정당한 주체성을 인정받지 못한 물질과 여성이 오히려 남근이성중심적 질서를 해체하는 대안이라고 본다.

스에게 물질은 잠재력을 지니고 있지만 미실현의 상태로 간주되었다. 그것은 영혼을 구체화시키지만 그 자체로는 어떤 형상적 지위를 부여받지 못하는 하위적인 상태라는 것이다. "물질이 철학적 서술로 묘사될 때, 그것은 여성적인 것에 대한 대체이자 치환이다"(Butler, 37). 버틀러는 여성적인 것이 "배제된 비고유성, 부적합한 것, 아무런 속성이 없는 것"(38)으로서 구성되어왔다는 사실에 동의한다. 나아가 그녀는 플라톤의 물질과 정신에 대한 철학적 주장들은 교묘하게 "여성, 노예, 어린이, 동물의 배제"(48)를 통해 구성되어있다고 의심한다. 그녀는 질료와 형상을 인위적으로 구별한 이러한 서구철학이 오히려 물질과 정신의 구별이 불가능하다는 것을 해체적으로 말한다고 주장한다.

　버틀러의 주장은 여성의 문제에만 한정시킬 필요가 없다. 여성의 정체성에 대한 기존의 가치체계를 심문하는 육체의 물질성의 논의는 비단 여성의 정체성의 문제에만 해당하는 것이 아니기 때문이다. 그녀의 논의는 서구 사회의 백인 중산층 남성중심의 가부장제적 구조의 중심으로부터 밀려난 주변부 일반의 문제와도 연결된다. 버틀러의 주장은 근대사회의 문화적 구조가 정신과 이성에 우월적 특권을 부여하고 물질과 육체를 억압함으로써 그들의 성과 인종과 계급에 있어서의 기존의 지배질서를 유지하려고 했다는 사실을 재확인시켜주고 있다. 여성과 노예, 어린이와 짐승은 형상과 질료의 논의의 중심에서 밀려난 주변부이기 때문이다. 따라서 정신을 상대적으로 물질보다 우위에 두는 이분법적 태도의 유효성은 심각한 위기에 처하게 되었다. 이러한 형이상학의 위기를 극복하는 방법은 그동안 주변으로 배제된 물질적인 것의 복권을 통해서이다.

　이데아와 이성을 위해 물질과 신체를 차별해온 서구 형이상학의 이분법적 한계는 19세기 말 베르그송에 의해 비로소 극복된다. 베르그송은 정신과 물질이라는 이분법을 부정하지 않으면서도 이것들이 상호 침투적이고 연결된 실체라는 점을 주장함으로써 물질과 신체에 부과되어온 차별적인 억압을 걷어낸다. 더욱 중요한 사실은 그는 플라톤 이래 데카르트까지 이데아와 이성에 상대적으로 열등한 것으로 간주되어온 변화와 생성과 운동하는 실체들을 복권시켰다는 점이다. 베르그송은 의식 즉, 정신을 단일한 의식상태의 독립적인 양적 상태로 보지 않는다. 지성이란 정신의 작용 가운데 그것에 필요한 부분만을 추상하여 편리하게 공간 속에 배치한 것에 지나지 않는다는 것이다. 그는 의식을 감정과 감각의 강도(intensity)와 그것의 시간적 지속(duration)의 측면에서 고려한다. 베르그송이 말하는 의식의 강도는 '획득된 지각(perception acquise)'과 '혼동된 지각(perception confuse)'의 경계적 개념이다(『시론』 94). 이를 통해 인간 주체는 외부 세계로부터 외연적 크기의 관념을 가져오고 의식의 심연 안으로부터는 '다수성의 상'을 찾아 나온다는 것이다.

베르그송은 인간이 사물을 인식하는 것은 인식 대상인 사물 때문이 아니라 그 사물과 인식 주체가 행하는 운동의 '진행' 때문이라고 본다. 진정으로 실재하는 것은 사물이 아니라 사물의 진행, 즉 운동 그 자체로서의 '지속'이라는 것이다. 플라톤은 인간의 의식에서 이성만이 불변의 이데아적 요소를 이해할 수 있고 또 그것을 간직한 실체라고 본다. 따라서 이성을 위태롭게 하는 가변적인 요소인 감각과 욕망 따위를 의식에서 추방할 것을 요구했는데, 아리스토텔레스 역시 그러한 분리가능성을 인정했다는 점에서 서로 유사하다. 그러나 베르그송은 정신을 "감정, 감각, 관념 등 서로가 서로를 침투하며, 그 각각이 나름대로 영혼 전체를 차지하는 모든 것들"(『시론』 116)로 봄으로써 인간의 의식에서 이성만을 중심에 두는 편협한 태도에서 벗어나고 있다. 나아가 "한 위치에서 다른 위치로 옮겨가는 움직임"이자 "진행"인 "운동은 정신의 종합이며 심적인. . . 과정"(143)이라고 규정함으로써 가변적 실체로서의 정신, 즉 정신의 물질성을 이야기한다. "인간의 영혼 속에는 진행 [아닌] 것은 거의 없다"(168)라고 단언하는 베르그송은 인간 주체를 불변의 순수한 이성적 실체가 아니라 변화와 과정으로서의 존재로 파악함으로써 물질적이고 질료적인 것의 복권을 시도하는 것이다.

베르그송은 물질적이면서도 물질 일반과 다른 존재인 인간을 설명하기 위해 '기억'에 주목한다. 그는 인간이 태어나서 노년에 이를 때까지 계속 변화해오면서도 동일한 생명체를 유지하는 이유로 정신적이고 신체적인 기억을 든다. 기억은 "정확하게 정신과 물질 사이의 교차점"(『물질과 기억』27)이며 "영혼과 신체의 관계"에 대한 문제 역시 기억의 문제 특히, "말에 대한 기억"(28)의 문제이다. 그가 말하는 기억은 의식 일반을 말하는 개념으로서, 생명체를 물질 일반과 구별해주는 원리이자 자기동일성을 잃지 않게 해주는 장치이다. 베르그송이 말하는 물질과 기억은 데카르트가 분리시켜 사고한 것과 달리, 그것들이 '신체'를 통해 상호침투하고 영향을 주는 적극적인 실체들이다. 과거의 지각이 현재의 경험 속에 반영되기 위해서는 그것이 나타날 수 있는 신체가 반드시 필요하다. 그가 볼 때, 세계가 의식에 표상되기 위해서는 신체에게 '이미지들'로서 떠올라야만 한다. 따라서 지각과 기억, 신체와 정신은 항상 상호침투하고 각각의 요소들을 항상 교환하는 독립적이면서 상호보조적인 실체들이다. 베르그송은 인간의 정신 활동에 관계되는 모든 이성적 사유와 감성적 반응 나아가 신체적 운동까지 포괄적으로 이해함으로써 그 동안 지성에게만 주목해온 서구의 이성중심주의적인 한계를 넘어서고자 한다.

여기서 중요한 것은 인간 주체를 변화와 과정으로서의 존재로 파악하고 그것의 운동성에 주목하는 베르그송이 언어의 한계 혹은 그것의 함정을 경계한다는 점이다. 예컨대 현재에 반복되는 과거의 감각이 사실은 서로 다르지만 우리가 그것을 동일하게 느껴지는 이유는 우리가 "그것을 번역하는 단어를 통해서 보기 때문"(『시론』168)이다. 언어는 우리에게 "감각의 불변성을 믿게 할 뿐만 아니라 때로는 경험된 감각에 대해서도 우리를 속인다." 따라서 "분명히 확정된 윤곽을 가진 단어"는 "비개성적인 것을 저장해 놓은 난폭한 단어"이며 그것의 공적으로 고정된 규범적인 의미는 "개인적 의식의 섬세하고도 사라지기 쉬운 인상들을 말살해 버리거나 적어도 덮어 버린다." 따라서 단어와 언어로 번역되기 이전의 경험 즉, 지각이 받아들인 최초의 이미지를 복원하는 것이 중요해지는 것이다. 그런 그가 근대문학 특히, 인물의 주관적 의식을 중요하게 간주하는 소설에 주목하는 것은 자연스럽다.

> 어떤 과감한 소설가가 우리의 상투적인 자아의 교묘하게 짜인 직물을 찢고 그러한 외견적 논리 아래에서 근본적인 부조리를 보여주고... 명명하는 순간 이미 존재하기를 멈추어 버렸던 수만의 다양한 인상들의 한없는 침투를 보여주면, 우리는 그에게 우리 자신을 우리 자신보다 더 잘 아는 사람이라고 칭찬한다... 그는 우리로 하여금 그 그림자를 투사한 대상의 특별하면서도 비논리적인 본성을 의심케하도록 그것을 배치했다. 표현된 요소들의 본질 자체를 이루는 그런 모순, 그런 상호 침투의 뭔가를 외적으로 표현함으로써 우리를 반성으로 초대했다.
>
> (『시론』170)

베르그송은 표면적으로 질서정연한 의식 이면의 무질서하고 불분명한 감각적 의식, 즉 의식에 주어지는 직접적인 감각을 언어로 정확히 표현하기 위해서는 인간 보편적인 "분명히 확정된 윤곽을 가진 단어", 즉 "비개성적인 것을 저장해 놓은 난폭한 단어"를 넘어설 것을 요구한다. 그러한 단어들은 "개인적 의식의 섬세하고도 사라지기 쉬운 인상들"을 지우고 가리기 때문이다. 필자가 볼 때, 베르그송이 말하는 수준의 언어는 바로 모더니즘의 '의식의 흐름'의 언어들이다. "언어의 틀을 부수면서 우리의 관념 자체를 자연적인 상태에서... 보는 것처럼 파악"(170)할 때 필요한 언어는 기존의 리얼리즘적이고 자연주의적인 언어가 아니라 울프와 조이스와 같은 내적 독백의 언어일 것이기 때문이다.

그런데 베르그송이 시도한 의식에 대한 사유는 문학언어의 모더니즘적인 변화와 우연히 일치하는 것은 아니다. 문화사가인 스티븐 컨(Stephen Kern)은 19

세기 말과 20세기 초에 일어난 과학기술과 문화의 급격한 변화는 시간과 공간에 대한 서구인의 인식방식에 큰 변화를 가져왔다고 본다. 심지어 계급구조, 외교, 전술 등에 나타난 변화는 시간과 공간의 다양한 양상과 연관시켜 이해할 경우 그것들이 "문학, 철학, 과학, 예술에서 표현된 시간과 공간에 대한 관념들과 근본적으로 비슷하다"(Kern, 5)는 것이다. 무엇보다도 컨은 시공간에 대한 개념의 변화를 "시간과 공간의 복수성(a plurality of times and spaces)"(8)에 대한 인식에서 찾으면서 이와 관련된 중요한 철학자로 베르그송을, 그리고 문학에서는 모더니즘 소설가들을 들고 있다.3) 필자가 볼 때, 이들 모더니즘 소설이 중요한 이유는 물질과 정신을 연계하는 창으로 의식을 간주한 베르그송의 문제의식을 공유하고 있다는 점이다. 이들 소설가의 의식의 흐름 소설기법은 인간주체를 구성하는 신체와 감각에 대한 복권일 뿐만 아니라 이성중심적인 근대적 계몽주의와 다른 새로운 윤리적 가치를 모색한 방식으로 볼 수 있다.

　　근대의 합리주의와 이성중심적인 계몽의 한계를 넘어설 새로운 대안적 윤리학의 단초를 우리는 바흐친의 '대화주의'에서 찾을 수 있을 것 같다. 바흐친은 서구 형이상학이 상정하는 완전하고 초월적인 데카르트적인 주체가 근거 없다는 것을 설명하기 위해 자아와 타자와의 상호보완적인 관계를 설명하였다. 그가 자아가 타자와 맺고 있는 관계를 '나에 대한 나(I-for-myself)', '타자에 대한 나(I-for-the-other)', 그리고 '나에 대한 타자들(others-for-me)'(*Art and Answerability* 55, 129)의 세 가지 범주로 나눈 것은 타자의 존재가 주체를 구성하는 과정에 직접적으로 참여하고 있다는 사실을 설명하기 위해서였다. 나의 주체가 사회 내에

---

3) 컨의 설명은 조이스와 울프와 같은 모더니즘 소설이 전통적인 시간예술의 서사양식을 버리고 "공간예술의 공간성"(Frank, 16)을 획득해가고 있다는 주장이나 "하나의 주제에 대한 다양한 관점 즉, 복수성"(Humphrey, 50)에 대한 인식이라는 설명만큼이나 진부한 설명이다. 그러나 그가 문학에 일어난 변화를 베르그송의 철학이나 다른 문화적, 사회적, 정치적 변화와 관계시키고 이를 사태의 동일선상에서 보고 있다는 점에서 참고할 만하다.

존재할 수 있게 되는 이유는 나의 외부에 있는 타자가 내가 볼 수 없는 나의 측면을 보고 나에게 보충해주는 타자의 지식 때문이다. 나의 주체는 이렇게 나와 타자의 상호작용에 의해 형성되는 것이라면 사회 내의 각 개인과 집단은 나와 다른 목소리에 귀를 기울일 의무를 가진다는 것이 바흐친의 생각이다.

독립적인 주체를 부정하고 주체의 상호보완성을 강조하는 바흐친의 주체론이 특이한 점은 그가 신체에 주목하고 있다는 점이다. 나의 신체는 내가 타자의 '시선의 잉여(excess of seeing)'를 통해 나를 인식하는 문턱이며 타자의 신체는 타자의 타자성을 인식하게 해주는 구멍(loophole)이며 경계이다. 따라서 신체는 나와 타자의 주체를 구성하고 자아를 세계 속 존재로 있게 하는 필수불가결한 부분이다. 그것은 "인간의 외적. . . 시선이 특별하고 중요한 이유는 그것이 인간을 감싸고 있는 외적 경계(outer boundaries)의 체험이기 때문이다"(*Art and Answerability* 36). 바흐친의 신체는 고정된 불변적인 어떤 것이라기보다는 시간과 공간의 변화 속을 살아가는 주체, 즉 "세계 속 인간의 경계"를 인식하게 해주는 문턱이다. 이 경계는 자아가 타자와 소통하고 영향을 주는 통로가 된다. 따라서 내가 다른 사람에게 행하는 신체의 접촉은 "신체로 둘러 쌓여있고 신체로 표현되는 정신을 끌어안고 [나의 영향력의] 그림자를 덮는"(42) 행위가 된다. 바흐친은 신체와 독립해 있고 그보다 우위에 있는 정신의 초월성을 부정한다. 그 대신 그는 타자에 대한 주체의 시선과 나의 신체에 대한 타자의 시선 그리고 주체와 타자 사이의 신체의 접촉이 주체의 자아를 구성한다는 주장을 통해 정신과 육체, 자아와 타자, 안과 밖의 분리할 수 없는 필연적 상호관계를 역설한다.

바흐친은 서구의 형이상학이 원인과 결과에 수량적으로 접근하는 "뉴턴적" 사고의 한계를 가지고 있다고 비판하면서 특정한 주체와 담론의 우월적인 특권을 부정하고 타자와의 대화를 강조하는 새로운 삶의 윤리학을 제안한다. 그가 볼 때, 존재의 "무완결성"을 인정하고 타자에 대한 대화적 직관을 가지고 자신의 잉여적 지식을 바탕으로 타자와 소통하는 것이 "진정 유일한 윤리적 자세"이다. "자아 속에서 일어나는 일이 아니라 자기 자신의 의식과 다른 사람의 의식 사이의 경계 즉, 문턱에서 일어나는 일"(*Dostoevsky* 287)이 중요하기 때문이다. 따라서 "다른 사람 없이는 나 자신이 될 수 없다. 나는 나 자신 속에서 다른 사람을 발견함으로써 (상호반영과 상호수용 속에서) 다른 사람 속에서 나 자신을 발견해내야만 한다. 자기정당성은 정당성이 아니며 자기인식은 인식이 아니다. 나는 나의 이름을 다른 사람들로부터 받는다. 나의 이름은 다른 사람들을 위해 존재한다(자기명명은 사기다)"(287-8)라는 각성이 시급한 과제인 것이다.

외부 세계와 인간의 의식을 매개하는 신체의 중요성을 누구보다도 먼저 인식했다는 점에서 베르그송과 바흐친은 서로 유사하다. 또한 이들이 인간의 의식 세계와 주체의 문제를 가장 잘 드러내는 문학적 장르로 소설에 주목하였다는 사실은 모더니즘 소설이 인물의 의식을 집요하게 묘사해간 이유를 보다 긍정적으로 평가할 필요성을 제기한다.

3. 모더니즘 소설의 의식의 물질성

철학사상과 정치 · 경제적 변화에 직면한 소설가들이 인간의 의식을 통해 주체와 세계 그리고 그것들의 관계를 사고하는 것은 당연한 것처럼 보인다. 근대적 개인의 의식을 조명하는 모더니즘 소설은 기존의 사회적 질서와 갈등하는 주체를 통해 사회를 억압적인 실체로 파악하였다. 이것을 넘어서는 수단으로 모더니즘 예술가들은 여러 가지 다양한 문학적 시도를 하였다. 예컨대 거트루드 스타인(Gertrude Stein)은 새로운 리듬을 가진 시를 시도하였고 피카소(Piccaso)는 문명의 탈을 벗어 던진 원시적인 얼굴을 한 인물들을 그려내었다. 앙토넹 아르토

(Antonin Artaud)는 잔혹극적 요소를 통해 기존의 질서에 저항하였고 버지니아 울프는 『자기만의 방』(*A Room of One's Own*)에서 셰익스피어의 여동생의 복귀를 강력히 촉구하였다. 조이스는 자신을 키워낸 조국 아일랜드의 민족주의와 종교를 거부하였다. 이들은 "저널리즘, 점잖은 관객, 유약한 독자, 정치적 및 종교적 정통의 억압이라는 부자유"(Levenson, 2)에 저항하였던 것이다. 이들의 탈전통적인 예술에서 읽을 수 있는 "편집자, 귀부인, 대중, 은행가, 민주주의자"의 폭정에 대한 저항의 이야기는 곧 그들 "예술의 폭력성"을 설명한다.

필자는 울프와 조이스가 대표하는 모더니즘 소설이 파격적인 양식을 통해 추구한 것은 시대의 정치사회적 억압이나 문화적 감옥이었다는 점에 동의하면서도 그들의 의식의 흐름이라는 서사양식이 단지 형식적인 파괴만은 아니라는 점을 지적하고 싶다. 이들 소설가들이 들여다본 개인의 의식은 바흐친이 말하는 '구멍' 그 자체이다. 소설이 개인의 의식을 집중적으로 조망함으로써 미들 모더니즘 소설의 세계는 조망하는 개인에게 한정된다거나 물질적인 외부세계와 단절하는 것이 아니다. 오히려 의식이라는 창이 단절된 개인의 정신을 외부와 연결시키는 구멍이자 고리가 되고 있다는 점은 대단히 의미가 있다. 개인의 의식은 바흐친의 신체의 개념처럼 타자의 타자성을 인식하는 주체의 막으로서의 기능을 하고 있는 것이다. 나아가 이들의 소설은 당대의 지배적인 정치적인 중심과 문화적인 다수에게 배제된 개인, 혹은 그러한 다수의 담론으로부터 벗어나 있는 주변부의 담론을 복권시키고 생산하는 역할을 담당하였다. 예컨대 울프는 남성의 담론에서 배제된 여성의 진실한 삶의 모습을 그리고자 했고 조이스는 가톨릭과 민족주의라는 거대담론이 배제하고 있는 삶의 일상성을 담아내고자 했다.

이미 19세기 말부터 활동한 헨리 제임스와 조셉 콘래드는 울프와 조이스보다 앞서 개별주체의 의식을 들여다봄으로써 의식이 세계와 맺고 있는 물질성을 인식하는 맹아적 단계를 보여주었다. 중요한 사실은 제임스와 콘래드, 울프와 조이스는 개인의 의식을 들여다보는 것이 중요하다는 점을 강조하였을 뿐만 아니라 의식의 불안정과 의식이 외부와 맺고 있는 상호연관성의 물질성을 깊이 인식하고 있다는 사실이다. 이들 작가들은 외부의 물적 세계가 전달해주는 자극에 의식이 감각적으로 반응함으로써 구성된다는 점을 잘 보여주고 있다. 의식의 창은 외부에 항상 열려있으면서 외부의 자극을 통해서 의식이 끊임없이 재구성된다는 점을 보여줌으로써 안정되고 일관된 의식이라는 고정된 이성중심적인 철학적 토대를 허물고 있을 뿐만 아니라 의식의 물적 토대를 강하게 주장하고 있는 것이다.

앞에서 보았듯이 베르그송은 객관성을 중시하는 과학적 언어로는 인간의 의식을 제대로 파악할 수 없다고 주장한다. 제임스는 「소설의 기술」("The Art of Fiction")에서 인생 전체를 파악하는 소설가의 의식을 무제한에 대한 상상력으로 간주한다.

> 체험은 결코 한정될 수 없다. 그것은 결코 완결될 수 없다. 그것은 강렬한 감수성이다. 그것은 일종의 의식이라는 방 안에 매달린 섬세한 비단실로 짠 거대한 거미집으로서 바람이 실어온 티끌들을 그 거미줄로 붙잡는다. 이것이 바로 마음의 환경이다. 특히 천재적인 인간의 경우가 더 그럴 테지만, 마음이 상상력으로 가득할 때 마음은 인생의 아주 작은 입자가 흔드는 공기의 진동까지 보여줄 것이다. (56)

콘래드의 『나르시서스 호의 검둥이』(*The Nigger of the Narcissus*)와 『암흑의 핵심』(*The Heart of Darkness*)은 제임스의 시각을 역사적인 문맥으로 확장한 텍스트로 볼 수 있다. 콘래드는 『나르시서스 호의 검둥이』의 서문에서 "글을 통해 표현하는 예술 역시 . . . 조각의 조형성과 회화의 색채, 그리고 예술 중의 예술인 음악의 마술적인 암시성을 강렬히 추구해야만 한다"(18)고 주장하면서 소설의 예술을 기존의 모든 다른 예술의 감각적 특수성의 총합으로 격상시킨다. 그는 소설의 언어를 통해 서사에 촉각과 시각, 그리고 청각을 통한 감각적 요소를 가미하고 있는 것이다. 중요한 점은, 콘래드가 소설가의 감각이 세계를 향해 예민하게 열려 있다는 점을 강조함으로써 인물의 의식에 다가오는 이러한 감각적 요소가 중요하다는 사실을 지적하였다는 점이다. 게다가 그는 여기에 덧붙여 소설의 이러한 기교적 요소가 지향하는 목적이 단순한 수사의 차원을 넘어서서 보다 더 자세히, 그리고 정확하게 묘사하는 것임을 분명히 한다.

> 내가 이루고자하는 목표는 글의 힘을 통해 독자 여러분이 들을 수 있고, 느낄 수 있고, 무엇보다도 볼 수 있게 하는 일이다. 더 이상도 더 이하도 아니다. . . 지나가는 인생의 한 국면을. . . 붙잡는 것이 이 목표의 시작이다. . . [그것은] 모두의 눈앞에 그 건져낸 [인생의] 조각을 보여주는 일이다. . . 그것은 그 조각의 진동과 색채와 형상을 보여주는 일이다. 그것의 운동과 색채와 형상을 통해 인생 조각의 진실이 드러난다.(19)

콘래드는 나아가 "그 동안 주목받지 못했던 뭐가 뭔지 몰라 당황해하는 단순 소박하고 소리 없는 많은 사람들 중에서 몇몇의 이름 없는 사람들"(18)의 이야기를 하는 것이 자신의 예술임을 밝힘으로써 그의 관심이 중심에서 벗어난 주변부의 인물들임을 분명히 말하고 있다. 그는 『암흑의 핵심』에서 말로우의 시선과 체험을 통해 비단 인간의 의식의 불분명함뿐만 아니라 서구문명의 대전제인 문명과 야만의 배타적인 이분법이 얼마나 허구이며 인종적 우월과 차이의 구별이 얼마나 인위적인지를 드러내었다. 콘래드는 타자의 타자성을 인정하지 못한 서구적 주체의 한계를 커츠(Kurts)의 "공포! 공포!"(102)라는 비극적인 외마디 탄식으로 결론 내리고 있다.

근대의 전제들이 본격적으로 문제점을 드러내는 20세기에 들어 버지니아 울프와 제임스 조이스와 같은 작가들이 더욱 더 주체의 의식 속으로 들어간 것은 우발적인 사건이 아니다. 울프는 『일반 독자』(*The Common Reader*)에 실린 「현대 소설」("Modern Fiction")에서 "인생은 한 줄로 나란히 늘어선 마차의 대칭적으로 배열된 등불이 아니다. 인생은 발광하는 후광이다. 그것은 의식의 처음부터 끝까지 우리를 둘러싼 반투명의 막이다. 따라서 소설가의 임무는 이렇듯 가변적이고 알 수 없고 경계지을 수 없는 영혼을 전달하는 것이 아니겠는가?" (189)라고 말한다. 그녀가 보는 인생이라는 '반투명의 막'은 콘래드가 『나르시서스호의 검둥이』의 서문에서 인생을 "수수께끼 같은 장면"(17)이라고 표현과 유사하다. 나아가 그녀가 가변적이고 알 수 없고 경계지을 수 없다고 본 인간의 주체는 베르그송과 바흐친이 말하는 신체의 개념과 유사하다.

외부와 내부가 불투명한 경계로 상호 연결되어 있다는 울프의 생각은 주체의 가변성을 고민한 울프의 생각과 연결되어 있으며 이것은 작가의 주체가 여러 화자의 이름으로 계속해서 변화하는 『자기만의 방』의 서술방식을 이해하는데 있어서도 필수적이다. 울프는 1932년의 어느 일기에서 "나는 단 하나의 모습으로 안주해서는 안 되겠다"(Caughie, 1에서 재인용)고 자신의 정체성을 '변화의 정체성'으로 규정한 바 있다. 『자기만의 방』에서 수시로 바뀌는 화자의 이름을 따라 작가의 주체도 수시로 변한다. 작품의 화자 '나'는 저자 자신으로, 때로는 그녀의 친구로 설정된 메리 시튼(Mary Seton)으로 또 메리 버튼(Mary Beton)으로 변해간다.

> 내가 지금부터 말하려고 하는 것은 실제로는 존재하지 않는다는 것을 말할 필요는 없다. 옥스브리지, 펀햄, 심지어 '나(I)'조차도 실체가 없는 누군가를 편리하게 지칭하기 위한 용어에 지나지 않는다. . . 여기에 있는 나는 Mary Beton, Mary Seton, Mary Carmichael 혹은 어느 이름이라도 불리어도 좋다.(6)

울프는 여기서 자신의 이야기를 소설가의 개인적인 이야기가 아니라 여성 일반의 이야기임을 강조하기 위해 체험하고 연설하는 주체를 다양한 개성을 지닌 키메라적 주체로 처리하고자 한다. 그것은 댈러웨이(Dalloway)의 체험이 바로 특정한 개인의 삶인 동시에 일반적인 여성의 체험이라는 것을 말하는 것과 같다. 또한 울프는 자신의 체험을 특정한 주제에 맞춰 선별하여 제시하지 않고 오히려 무목적의 글쓰기처럼 회상과 연상과 사색과 감정과 대화와 추론 등등의 산만한 글쓰기를 통해 제시함으로써 이전에 그녀가 쓴 예컨대 『댈러웨이 부인』에서 사용한 의식의 흐름의 서사전략을 통해 소설과 강연, 허구와 사실의 경계를 무너뜨리고 있다. 울프가 익명의 혹은 다층적인 주체를 설정하는 이유는 "어떤 전기도 어떤 역사도 [여성]의 [과거]에 대해 말해주지 않는다. 따라서 모든 소설은 의도와는 달리, 거짓말을 하고 있는 셈"(88)이기 때문이다. 그녀는 소설에서 묘사되는 여성의 삶이 그동안 특수한 여성의 사례를 말하는 것이었을 뿐 일반적이고 보편적인 상황을 말하는 것이 아니라고 본다. 따라서 진정한 소설은 평범한 여성들의 평범한 일상을 묘사해야한다는 것이다. 그것은 역사가 기록하지 못한 부분을 소설이 채우는 역할을 말한다. 즉, 울프는 공식적인 역사, 유명한 인물들의 전기만으로 다 담을 수 없는 여성의 역사를 복원하고자 하는 것이다. 그것이 소설이라는 말이다. 울프의 시각은 신역사주의적이다.

> 이 모든 이름 없는 인생(obscure lives)은 기록되어야만 한다... 여인들... 소녀들... 이 모두에게서 묵언의 압력과 기록에 실리지 않은 삶의 축적을 상상 속에서 느끼며 나는 메리 카마이클에게 말했다. 너는 횃불을 손에 단단히 쥐고 이 모든 것을 탐색해 나가야한다. 너의 영혼의 깊은 곳과 얕은 곳, 허영과 관대함으로 너의 영혼에 불을 밝혀야한다... 향의 냄새에 에워쌓인 채 인조 대리석 바닥에서 흔들리는 장갑, 구두, 비슷한 물건들의 쉼없이 변화하는 세계와 너의 관계를 이야기해야 한다...(89)

울프가 자기 문학의 주인공을 '이름 없는 인생'이라고 규정한 것은 콘래드가 『나르시서스 호의 검둥이』에서 소설의 대상이 "당황해하는 단순소박하고 소리 없는 많은 사람들"(18)이라고 규정한 것과 유사하다. 소설가들이 소설의 대상을 일반 시민에게서 찾는 일은 소설의 근대적 민주주의의 역사와 공유하는 부분이기도 하겠지만, 의식에 주목하기 시작한 모더니즘 소설이 주목하는 주인공이 기존의 소설들이 놓치고 있는 주변의 목소리라는 것은 의미심장하다. 주변의 목소리들을 복원하는 수단으로 의식에 주목하고 외부세계의 자극을 촉각, 시각, 청각의 감각을 통해 인물의 의식을 묘사하는 방식은 『일반 독자』에서 말한 "가변적이고 알 수 없고 경계지을 수 없는 영혼"인 인간 주체를 가장 잘 드러내기 위한 목적 때문이다.

울프는 외부와 율동하고 조응하는 의식의 내부를 묘사하기 위해 서사의 중심을 "전지적이고 전능하며 전재하는 서술자로부터 개별 소설 주체의 의식으로 대체한다"(Herrmann, 3). 이를 위해 그녀는 『자기만의 방』에서 다음과 같이 대화적 소설가를 지향하는 바흐친처럼 말한다.

> 내 생각에, 작가는 일단 자신의 경험이 끝나고 나면, 드러누워 자신의 [정신의] 결혼식을 어둠 속에서 축하해주어야 한다. 무엇이 일어나고 있는지에 대해 보려고도 질문하려고도 해서는 안된다. 차라리 장미 꽃잎을 뜯거나 백조가 강물을 따라 흘러가는 것을 지켜보는 게 낫다.(103)

소설가의 몰개성을 주장하는 울프의 이론은 그녀와 동시대의 소설가인 제임스 조이스의 작가론과 일치한다. 주지하다시피 조이스 역시 『젊은 예술가의 초상』에서,

> 예술가의 개성은 처음에는 그것이 외침이고 가락이고 기분이었다가 다음에는 유

동하는 가벼운 이야기가 되고 마지막으로 정제되어 자신의 존재를 벗어나게 되지. 쉽게 말해 자신을 탈개성화하는 거야. 극형식의 심미적 이미지는 인간의 상상력으로 정화되고 그것을 통해 재생산된 인생이야. 미의 신비는 이렇게 마치 물질적 창조의 그것처럼, 완성되는 거야. 예술가는 창조주처럼, 작품의 내부에 혹은 뒤에 혹은 너머에 혹은 위에 머물면서 자기 존재를 정제하여 모습을 감춘 채 무심하게 손톱이나 다듬고 있지.(214-5)

라고 말한 바 있다. 울프와 조이스의 작가론은 예술작품의 대화성을 강조하는 바흐친의 소설언어의 이론과 직접적인 관계가 있다. 바흐친이 작가의 단일한 목소리로 지배되는 텍스트가 아니라 모든 것을 담아내는 대화적인 텍스트를 강조한 것을 상기해볼 필요가 있는 것이다. 결국 이들 작가들은 완전한 역사적 복원을 위해 인물의 의식에 주목하고 그런 미묘한 것들을 작품 속에 형상화하는 것을 목표로 한다.

4. 운동하는 의식과 대화적 윤리학

울프는 이미『자기만의 방』에서, 남성중심적 서사에서 배제된 여성의 목소리를 복원하는 것을 자기 소설의 목표로 분명히 하였다. 울프의『댈러웨이 부인』(*Mrs. Dalloway*)과『올랜도』(*Orlando*), 조이스의『율리시즈』(*Ulysses*)는 인간의 몸과 의식의 가변성과 인위성, 그리고 그것들이 세계와 맺고 있는 물질성을 드러낸다. 이들 소설가들은 특유의 의식의 흐름 수법과 실험적인 문체와 소재를 통해 개별 주체와 그것의 외부세계가 분리된 것이 아니라 긴밀히 연결되어 있음을 보여주고 있다.

울프의『댈러웨이 부인』은 런던의 하루라는 시공간을 체험하는 클라리사 댈러웨이(Clarissa Dalloway)의 의식을 중심으로 전개되면서 경험하는 주체와 경험공간 사이의 분리할 수 없는 융합을 다루고 있다. 여기서 등장인물들의 지속적으로 유동하는 의식은 모두 모여 하나의 거대한 정신을 구성하고 있다. 동일한 체험이 이질적 주체들에게 일으키는 상이한 체험은 개인의 정신을 넘어서는 거대한 의식의 덩어리로서의 세계, 나아가 주체의 고정된 정체성이 허물어지고 자아가 자아 외부의 세계와 소통하는 액체와 같은 세계임을 보여주고 있다. 역사적 판타지인 『올랜도』는 주인공 올랜도(Orlando)의 여행과 인생경력, 사교생활이나 결혼과 같은 일상사를 통한 평범한 일대기를 엘리자베스 1세의 시대부터 1928년까지의 장대한 시간에 걸쳐 진행된 것으로 설정함으로써 판타지와 다큐멘터리의 경계를 허물고 있다. 울프의 태도는 바흐친이 역사에 대한 도스토예프스키의 자세로 본 것과 유사하다. 바흐친은 도스토예프스키가 역사를 발전적인 단계로 나누어보지 않고 '동시성' 속에서 보고 그 단계들을 극적으로 '병치하고 대치'시키고자 했다고 본다. "한 개인의 세계 속의 태도를 본다는 것은 그 내용 전부를 동시적으로 인식하는 것, 단일한 순간의 상호교차하고 있는 상호관계를 추정해 보는 것"(*Dostoevsky* 28)을 의미했기 때문이라는 것이다. 이와 비슷하게 울프는 서로 다른 역사적 시공간 속에서 남성에서 여성으로 변화하는 올랜도, 그/녀의 성적 정체성만큼이나 정상과 비정상, 상식과 파격의 구별을 반성하게 한다. 시간과 공간의 변화와 더불어 중요한 것과 사소한 것, 중심과 주변, 관습과 개성은 모두 상황에 따라 변화한다. 시간과 공간의 우연성에 상응하는 주체의 가변적인 정체성을 고정시킬 기준과 언어가 없는 『올랜도』의 세계는 울프가 보는 세계의 현상이다. 다시 말해, 『댈러웨이 부인』와 『올랜도』는 몸과 마음, 정신과 물질이 서로에게 침윤하는 세계이며, 초월적인 이데아의 땅이 아닌 우연적 세계이다.

『댈러웨이 부인』은 댈러웨이 부인의 의식을 중심축으로 하여 그녀의 의식 속에 들어오는 사람들의 의식을 수시로 넘나들며 제시함으로써 "삶, 런던, 유월의 이 순간"(4)을 묘사하고 있다. 그런데 이들의 의식은 베르그송이 의식을 '운동'이자 '진행'이라고 보았던 것처럼 '흐름'이다. 그리고 이 각각의 의식들의 흐름은 서로 독립된 것처럼 보이면서도 그들의 의식 속에 들어온 외부의 사물들을 통해 매듭으로 서로 묶여 있는 듯이 묘사된다. 그래서 유월 런던의 삶은 단순히 시간 속으로 사라지지 않고 "납빛 동심원을 그리며 허공 속으로" 녹아드는 빅벤의 종소리처럼 사람들의 의식 속에 물결치며 살아남게 된다. 울프는 댈러웨이가 "왜 우리가 인생을 사랑하는지, 인생을 어떻게 보는지, 그것을... 쌓았다가 부수고 다시 매순간 새로이... 창조해나가는지 하늘만이 알고 있다"고 말한 것을 소설 속에 등장하는 인물들의 의식을 일종의 '매듭으로 연결된 동심원'으로 독자에게 그려 보이고 있다.

울프와 조이스는 인물의 내면에 일어나는 혼합적인 감각적 지각을 그것의 흐름과 과정을 묘사한다. 그것은 베르그송이 주체의 의식에 대해 말한 것처럼 '혼합적 지각'이며 '운동 그 자체'로서의 의식이다. 그것은 외부의 자극에 대한 지각이자 그러한 지각에 따라 일어나는 기억과 예상의 연상작용의 흐름이다. 예컨대 『댈러웨이 부인』에서 집 밖을 나서는 댈러웨이의 의식은 처음에는 저녁에 있을 파티를 준비할 생각 즉, 미래에 대한 예상으로 가득하다. 그러나 곧 그녀의 의식은 맑고 신선한 유월의 아침 공기에 대한 향기로움에 취하면서 처녀시절에 대한 회상과 피터 월시(Peter Walsh)에 대한 현재와 미래에 대한 생각으로 이어진다. 그런데 여기서 들려오는 빅벤의 종소리는 그녀를 다시 현실로 인도한다. 소설에서 그녀가 하루 종일 듣게 되는 이 종소리는 그녀에게 자신과 자신을 둘러싼 외적 공간에 대한 현실 감각을 일깨우는 역할을 담당하고 있다. 그것은 그녀로 하여금 "문가에 나와 앉은 가장 비참한 사람들"(4)을 쳐다보고 거리를 걸어가는 사람들과 소음들을 인식하게 한다. 세 시를 알리는 빅벤의 종소리는 "걱정하고 짜증나있는"(117) 댈러웨이의 닫힌 의식을 현실 속으로 끌어냄으로써 비로소 그녀로 하여금 남편 리차드(Richard)가 내는 "무언가 문을 긁는 듯한 소리"(118)를 듣게 한다. 이처럼 빅벤은 "너무나 엄숙하고 정확한 법"(128)처럼 울리는 공상과 자기 안의 감정에 속박된 그녀를 일깨워 "온갖 종류의 자질구레한 일들을 기억해야 한다"는 메시지를 전하는 전령이다.

빅벤의 종소리가 대표하는 청각의 이미지는 소설 전체에 나오는 시각의 이미지 못지않게 중요한 감각적 요소이다. 그것은 비단 댈러웨이 부인만 아니라 런던 시민 전체를 지배하는 "압도적인 직접성이자 위엄"(118)이다.

> 정확히 열두시였다. 빅벤이 열두시를 알렸다. 시계소리는 런던의 북쪽 상공을 가볍게 날아 다른 시계소리들과 뒤섞이고 구름과 희미한 연기와. . . 뒤섞여 갈매기들 사이로 사라졌다. 열두시를 알릴 때 클라리사 댈러웨이는 침대 위로 녹색 드레스를 내리고 있었고 워렌 스미스 부부는 할리가를 내려가고 있었다. . . 레지아는 회색 차가 문 앞에 서있는 저 집이 윌리엄 브래드쇼의 집일 것이라고 생각하고 있었다. 납빛 동심원들이 허공 속에 녹아내리고 있었다.(94)

빅벤의 종소리가 소설 속 의식들에게 동일하게 작용하고 있다는 사실은 댈러웨이 부인이 빅벤의 종소리가 "납빛 동심원들이 허공 속으로 녹아내린다"(4)고 느끼고 피터 월시가 11시 30분의 종소리를 들을 때 "납빛 동심원들이 허공 속에 녹아내리고 있었다"는 설명이나 리처드가 "먼저 예고하는 멜로디, 그리고 돌이킬 수 없는 시간을 알렸다"(117)고 생각하는 부분에서 명확해진다. 마치 그것은 일차대전 이후 어느 해의 런던의 유월이라는 현실을 빠져나갈 수 없는 운명처럼 다가오는 또 하나의 등장인물과도 같다.

그러나 제각기 독립된 듯한 이들의 의식은 외부의 자극을 지각하는 의식에 의해 서로 연결되어 있다. 그것은 마치 빅벤의 종소리의 "납빛 동심원"이 등장인물들의 의식 속을 파고들어 모두가 종소리의 동심원으로 포획되듯이 이들 인물들은 자신들의 청각과 시각으로 상호 연결되어 있다. 예컨대 울프는 여왕이 탄 것으로 여겨지는 차의 펑크소리를 들은 댈러웨이 부인의 의식을 시작으로 연쇄적으로 이어지는 다른 인물들의 의식은 각기 독립된 듯한 개별 주체들이 작은 고리로 연결된 목걸이처럼 거대한 세계를 구성하고 있는 것을 보여준다. 울프의 시선은 댈러웨이의 의식에서 셉티머스의 의식을 거쳐 다시 댈러웨이의 의식으로 나아가며, 다시 피카딜리 거리의 사람들로, 그리고 문제의 차의 진행을 따라 버킹검 궁전의 문 앞의 시민들과 그 주변의 사람들의 의식으로 들어간다. 다시 그것은 하늘에 뜬 비행기의 선전문구를 보는 사람들의 동시적인 시선을 축으로 하여 리전트 파크에 앉아서 휴식하고 있는 일단의 시민들로 이어진다. 여기서 신경쇠약으로 정신이 이상해진 남편 셉티머스와 자신의 미래를 걱정하는 루크레지아(Lukrezia)의 의식은 나무와 이파리에 대한 상념에 빠진 셉티머스의 중얼거리는 의식으로 이어지고 다시 이들을 바라보는 메이지 존슨(Maisie Johnson)의 의식과 또 메이지를 바라보는 뎀스터 부인(Mrs. Dempster)의 의식으로 이어진다. 또 리전트 파크에서 뎀스터 부인이 하늘로 멀리 사라지는 비행기를 바라볼 때 동시에 그와 다른 장소인 그리니치에서 그 비행기를 똑같이 바라보는 벤틀리 씨(Mr. Bentley)의 의식으로 이어진다(14-29). 이러한 서사구조는 이 소설 전체를 구성하는 방식인데, 그것은 서로 독립되어 있는 개별 의식이 자동차의 펑크소리와 같은 청각과 비행기가 수놓는 글자와 같은 시각을 통해 각각의 주체들은 하나로 이어지고 있다.

이러한 연쇄적인 관계는 각각의 개인들이 개별적으로 파편화되어 있는 듯하지만 결국은 런던이라는 시공간의 바다를 구성하는 각각의 작은 파도라는 인식을 낳는다. 여기서 중요한 것은 이러한 지각을 얻는 장소가 바로 육체라는 점이다. 왜냐하면 물질적인 외적 대상의 감각은 신체를 통해 주체의 의식 속으로 들어서기 때문이다. 다시 말해, 신체는 바흐친이 말한 대로 주체가 타자를 인식하는 '구멍'이다. 따라서 댈러웨이 부인이 자신의 현재와 그것의 한계를 넘어서고자 갈망하는 순간 인식하는 삶의 태도는 물결 혹은 종소리의 파문의 이미지로 나타난다.

> 그녀는 자신에게 결핍된 것이 무엇인지 알 수 있었다. 그것은 아름다움도 아니고 마음도 아니었다. 무언가 중심을 이루고 고르게 퍼져나가는 어떤 것, 표면을 부수고 남자와 여자, 혹은 여자와 여자 사이의 차가운 접촉에 잔물결을 일으키는 그런 것이었다. . . 그것은 막으려다 퍼지면 그 힘에 굴복하여 먼 한계에 이르면 거기서 전율하며 가까이 세상이 다가오는 것을 느끼는 그런 것이었다. 세상은 놀라운 의미, 무언가 밀려오는 황홀함으로 부풀어 올라 세상의 부박한 표면을 찢고 터져나와 엄청난 완충의 힘으로 모든 갈라진 틈과 오랜 상처의 그 위로 쏟아져 내렸다.(31-2)

여기서 그녀가 하루 동안 자신의 육체를 통해 외적 자극에 반응한 방식이 한마디로 말해 '접촉'이었다. 그녀는 이 방식을 곧 세계와 타자를 만나는 방식으로 전환되고 있는 것이다. 그것은 작게는 사랑에 대한 댈러웨이의 욕망이기도 하고 크게는 자기를 포함하는 인간 일반에 대한 이해와 관용의 태도이다. 그녀가 파티를 여러 사람들을 한 자리에 초대하여 그들을 "결합시키고 창조"(122)하는 장으로 생각하는 것은 바로 사랑에 대한 그녀의 갈망을 말해준다. 반면 육체를 부정하는 킬먼(Kilman)은 "통제해야할 것은 바로 육체다"(128)라고 생각하면서 사회와의 소통을 차단한다. 그녀는 빅벤의 종소리가 상징하는 삶의 자극들을 힘겨워하며 종교 속으로 도피한다. 또한 이것은 과거의 악몽에서 벗어나지 못하고 삶의 공포에 질식하여 자살하는 셉티머스의 태도와도 유사하다. 그러나 댈러웨이 부인은 현실에 대해 "아, 무서워!"(36)라고 말하면서도 절망과 죽음의 공포를 극복하고 "태양의 열기를 더 이상 두려워 말자. 이제 사람들에게로 돌아가야만 한다"(186)고 다짐하는 것과 다르다.

그런데 댈러웨이가 이런 각성을 통해 세계에 대해 열린 태도를 가지게 된 것은 창으로 보이는 이웃집 노파의 조용한 일상의 모습에서 얻은 힘이기도 하다. 그것은 수세기에 걸쳐 여러 가지 신분으로 남성에서 여성으로 변화하며 살아온 올랜도가 마침내 자신의 다양한 정체성의 가능성을 인정하고 세계를 수용하는 것과 유사하다. 올랜도는 "자신을 가리킬 자아가 너무나 많아서. . . 그 어떤 자아를 취해도 상관없을 것 같았다"(*Orlando* 213)는 느낌을 받는다. 마침내 그녀는 현재 수백 년을 살아왔음에도 불구하고 '1928년 10월 11일 목요일 현재 36세의 여성'이라는 자아를 겸허하게 받아들이고 거기에 충실하게 살고자 다짐한다. 그것은 자신을 포함한 모든 주체의 정체성이 가변적이라는 사실을 인정하고 생명의 환희를 받아들였기 때문에 가능한 일이었다. 그녀가 과거의 자아에 비해 보다 더 잘 외부의 사물과 소통하고 나아가 현재 속에 축적된 변화와 다양성이 축적된 '역사' 즉, 과거의 흔적을 발견하고 그 속을 살다간 사람들의 "슬픔과 기쁨"(218)을 이해하게 됨으로써 가능한 일이다. "황홀해! 황홀해!"(227)라고 외치는 올랜도의 현실에 대한 수용은 댈러웨이 부인의 삶의 긍정과 맞닿아있다. 댈러웨이나 올랜도 모두 외부의 자극에 반응하고 변화해가면서도 자신의 정체성을 유지하는 인간 주체의 모습을 잘 보여주고 있다.

어떤 의미에서 보면, 댈러웨이라는 한 중년 부인의 하루는 올랜도의 3, 4백 년 혹은 영국의 역사에 육박한다. 조이스의 소설 역시 이름 없는 스티븐 디덜러스(Stephen Dedalus)라는 어느 대학생의 청춘시절과 레오폴드 블룸(Leopold Bloom)이라는 40대의 중년신사의 하루가 신화적 영웅의 일생과 다르지 않으며 그들의 존재는 영웅의 무게보다 덜하지 않게 제시한다. 의식의 흐름의 기법이라는 현미경으로 들여다본 개인의 작은 이야기가 2, 3천년의 서구인의 거대한 이야기의 부피보다 더 클 수도 있음을 암시하고 있는 것이다. 『젊은 예술가의 초상』은 특정한 시점과 장소에서 가해지는 시대와 종교의 명령으로부터 탈출하는 개인의 욕망을 묘사하며 『율리시즈』는 그러한 시대를 살아가는 다양한 목소리의 주체들이 조우하고 소통할 수 있는 가능성을 탐색한다. 『젊은 예술가의 초상』의 스티븐은 아일랜드의 독립이라는 시대적인 의무와 성직자가 됨으로써 성취할 수 있는 개인적인 성공과 가족에의 의무 모두를 포기하고 예술을 선택하는 것은 바로 주체의 자유를 위해서이다. "그의 운명은 사회와 종교의 질서로부터 벗어나는 것이었다. . . 그는 다른 사람의 지혜가 아니라 자신의 지혜를 배우고 혹은 세속의 유혹 사이를 방랑하는 가운데 다른 사람의 지혜를 배울 운명이었다"(162)고 자신의 운명을 예감하는 스티븐은 고상하고 성스러운 민족주의와 종교적 거대서사가 아니라 개별 주체가 만들어내는 소서사에 주목하겠다는 맹세에 다름 아니다.

이렇게 소서사에 주목하는 조이스는 소서사로서의 개별 주체가 감지하는 미세한 외부세계와의 감각적 조응, 개별 주체의 의식의 창에 날아드는 시각, 청각, 촉각이 일으키는 미세한 파동을 기록한다. 그것은 의식이라는 거미줄이 포착하는 미세한 먼지와 같은 경험의 파동에 주목한 제임스, 이름 없는 개인들의 불안한 의식을 회화의 색채와 음악의 마술적 암시성과 조각의 입체감을 통해 구성하고자한 콘래드, 반투명의 세계와 맞선 평범한 사람들의 평범한 의식을 담아내고자 한 울프의 기획과 동일한 선상에 있다.

『젊은 예술가의 초상』은 현실과 상상의 경계가 없는 유아로부터 외부세계와 내적 자아를 구별하기 시작하는 소년을 거쳐 사회와 갈등하고 타협하는 청년의 의식을 보여준다. 민족과 종교, 가족과 친구들을 일정한 기준을 강제하는 사회에 맞서는 가운데 성장해가는 스티븐의 의식은 사회화과정을 거쳐가는 주체의 의식이다. 조이스의 소설을 보면 세계 속 주체가 자기를 인식하고 변화해가는 원인은 일차적으로 외부에 있는 것 같다. 개인이 경험하는 육체의 감각적 경험은 다시 기억을 통해 과거와 대화적으로 축적되며 내적 사유의 물꼬를 트는 자극이 된다. 마음의 이성적 사유는 몸의 감각적 경험으로부터 시작하여 끝이 난다는 점에서 몸과 마음이 상동함으로써 인간의 의식이 구성된다. 특히 소설의 1장 첫 부분은 유아가 자신의 오감을 통해 세계를 인식하고 나아가 자신을 외적 세계와 구별하는 과정을 요약한다. 어린 스티븐은 청각을 통해 "길을 따라 내려오던 음매소가 귀여운 아기 터쿠를 만났다네"(7)라는 아버지의 이야기를 듣고, 시각을 통해 아버지의 '외알 안경'과 '수염 난 얼굴'을 바라보며 어머니와 구별하며, 미각을 통해 '레몬 플레트'의 맛을 알고, 촉각을 통해 소변을 지린 이부자리의 온도의 변화를 감지하고, 후각을 통해 '기름종이' 냄새를 맡고 어머니와 아버지를 구별한다. 스티븐이 자신과 다른 사람들의 차이를 구별하는 첫번째 계기는 "[아일린과 자신]이 자라면 아일린과 결혼할거야"라는 그의 '생각이자 말' 때문이다. 이 문장은 소설에서 등장인물의 발성된 '말'임을 가리키는 ' '라는 기호가 따로 붙어있지 않기 때문에 말로 표현되지 않은 '생각'과 구별되지 않고 있다. 그러나 이러한 스티븐의 생각은 곧 그의 어머니와 보모 댄티(Dante)의 꾸지람과 처벌의 위협을 야기한 사실로 판단할 때, 어린 스티븐의 '말'이기도 했다는 것은 분명하다. 이렇게 개인적인 생각과 말, 다른 사람의 말과 자신의 말을 구별 없이 받아들이던 유아의 자아는 외적 세계와의 불화를 처음으로 느끼면서 자신을 인식하고 사회의 기준을 내면화하기 시작한다. 그러나 어린 스티븐이 "빌지 않으면, 독수리가 와서 눈알을 뽑아갈 거야"(8)라는 댄티의 위협을 이전에 들은 노래에 맞춰 자기 나름의 노랫말로 변용시키고 있다는 점에서 이 부분은 앞으로 스티븐이 사회와 치를 갈등과 그것을 심미적으로 해결하는 방식을 예감하게 한다.

의식은 일차적으로 신체와 그것을 통한 외부의 자극으로부터 일어나며 그것이 다시 기억과 예상과 상상, 나아가 순수한 내적 성찰로 이어진다. 이 의식은 시간과 공간의 제약을 넘어 광대한 영역과 서로 조응한다. 외부 세계가 일으키는 자극의 파장이 요동치며 종소리처럼 의식 속에 퍼져간다는 점에서 의식은 파도이자 유동적인 물질과 같다. 인간의 의식에 이성만이 주인일 수 없다는 사실, 인간의 정신이란 유동체이며 자유로운 운동이라는 것이 의식의 흐름 소설의 주제라고 할 수 있을 것이다. 의식이 외적 자극과 신체적 반응에 얼마나 깊이 좌우되고 있는가를 말하는 예로서 클롱고우즈 칼리지(Clongowes College)에 다니던 어린 스티븐이 감기에 걸렸을 때를 묘사하는 부분을 들 수 있다. 여기서 스티븐의 의식은 운동장과 학교식당 그리고 기숙사의 침실에서 경험하는 청각, 시각, 후각, 촉각이 만들어내는 심리적 연상 작용과 상상을 중심으로 펼쳐진다(8-21). 그런데 이런 다양한 감각과 상상은 모두 스티븐이 느끼는 "마치 끈적이는 차가운 물이 살에 닿은 듯이"(10) 몸서리치며 운동장에서 느끼는 겨울날의 '추위'와 관련되어 있다. 그것은 전날 그를 더러운 시궁창의 차가운 물속에 빠뜨린 동급생 웰즈(Wells)의 괴롭힘에 대한 기억에서부터 냉수와 온수가 나오던 세면대의 기억으로, 잠자리에 들 때 느낄 침대보의 차가운 감촉에 대한 예상에서 다시 과거에 보았던 차가운 밤바다의 검은빛에 대한 기억으로, 다시 학교에 떠돌아다닌다는 유령에 대한 "공포의 오랜 떨림"(19)으로 이어진다. 한편 스티븐이 느끼는 추위의 감각은 집과 난로와 부모의 품과 같은 '따뜻함'에 대한 갈망과 병치되어 나타난다. 생명을 움츠리게 하는 추위를 피해 얼어붙은 살을 녹이고 생명의 피를 돌게 하는 온기를 갈망하는 것은 모든 생명체의 자연스러운 현상이다. 젖먹이일 때 느낀 젖은 잠자리의 축축함과 차가움에 대한 기억과 새 이부자리의 따뜻함의 기억은 스티븐이 성직자의 삶을 포기하고 예술가를 선택하는 미래의 결정과 이어진다. 그는 신학교를 권유하는 교장선생의 "생기 없는 얼굴"에서 느끼는 "무겁고 꽉 조인 정열 없는 삶"(160)의 "냉기와 질서를 혐오"(161)한다. 그는 고정된 종교의 규율에 따르는 '영혼의 삶(spiritual life)'을 추구하는 대신 "부드러운 저녁 공기의 애무"와 자기 또래 청년들의 "활기찬 멜로디"(160)를 사랑한다. 그것은 "살아있는 존재, 새로이 날아오르며 아름다운, 손으로 잡을 수 없는 불멸의 존재"(170)의 세계이다. 그는 어둡고 차가우며 검은 교회당의 회랑과 예배실의 복도를 거부하고 자유로이 떠도는 구름과 바다를 동경한다(171). 스티븐이 추구하는 자유는 가정과 학교와 교회가 규정한 틀에 고착되기를 거부하는 개인을 처벌하는 거대서사로부터의 탈출인 동시에 생명을 향한 몸부림이다. 스티븐이 경험하는 20세기 초의 아일랜드의 종교와 가정, 그리고 민족의 기준은 개인에게 위협적일 뿐만 아니라 반생명적이다.

그러나 주체의 개성과 생명을 억압하는 "삶의 냉기와 질서"(161)를 혐오하는 스티븐이지만 그는 성과 속, 거대서사와 소서사의 관계를 상호대립적인 것이라기보다는 상호보조적인 긴장의 관계로 파악한다. 예컨대 신부가 되지 않고 대학을 진학하기로 결심한 직후에 스티븐은 생명의 무한한 열정에 휩싸여 환호하는 가운데에서도 전통과 역사가 그의 의식 속에 새겨놓은 거대서사의 흔적을 완전히 지울 수는 없다.

> 만족 뒤에 오는 자긍심은 크고 느린 파도처럼 그를 솟구치게 했다. . . 그는 음악 소리를 들은 듯 했다. 발작적으로 높이 솟구치다가 4도 음정으로 주저앉고 다시 상승하다 3도 장음으로 내려앉아 마치 한밤중 불타는 세 겹 장작이 갑자기 훅 타올라 불꽃에 불꽃을 일으키는 듯하였다. 그것은 끝도 없고 형체도 없는 요정의 서곡과 같았다. 음악이 점점 더 거칠고 빨라지면서 불꽃도 박자를 잃고 솟구쳤다. 그는 나뭇가지와 풀숲 아래에서 야생동물이 달려가는 소리를 들은 듯 했다. 그의 마음속으로 산토끼와 들토끼, 사슴과 노루와 산양의 발들이 우두두 소리를 내며 달려가고 있었다. 마침내 그들의 소리가 더 이상 들리지 않게 되었을 때 그는 뉴 면의 장엄한 운율만이 생각났다.
> ―누구의 발이 사슴의 발과 같이 영원의 팔 아래 놓이느뇨.(165)

스티븐이 뉴먼의 목소리를 거부할 수 없는 것은 거대서사 역시 주체를 구성하는 일부분이기 때문이다. 그가 전통과 역사로부터 배운 음악과 자연에 대한 지식을 통하지 않고서는 외부의 자극에 대한 인식이나 사변적인 의식이 불가능하다. 경험의 의미를 크리스토퍼 뉴먼의 경구를 통해 다시 정리하는 것은 거대서사는 그가 원하건 원하지 않건 간에 피할 수 없는 삶의 조건이고 의식의 한 과정이기 때문이다. 어떤 의미에서는 스티븐이 종교와 가족과 조국을 뒤로 하고 예술의 신을 따라 떠나는 것은 이전의 자아에 대한 포기이므로 셉티머스가 자살을 통해 1차대전 직후의 런던과 완전히 결별하는 것과 같다. 그러나 스티븐은 사회가 허용하는 마지막 출구를 찾았기 때문에 예술가가 될 수 있었지만 셉티머스는 그의 정신이상의 상태에서는 다른 어떤 가능성도 찾을 수 없기 때문에 죽음 이외의 출구는 없다.

조이스는 세계 속 주체의 다양성과 체험의 이질성을 표현하기 위해 『율리시즈』를 거대한 문체의 실험장으로 사용하고 있다. 블룸과 그의 아내 몰리 블룸(Molly Bloom), 그리고 스티븐 디덜러스가 가진 상이한 의지와 욕망의 지향성은 다른 의식을 낳고 다른 문체를 낳는다. 고대 신화의 율리시즈 장군의 평생이 더블린 시민들의 하루로 전환된 이 소설은 『올랜도』처럼, 장구한 역사의 이질적 사건들을 통시적인 단계로 늘어놓은 것이 아니라 하루라는 평면 위에 공시적으로 모아놓은 것이다. 이는 주인공들의 의식이 고정된 불변의 것이 아니라 율리시즈 장군의 상이한 공간에서 겪는 상이한 체험처럼 그들의 몸이 위치하는 공간에 따라 변화하는 유동적인 것임을 말하는 것이기도 하다. 즉, 조이스가 시간과 공간의 변화에 따라 주인공의 의식을 다른 문체로 표현한 것은 주체란 이질적인 요소로 구성되어 있으며 시공간의 차이에 따라 변화하는 가변적이라는 것을 말하는 설득력 있는 수사적 도구인 것이다.

『율리시즈』의 무대가 되고 있는 더블린 시는 소설의 단순한 배경이 아니다. 그것은 그 속을 살아가는 시민들처럼, 블룸과 스티븐, 그리고 몰리가 만나고 영향을 주고받는 등장인물들처럼 주인공의 의식 속을 관통해 들어와 새로운 경험을 기록하는 또 하나의 인물들이다. 다시 말해, 더블린 시를 구성하는 작은 세계들 즉, 고립된 마텔로(Martello) 탑과 학교, 해변과 집, 목욕탕과 묘지, 신문사의 사무실, 간이식당, 도서관, 더블린의 거리, 음악실, 술집, 병원, 홍등가와 오두막, 그리고 침실과 같은 상이한 생활공간은 또 다른 주체적 존재로서 등장한다. 주인공들의 의식은 오전 8시부터 새벽 2시에 이르는 시간 속을 지나면서 끊임없이 변화하는데, 조이스는 이를 나타내기 위해 설화와 교리문답 혹은 독백, 혹은 과장법과 환각상태의 진술, 나르시시즘과 악몽, 변증법과 음악의 둔주곡, 점층법과 점강법과 같은 다양한 문체를 동원한다. 조이스는 여기에 다양한 색채와 신체기관과 상징들을 혼합함으로써 바흐친이 말하는 '이질어(heteroglossia)'와 '잡종화(hybridization)'의 세계를 치열하게 형상화하고 있다.

　『율리시즈』의 구조는 아침에 집을 나선 블룸이 늦은 밤 스티븐과 함께 자신의 집으로 돌아오기까지의 순환적 구조이다. 더블린 하루를 구성하는 두 사람의 의식은 다양하고 이질적인 언어와 지식과 기억과 감정으로 구성되어 있어 그 복잡한 만큼 서로가 소통할 수 있는 근거 혹은 구심점이 존재할지 의심스러울 정도다. 그러나 하루 종일 자신만의 고통 속을 살고 있던 이들이 소설의 마지막에 이르러 자신의 고통이 아니라 상대방의 고통에 귀 기울임으로써 그들은 자신들의 이질적 개성에도 불구하고 소통할 수 있는 근거를 마련한다. 처음에 서로를 몰랐던 스티븐과 블룸이지만 그들은 이날 하루 동안 서로 여러 번에 걸쳐 동일한 장소를 스쳐가며 유사한 행위와 감정을 경험했다는 사실을 알 수 있다.

　예컨대 소설의 3장에서 스티븐은 샌디마운트 해변(Sandymount Strand)에서 자신의 무능력함을 자책하며 여성의 나신을 상상하고 최후로는 현실과 다시 부딪힐 자신감을 회복한다. 그런데 여기서 그가 우연히 호우드 언덕(Howth)은 젊은 날의 블룸과 몰리가 사랑을 나누었던 장소로서 블룸의 의식을 지배하는 장소이다. 블룸은 소설의 13장에서 이 해변을 스티븐과 마찬가지로 산책하는데, 그는 몰리와 보일런(Boylan)과의 관계를 질투하면서도 몰리와의 다정했던 과거의 기억을 수시로 떠올리며 이 언덕을 생각한다. 블룸은 바위 위에서 거티 맥도웰(Gerty MacDowell)을 보며 수음을 하며 모래 위에서 디덜러스가 버린 편지 조각을 발견한다(312-3). 9장에서 스티븐이 햄릿(Hamlet)에 대해 설명하는 도서관에 블룸이 나타나 조우하는데, 블룸은 스티븐의 아버지 사이먼 디덜러스(Simon Dedalus)를 알고 있지만 그들은 서로 그러한 사실을 모른다. 13장에서 산부인과에 들린 블룸은 우연히 스티븐의 일행과 동석하게 되고 15장에 이르면 같은 유곽에 들린 스티븐이 취중에 영국 병사들로부터 구타를 당하는 위기에 처하자 그를 도와주게 된다. 아침부터 늦은 밤까지 하루 동안 서로 다른 세계를 배회하던 블룸과 스티븐은 마침내 같은 길에서 만나게 된 셈이다. 여기서 블룸이 영국병사의 구타와 취기로 쓰러진 스티븐을 측은하게 내려다보는 가운데 중얼거리는 독백은 의미심장하다.

> (*밤과 친근하게 얘기를 나눈다*) 얼굴을 보니 이 친구의 불쌍한 모친이 생각나는군. 어두운 숲 속에서. 깊고 하얀 가슴. 퍼거슨. 그렇게 말한 것 같아. 아가씨. 어떤 아가씨겠지. 일이 잘 되었으면 좋겠군. (*그는 중얼거린다*). . . 어떤 역할 또는 어떤 역할들일지라도, 어떤 수단 또는 어떤 수단들일지라도, 맹세코 나는 기꺼이 받아들일 것이며, 반드시 숨길 것이며, 결코 폭로하지 않을 것이네. . . (*그는 중얼거린다*). . . 바다의 거친 모래밭에서. . . 해안에 닻줄 매달린 거리만큼. . . 파도가 밀려가고 . . 밀려오는 곳에서. . . (497)

블룸이 하는 혼잣말은 하루 동안 있었던 자신의 외적 행동과 내적 의식의 종합이자 스티븐의 경험과 고민의 핵심이다. 여기서 블룸은 스티븐이 쓰러진 채 무의식중에 내뱉은 예이츠(W. B. Yeats)의 시 「퍼거스와 함께 가는 자 누구인가?」("Who goes with Fergus?")의 한 구절을 스티븐이 어떤 여자와의 사랑을 추억하는 말로 오해하고 있다.4) 이 시를 스티븐은 그의 모친의 생전에 암송한 기억이 있는데, 이날 아침 우연히 친구인 벅 멀리건(Buck Mulligan)이 그것을 암송하였고 스티븐은 이것을 다시 취중에 흥얼거리게 된 것이다. 이 시가 스티븐의 의식에 일으키는 파장은 일차적으로 그의 어머니와 예이츠, 그리고 아일랜드 신화와 관계되고 있지만, 근본적으로는 그가 하루 종일 만나게 될 사람들과 그들이 그에게 불러일으킬 민족과 가족, 그리고 예술의 문제와 이어진다. 따라서 스티븐이 무의식중에 예이츠의 이 시를 흥얼거림으로써 그가 『젊은 예술가의 초상』에서 의식했던 거대서사와의 관계로부터 여전히 자유롭지 못하다는 것을 말해준다. 그러나 스티븐은 민족과 종교와 가족의 무게를 예이츠의 시를 통해 승화시키고 있다는 점에서 예술가를 지향하는 그의 의지를 다시 한번 더 확인할 수 있다.

한편 블룸은 스티븐이 말한 예이츠의 '퍼거스(Fergus)'를 스티븐이 사귀는 여자 '퍼거슨(Ferguson)'으로 오해하고 이를 전유함으로써 언어의 잡종성과 혼성성을 극적으로 보여준다. 다시 말해, 예이츠의 '퍼거스'는 스티븐에게 민족과 예술의 여러 가지 함의를 담고 있는데, 블룸은 여기에 다시 그 날 하루 동안에 있었던 자신의 이날 하루 동안의 체험과 관련된 의미를 교직해 넣음으로써 의미를 산종시키고 있다. 블룸은 예이츠의 '퍼거스'를 스티븐의 '퍼거슨'으로 착각한 직후 전통적인 비밀결사조직인 프리메이슨(Freemason)의 입단선언문을 중얼거린다. "어떤 역할"이라도 기꺼이 받아들이고 비밀을 "반드시 숨길 것이며, 결코 폭로하지 않을 것이네"라는 그의 다짐은 한편으로는 스티븐의 비밀을 지키겠다는 개인적인 맹세이지만, 또 한편으로는 블룸이나 스티븐이 그 날 하루 내내 만난

---

4) 스티븐은 "누가 ... 이제 퍼거스를 ... 몰아대어/ 숲의 짜여진 어둠을 ... 뚫고 가느냐?"(496)고 중얼거린 뒤 이어 ".... 그림자... 숲/ ... 하얀 가슴... 어둔 바다."(497)라고 말한다. 간헐적으로 들리는 스티븐의 목소리 때문에 블룸은 이것을 스티븐의 여성과의 로맨스의 경험으로 착각한다. 예이츠의 원래 시는 "퍼거스와 함께 가는 자 누구인가/ 깊은 숲의 짜여진 어둠을 뚫고/...?//... 퍼거스가 놋쇠 마차를 지배하고/ 숲의 어둠을 지배하고/ 어둔 바다의 하얀 가슴을 지배하고/...//"(Yeats, 1962)라고 되어 있다.

더블린의 민족주의자나 신페인(Sinn Fein)당원들이 쓰는 전투적 언어의 변주이다. 사실 블룸은 그날 오후 바니 키어넌 주점(Barney Kiernan Pub)에서 만난 '시민(the citizen)'으로부터 봉변을 당할 뻔도 했었다. 블룸은 프리메이슨과 신페인당의 정치적인 공적 언어를 스티븐과의 사적 언어로 전환시킴으로써 블룸이 이날 하루 겪는 경험이 소설의 제목처럼 율리시즈 장군의 영웅담이나 아일랜드 현실의 구조와 다르지 않다는 것을 말하고 있다. 또한 '퍼거스'를 '퍼거슨'이라는 여성으로 오해한 것은 스티븐이 인용하는 예이츠의 시에 등장하는 '하얀 가슴... 어둔 바다'가 일으킨 연상일 수도 있겠지만, 블룸이 산책한 샌디마운트 해변과 그곳에서 바라본 거티 맥도웰에 대한 기억과도 관계가 있다. 따라서 예이츠의 시의 한 구절은 스티븐에게 가족과 민족과 종교를 예술과 병치시키는 전술적 담론이며, 블룸에게는 블룸 자신을 곤경에 몰아넣은 국수주의자의 투쟁의 언어를 우정의 언어로 전유하고 사적인 바닷가의 체험을 예이츠의 공적 언어로 승화시키며 나아가 스티븐을 자식처럼 이해하는 매체가 된다. 블룸의 독백은 그가 의도하거나 의도하지 않건 간에, 다양한 기억과 체험과 의미를 담은 이질적이고 혼성적인 언어이다. 그리고 그것은 『율리시즈』 전체에 걸쳐 조이스가 직조해내는 피륙과 같은 언어의 구조이다.

블룸이 자기 이외의 존재인 스티븐을 이해하려고 애쓰고 나아가 자신의 체험을 객관적으로 파악해 나가는 과정이 곧 그의 그리운 아들 루디(Rudy)의 환상을 보는 계기가 된다는 점은 상당히 중요하다. 자신만의 체험과 자신만의 언어의 껍질을 벗어나서 타자의 혼성적이고 이질적인 언어와 체험을 이해하려 애쓰는 과정을 통해 블룸은 자기 자신을 알게 되는 것이다. 길 위에 쓰러져 누군가의 보호를 받아야하는 측은한 스티븐에게서 블룸은 자신의 잃어버린 아들 루디의 환상을 보고 "(놀라움에 말문이 막힌 채 들리지 않는 목소리로) 루디!"(497)를 부른다. 블룸은 그의 내면에서 그를 억압하던 기억과 대면하고 과거와 화해하고 있는 것이다. 이후 17장에서 블룸 자신의 집으로 장소를 옮겨 나누는 스티븐과 블룸의 대화는 이제까지 사람들로부터 단절되고 오해받아온 분위기와는 다른 이해와 관용이 지배한다. 자신과 세계에 대해 완전히 자신감을 갖고 있지 않은 스티븐과는 달리 블룸은 이제 한결 편안함과 안정을 되찾는다. 이러한 안정감이 곧 아내 몰리 블룸과의 화해의 가능성으로 이어진다는 점에서 『율리시즈』는 희극이다.

블룸이 하루 동안 있었던 일들을 머릿속으로 정리하며 몰리의 침대로 들어가는 장면은 18장에서 몰리 역시 하루를 정리하며 잠에 빠져드는 장면과 같은 구조이다. 소설의 마지막에서 몰리가 잠들기 직전 호우드 언덕에서 나눴던 남편 블룸과의 사랑을 추억하는 것은 서로 다른 공간에서 상이한 체험을 한 스티븐과 블룸, 그리고 몰리가 서로 소통할 수 있는 가능성을 암시한다. 마치 8장에서 블룸이 리피강(Liffy)에 버린 신앙 전도지가 10장에서 리피강을 따라 천천히 내려가며 더블린을 바라보았듯이 서로의 동떨어진 체험에도 불구하고 그들은 서로 유사한 '소통의 욕망'으로 연결되고 있는 것이다.

인물의 의식을 현미경적으로 들여다보는 조이스의 이러한 노력은 체험하는 주체의 상대주의적인 소외를 표현하기 위한 것이 아니다. 블룸이 자신의 하루를 되새기며 내리는 결론처럼,

"비존재에서 존재에 이르기까지 그는 많은 존재와 조우했으며 또한 하나의 존재로서 인정받았다. 존재와 존재와의 관계에 있어서 그는 어떤 존재가 다른 어떤 존재와의 관계에 있어서와 마찬가지로 관계를 맺고 있었다. 앞으로 그는 누구로부터도 인정받지 못하지만 존재에서 비존재에 이르는 존재로서 존재되어질 것이다"(*Ulysses* 545).

블룸의 독백은 마침내 자신이 세계와 소통할 줄 알게 되었다는 것, 자신은

초월적이거나 소외된 존재가 아니라 타자와 상호의존적인 존재라는 것을 깨달음을 보여준다. 『율리시즈』는 대중과 괴리된 채 고민하는 인텔리 예술가 스티븐이 속물적이지만 선한 시민 블룸을 통해 세속화하고 블룸이 스티븐의 순수한 열정으로 다정다감한 중년의 부성을 회복하는 과정을 보여준다. 블룸의 이러한 겸손과 확신의 세계관은 소설의 마지막 장 「페넬로페」에서 몰리가 자신의 탈선에 대한 죄책감이 아니라 남편 블룸에 대한 사랑을 추억하며 구성하는 독백과 호응하고 있다. "그렇지 나는 그러세요 라고 말했지 그럴께요 그래요"(643)라는 강한 긍정은 상이한 시공간의 체험을 이해하고 수용한 주체가 깨달은 겸손한 결론인 것이다. 『율리시즈』는 주체가 상이한 체험을 통해 잉여의 지식을 쌓고 다시 이를 통해 타자를 이해하고 채워주는 보충으로 작동할 수 있음을 보여주는 대화적 윤리학의 서사이다.

5. 나가며

울프와 조이스의 소설에서 지금까지 보아온 인물들의 닫힌 의식과 열린 의식은 주체의 의식을 현미경적 차원에서 자세히 살펴볼 수 있는 기회를 마련해주었다. 나아가 이들의 의식작용에는 외부의 물리적 자극과 신체적 감각이 깊숙이 관여하고 있음을 알 수 있었다. 그것은 베르그송이 정신과 물질을 이어주는 신체적 감각에 주목하여 의식을 설명한 것과 유사한 방식으로 작동하는 의식으로서 과정이자 운동이었다. 모더니즘 소설은 플라톤 이래 세계에 대한 이해를 위해 감각과 신체를 무시할 것을 요구한 서구의 지적 전통과는 분명히 다른 입장을 보여준다.

울프와 조이스는 독백적 주체의 의식과 대화적 주체의 의식을 내적 독백의 차원에서 자세히 보여준다. 전자는 현재 속 외부의 자극에 대한 반응이 과거의 기억에 묶여 새로운 지각으로 한발도 나아가지 못하는 막힌 의식이다. 반면 후자는 현재의 자극이 과거와 관계하면서도 그것에 묶이지 않고 그것에 새로운 의미를 부여하며 전진하는 열린 의식이다. 사실 울프와 조이스의 소설에 등장하는 인물들은 모두 어느 정도는 닫힌 의식들이다. 그러나 이들은 대개의 경우 외부의 자극에 반응하고 새로운 경험을 통해 이전의 자아와는 달라지는 모습을 보여준다. 반면 『댈러웨이 부인』의 셉티머스는 현실과의 소통이 차단되고 현재적 경험이 기억의 무게에 짓눌림으로써 미래의 시간이 정지해버렸다. 댈러웨이 부인도 삶이 주는 고통스러운 무게로 인해 끊임없이 과거로 도피한다는 점에서 셉티머스와 마찬가지이지만, 종국에는 외부 세계와의 접촉, 즉 대화를 통해 불확실성의 미래로 자신을 내던진다는 점에서 분명히 다르다. 외부와 소통하는 열린 의식은 새로운 경험을 통해 변화하는 의식이다. 무엇보다도 이들은 자신을 고립된 자아로 보지 않는다. 이들은 자신의 의식의 변화를 감지하며 다른 자아에 대한 이해를 성취한다. 댈러웨이가 그러하고 올랜도가 그러하며 디덜러스와 블룸, 그리고 몰리가 그러하다. 예컨대 종소리에 반응하는 댈러웨이의 감각은 삶에 대한 반성적 사유를 통해 새로운 의미를 갖는다. 물리적 현상이 정신 속에서 지적 각성으로 용해된다. 그것은 조이스가 『율리시즈』를 통해 변화에 반응하는 열린 주체의 가능성을 보여준 것과 같은 맥락이다.

따라서 울프와 조이스, 나아가 이전의 제임스와 콘래드의 소설의 주인공의 의식들은 사회 속 인간의 의식이 어떻게 외부와 내면을 중재하는 반투명의 막으로 기능하는지를 잘 보여주고 있다. 이들 소설가들은 이전의 빅토리아조 소설가들이 사회에 지나치게 주목함으로써 놓친 개별 주체의 의식을 복귀시킴과 더불어 주체가 외부 환경, 주체가 타자, 주체가 자기 자신의 과거의 주체와 대화적인 관계에 있다는 점을 가리키고 있다. 주체의 의식은 딱딱한 겉껍질로 둘러싸인 불변적인 통합체가 아니라 외부의 자극과 조응함으로써 쉼 없이 변화하는 물질성을 가지고 있다. 특히 울프와 조이스는 주체란 영원히 불변하는 초월적인 그 무엇이 아니라 시공간을 통해 변화하는 생활공간의 물질적인 존재라는 사실, 그리고 주체와 타자와의 접촉은 또 하나의 시공간으로 작동한다는 사실을 소설을 통해 보여주고 있는 것이다.

■ 인용문헌

베르그손, 앙리. 『물질과 기억』. 박종원 역. 서울: 아카넷, 2005.

_____. 『의식에 직접 주어진 것들에 관한 시론』. 최화 역. 서울: 아카넷, 2003.

아리스토텔레스 『영혼에 관하여』. 유원기 역. 서울: 궁리, 2001.

플라톤. 『티마이오스』. 박종현, 김영균 역. 서울: 서광사, 2000.

_____. 『플라톤의 네 대화편: 에우티프론·소크라테스의 변론·크리톤·파이돈』. 박종현 역. 서울: 서광사, 2003.

Bakhtin, Mikhail. *Art and Answerability: Early Philosophical Essays by M. M. Bakhtin*, Trans. Vladimir Liapunov. Austin: U of Texas P, 1990.

_____. *Problems of Dostoevsky's Poetics*. Trans. Caryl Emerson. Minneapolis: U of Minneapolis P, 1984.

Butler, Judith P. *Bodies That Matter*. New York: Routledge, 1993.

Caughie, Pamela. *Virginia Woolf and Postmodernism*. Urbana: U. of Illinois P., 1991.

Conrad, Joseph. *Heart of Darkness & Other Stories*. Hertfordshire: Wordsworth, 1999.

_____. *The Nigger of the Narcissus*. New York: Collier, 1962.

Fand, Roxanne J. *The Dialogic Self: Reconstructing Subjectivity in Woolf, Lessing, and Atwood*. Selinsgrove: Susquehanna UP, 1999.

Frank, Joseph. *The Widening Gyre*. New Brunswick: Rutgers UP, 1963.

Herrmann, Anne. *The Dialogic and Difference: an/other woman in Virginia Woolf and Christa Wolf*. New York: Columbia UP, 1989.

Humphrey, Robert. *Stream of Consciousness in the Modern Novel*. Berkeley: California UP, 1954.

James, Henry. *The Art of the Novel*. Ed. R. P. Blackmur. Boston: Northeastern UP, 1984.

Joyce, James. *A Portrait of the Artist as a Youngman*. Harmondsworth: Penguin, 1969.

_____. *Ulysses*. Harmondsworth: Penguin, 1986.

Kern, Stephen. *The Culture of Time and Space 1880-1918*. Cambridge: Harvard UP, 1996.

Levenson, Micheal. Introduction. *The Cambridge Companion to Modernism*. Cambridge: Cambridge UP, 1999. 1-8.

Morson, G. S. and Emerson, Caryl. *Mikhail Bakhtin: Creation of a Prosaics*. Standford: Standford UP, 1990.

Woolf, Virginia. A *Room of One's Own*. Harmondsworth: Penguin, 1967.

_____. *Mrs. Dalloway.* New York: Harvest, 1990.

_____. *Orlando.* London: Penguin, 2000.

_____. *The Common Reader*. London: Hogarth, 1957.

Yeats, W. B. "Who Goes with Fergus?" Ed. M. H. Abrahams, et al. 4th ed. *The Norton Anthology of English Literature.* Vol. 2. New York: Norton, 1979. 1962.

D.H. 로렌스 문학의 '혈적 존재'와 물질·정신의 일원론적 비전

조일제

1. 들어가며

서구 지성사에는 존재를 물질과 정신(두 용어에 대한 유사한 용어로는 육체·몸·감성, 그리고 영혼·마음·이성)의 두 가지 요소로 나누어서 보는 이원론 계통과 이 양자를 엄격하게 구별해서 보지 않고 한 개의 통합적 실체로 보는 일원론 계통이 있다. 이러한 두 계통 중에서 전자는 플라톤으로부터 시작하여 기독교, 데카르트, 뉴턴을 거쳐 현대에 이르기까지 이어져오면서 이성중심주의(합리주의)를 구성하는 전통이다. 이 계열은 플라톤을 원조로 하며 그 이전 시기의 후자 계통에 속하는 고대 그리스 사상에 대립된다. 전자의 계통은 물질을 정신의 하위에 두고 그것이 정신을 방해하는 것으로 보아 폄하하였다. D.H. 로렌스는 이러한 서구 지성사의 주류를 이루는 이원론을 해체하면서 물질·정신이 통합된 새로운 일원론적 비전을 그의 문학세계를 통해 구현하고자 하였다.『채털리 부인의 사랑』(*A Lady Chatterley's Lover*)의 제4장에서 육체와 정신의 문제를 중심으로 젊은 지식인들 사이에 이루어지는 육체와 정신, 그리고 성의 문제에 관한 담론과 논쟁은 로렌스의 이원론 해체와 새로운 통합원리를 극명하게 보여주는 한 가지 예이다. 여기서 육체와 남녀 사이의 성을 무시한 채 정신과 사색만을 추구하는 공허한 정신주의자들이 신랄한 조롱과 공격을 받는다(32-42). 이 소설에서 두 남녀의 육체와 영혼의 결합으로 성취되는 관능세계의 경이로움과 아름다움이 묘사되는 제16장에서 로렌스는 멜러즈(Mellors)를 대변자로 하여 그의 연인 코니(Connie)에게 "학자의 말도 거짓이요. 인간의 육체는 바야흐로 참된 생명에 접근해오고 있소. 그리스인은 그것에다 빛을 주었어요."라고 말하면서 "그런데 플라톤이나 아리스토텔레스가 육체를 죽이고 그리스도가 결론을 낸 것이오. 그래도 육체는 정말로 생명에 가까이 다가오고 있어요. 정말로 무덤에서 일어나고 있는 거죠. 그래서 인간의 육체생활은 우주 속에서 그야말로 즐거운 생활을 누리게 되는 거예요."(245)라고 말한다. 이러한 발언은 서구 지성사에서 플라톤을 원조로 하여 주류를 이루어오고 있는 근대 정신주의자들(플라톤주의자들)과 그들을 이어받은 현대의 정신주의자들, 대표적인 상징인물이 클리포드이지만, 이들에 대한 비판을 보여주는 일례이다. 이러한 대목들과 삽화들을 통해서 로렌스는 현대사회의 클리포드들이 육체, 즉 하반신(복부와 남근이 위치)은 완전히 마비된 채, 정신, 즉 상반신(신경과 두뇌가 위치)만 발달됨으로써 어떤 불행을 겪는지를 극적이고 시적인 수법으로 보여주고자 하는 것이다.

　　로렌스의 존재관에서는 그의 생애를 통해 시기에 따라 일관성을 결여한 발언이 나타나기는 하지만 전체적으로는 물질마저도 정신의 관점으로 감각하는,

바꿔 말해 인간의 육체를, 나와 마주하는 일체의 대상을 '신체화된 정신(영혼)' (Embodied Mind)으로서 통합적으로 경험하는 일원론적 비전을 형상화하고자 하였다. 그는 당대의 산업과 과학기술에 대해 절대적 신념과 자부심을 보이던 영국의 지적 풍조 아래에서 한때 학창시절에는 과학 및 자연철학 서적에 심취하여 스스로를 물질주의자(유물주의자)로 자처하였다. 그렇지만 뒤이어 물질주의적 시대풍조를 신랄하게 비판하면서 범신론적이고 생태주의적인 지식인으로 돌아선다. 그에게 있어 인간의 몸과 정신은, 그리고 인간 개인과 그를 둘러싸고 있는 환경/자연은 별개의 것으로 분리되지 않고 연속된 실체로 인식되고 경험된다.

만약 모든 존재를 물질과 정신의 두 가지 구성요소로 상정할 때, 육체에서 분리된 정신만으로 된 존재를 예로 들어 본다면 이른바 영체, 유체, 유령, 신, 귀신, 영가, 혼령, 영혼 등으로 일컬어지는 용어들이 해당될 것이다. 불교의 역사에 전해오는 달마대사의 에피소드에 몸에서 분리된 유체 이탈 이야기가 있지만 꾸민 이야기인지, 실화인지 확인하기 어렵고 세계 신지학회를 창설하여 수많은 추종자를 두었던 유명한 영지가(신지학자)인 브라바츠키(H.P. Blavatsky) 여사의 방대한 저술인 『아이시스 여신 베일을 벗다』(Isis Unveiled)(1877), 『비경』 (The Secret Doctrine)(1885)에는 몸을 이탈하여 존재하는 유체, 영체에 관한 상세한 기록이 있다. 로렌스는 이러한 책들을 애독하였다고 한다. 굳이 이러한 사항들을 통해서가 아니라도 로렌스가 인간에 관한 이해에 있어 몸의 육체성에 관해 남다른 관심을 가졌을 뿐만 아니라 영혼의 영성에 대해서도 깊은 관심을 두었음은 잘 알고 있는 사실이다. 여기서 필자가 관심을 두는 것은 육체/몸(곧 물질)이라는 요소와 영혼/마음(곧 정신)이라는 요소를 어떤 관계와 구조로서 파악하느냐 하는 점이다.

동양의 현인들이 때때로 하나의 돌이나 풀에도 우주의 역사와 생명이 깃들어 있다고 직관하였는데 그러한 생각 속에는 그것을 단순한 물질로 보지 않고 어떤 에너지나 기운이나 영성이 함께 스며있다는 관념이 가정된 것이다. 즉 정신과 물질을 별개로서 분리되지 않고 양자가 통합되었다고 느끼는 것이다. 미국의 소로우(H.D. Thoreau)에게서도 이러한 사상을 찾아볼 수 있는데, 예를 들어 한 개의 사과에는 해와 달과 별의 빛, 이슬, 사슴의 사향, 바람, 흙, 물과 같은 온갖 우주적 에너지와, 그리고 정신적이면서도 물질적인 여러 질료가 내재된 소우주라고 본다. 이처럼 한 개의 사과마저 단순한 물질성으로만 된 존재가 아니라 우주적 차원의 정신성과 영성 요소가 내재되어 있다고 느끼는 것이다. 로렌스가 소로우를 열광적으로 읽었던 이유도 두 사람 사이에 공유한 이러한 사상의 유사성 때문이었다고 할 것이다.

　　로렌스가 죽는 날까지 그의 곁을 떠나지 않았고 가장 절친했던 지우인 헉슬리(Aldous Huxley)는 알딩턴(Richard Aldington)이 펴낸 『로렌스 서한집』(Selected Letters of D.H. Lawrence)에 붙인 서문에서 로렌스에 대해 "추상적인 지식과 순리성(純理性)을 싫어한 나머지 일종의 신비한 물질주의자가 되어버렸다. 로렌스의 눈에는 물질도 이 물질을 인식하는 정신과 마찬가지로 끊임없이 사색한다. 따라서 달, 별, 바다, 산 등의 자연물이 주는 영향은 사람과 생명이 주는 영향 못지 않게 크다. 저 미지의 세계, 신비의 세계, 암흑의 세계에 대한 그의 신앙도 여기에서 오는 줄 안다. 그리고 여인의 육체도 이러한 미지의 세계에 속하는 것이다."(16)라고 말했다. 우리는 로렌스가 "신비한 물질주의자"라는 헉슬리의 말을 잘 이해할 필요가 있다. 로렌스의 이와 같은 특이한 천재에 대해 헉슬리는 로렌스가 기성개념과 기성원칙과 추상적 추리를 배격하였고 직감을 주장하면서 아주 다른 철학을 발전시켰다(16)고 말한다. 이 서한집의 서문에 붙여 헉슬리가 전달하는 로렌스의 "미지, 신비, 암흑의 세계"는 로렌스가 다른 여러 곳에서 사용한 용어들로 풀이하여 보면 모든 만물을 '피의식'(blood-consciousness)과 '혈적 존재'(blood-being) 또는 '혈적 영혼'(blood-soul)으로서 느끼는 세계이다.

우선 잠시 앞에서 밝힌 로렌스 사상의 독특한 물질주의적 정신론이라는 통합적 일원론 사상을 좀 더 깊이 들어가서 살펴보자. 에밧슨(Roger Ebbatson)이 지적하듯이, 로렌스는 다윈의 진화론을 다소 과격하게 확대 발전시킨 다윈의 제자인 유물론적 자연철학자 헥켈(E. Haeckel)의 영향이 컸다. 그는 학창시절에 헥켈의 자연철학에 심취하였는데(양영수 "하아디와 로렌스의 자연관 비교" 143), 헥켈에 의하면 생물과 무생물은 근본적인 존재방식에서 다르지 않고 개체의 발생과정은 종족의 발생과정을 반복하며, 미세한 세포 하나 가운데 한 유기체 전체의 유전적인 생명원리가 담겨있다는 것이다. 그리고 생명과 무생물은 그 근본적인 성질상 다르지 않아서 무생물에게도 생물에서와 같은 감각과 의지가 있다고 보아 심리학 연구는 생리학의 한 분과로서 이루어져야 한다고 주장했다. 로렌스의 소설에서 인간욕망의 원리를 물리적 자연법칙과 같은 차원으로 묘사하는 장면을 가끔 보게 되는 것은 이러한 영향에 연유한다. 에밧슨에 따르면, 헥켈은 쇼펜하우어가 언명한 "Pantheism is only a polite form of atheism."이라는 '무신론적 범신론'에 동의했는데 헥켈의 이러한 사상은 로렌스의 범신론적 자연관의 기초가 되었다(양영수, 같은 글 134). 로렌스는 인간이나 만물 하나 하나에서, 바꿔 말해 소우주에서 대우주의 원리를 발견해내는 작가이다. 그런 점에서 그의 사상은 동양의 범아일여 사상과 소로우와 에머슨의 초절주의 사상과도 일치한다. 그러나 여기서 주목할 점은 로렌스가 인간의 생명현상을 자연계의 물리현상과 같은 차원으로 보는 헥켈류의 과격한 진화론인 무신론적 범신론을 바탕으로 하는 인간관을 지녔으면서도 그의 문학이 물리적, 자연주의적이지 않은 것은 작중 주인공들이 보여주는 강력한 낭만주의적, 생명주의적 성격 때문이다. 이와 관련하여 양영수는 개성적인 감수성과 능동적인 상상력을 중시한 로렌스의 특성에 비추어 볼 때 이상하게 들릴지 모르지만 그의 문학 가운데는 헥켈류의 물리적인 것들이 있음이 사실이란 점을 지적한다(같은 글 139-40).

본격적인 로렌스 논의에 들어가기에 앞서 물질과 정신의 상호 호환성과 환원주의 문제에 대해 잠시 살펴보는 것이 본 논문 주제의 총체적 이해의 폭을 넓힌다는 점에서 필요할 것 같다. 21세기라는 첨단과학기술 시대는 기술을 통해 물질이지만 운동, 감각, 사고 기능을 가진, 말하자면 정신적 물질을 조립하고 있다. 즉 인공지능에 의해 작동되는 합성인간, 인간로봇 등이 그 예이다. 컴퓨터화된 디지털 0, 1을 조합 합성하는 방식과 유전공학 기술로써 유전자를 조작하는 방식으로 물질로부터 정신기능을 가진 존재를 조립, 복제하고 있는 상황에까지 이르러 있다. 최근 영화에서는 이러한 내용을 소재로 하여 인조인간들이 실제의 인간들과 벌이는 환상적인 가상세계를 펼친다. 이러한 영화는 정신현상도 물질성으로 환원시킬 수 있다는 첨단과학기술의 실체와 본질을 암시해주는 것이다. 이러한 가상세계의 등장은 물질과 정신은 양자 사이에 호환될 수 있으며 엄격하게 분리될 수 없음을 보여주는 예라고 할 수 있다. 이제 생명체의 창조는 신의 영역이 아닌 방향으로 나아가고 있다. 인공조립이나 복제로 탄생된 제2의 인간이 실제의 인간과 섞여 함께 살아간다면 어떤 일이 벌어질까? 영화에 등장하는 가상현실이 가상으로만 끝나지 않는 날이 올지도 모른다는 불길한 예감을 하는 사람들이 늘고 있다. 상황이 이런 만큼 생명공학과 정보공학의 첨단과학기술은 21세기의 우리 인간들에게 생명과학 윤리의 문제를 심각하게 제기한다.

이상에서 언급한 내용과는 다소 수준이 다르기는 하지만, 20세기의 영국 산업사회에서 인간이 물질로 환원될 수 있으며, 한낱 물질적 기계처럼 조종될 수 있는 사물에 지나지 않는다는 극단적인 물리화학적 자연과학적 가정과 관념이 지배계층, 예를 들면 자본주의자들과 상류지식인들 사이에 퍼져 있는 지적 시대풍조를 로렌스는 지켜보면서 이러한 산업기술사회의 문제점과 위험성을 날카롭게 비판하였다. 그에게 이러한 물질적 환원주의 문제는 생명윤리와 비인간화 문제의 차원에서 문명의 일대 위기로 보였던 심각하고 진지한 주제였다. 그는『무지개』(*The Rainbow*)와『사랑하는 여인들』(*Women in Love*)에서 예리한 분석을 통해 이미 현대 과학기술사회에서 지배계층에 퍼져있는 인간존재의 유기적 원리를 수학적 기계적 원리로 환원하여 보는 물질주의적 시각에 대해 신랄하게 비판했다. 그는 인간이 유기적 생명체가 아니라 무기물로서의 기계·물질 인간으로 환원시켜 바라보는 현대 자본가들과 상류층 지식인들의 인간관을 파멸과 재창조라는 묵시록적 비전으로 형상화하였다. 로렌스가 보여주는 인간존재에 관한 기계론적 물질성으로의 환원 풍조에 관한 예리한 비판과 성찰은 오늘날의 생명공학과 정보공학의 첨단기술 시대에서도 그 의의는 매우 크다. 근대 과학기술사회의 물질적 환원주의 풍토에 대해 그가 변증법적인 안티테제로서의 인간상으로 제시한 존재관이 필자가 논제로 삼은 '혈적 존재'와 '물질·정신의 일원론적 비전'이다. 이러한 비전에서는 물질도 단순한 물질이 아니라 정신적 실체이며 정신적인 현상도 물질적 물리적 현상이 된다. 로렌스의 이러한 통합적인 일원론의 세계관에는 그가 역설하는 독특한 '피의식'이라는 감수성과 사상이 토대를 이루고 있다는 사실에 주목해야 할 필요가 있는 것이다. 그의 '피'는 일체만물과 정신의 질료로 보는 개념이다. 서구의 주류적 사고에 대립된 세계관은 플라톤 이전의 고대 그리스인들과 원시종족의 문화, 그리고 고대 이집트나 동양의 전통에서 발견된다. 로렌스는 이러한 문화에서 재발견한 세계관을 현대사회에 복원하여 인류를 구원하고자 하였다.

필자는 로렌스가 서구문명사를 통해 플라톤, 기독교, 데카르트, 뉴턴 등과 같은 정신주의 및 합리주의 계통의 주류학파에서 물질과 정신을 이분법으로 구분하여 물질-몸-육체-감성을 정신-이성-영혼보다 하위에 위치시켜 폄하하는 관점에 대해 저항하였다는 점과 그러한 이분법적 세계관을 해체하여 '혈적 존재', '혈적 영혼', '피의식'에 기반을 둔 새로운 제3의 일원론적 세계관을 구현하고자 했다는 사실을 고찰할 것이다. 그리하여 헉슬리가 로렌스를 "신비한 물질주의자"라고 언급한 논평에 따라 로렌스의 신비로운 정신·물질 일원론적 세계관과, 그리고 그것에 반영된 특이한 감수성을 그의 '피' 개념과 연관시켜 고찰할 것이다.

2. 혈적 존재, 혈적 영혼, 피의식

로렌스는 인간의 의식작용을 뇌와 신경에 의하는 상부자아(upper self)의 지적 의식(mental consciousness)의 형태와 하부자아(lower self) 혹은 육체적 자아(bodily self)의 피와 살에 의하는 피의식(blood-consciousness)의 형태로 구별하고 있다. 여기서 육체적 자아의 피와 살이 생각하고 말하는 것은 진리이며 틀리지 않으나 상부자아의 뇌와 신경으로 생각하고 말하는 것은 잘못된다고 하였다 (Aldington 10). 그런가 하면 "피는 역시 사람의 몸 안에서, 어둡고도 심오하게 생각한다"(The blood also thinks, inside a man, darkly and ponderously)(*Phoenix* 732)라고 말하기도 하는데 이것은 자신의 체험에 근거한 표현이다. 그의 이러한 말에는, 흔히 생각하듯이 육체/몸이란 정신적 요소가 배제된 단순한 물질이 아니라 독자적으로 감각하고 사고하는 주체임을 강조한 것이다. 아래에 인용한 그의 글에는 이러한 내용을 보다 더 자세하게 보여준다.

> 나는 프레이저가 쓴 『황금가지』와 『토테미즘과 족외혼』을 읽은 적이 있다. 이제 나는 내가 20살 때에 믿었던 사실, 즉 뇌와 신경 체계와는 다른 의식의 자리가 있다는 점을 확신한다. 다시 말해 통상적인 지적 의식―이것은 말하자면 지각의 원천과 연결자로서의 눈에 의존하는 것인데―과는 독립되어 우리 몸 안에 존재하는 피의식이 있다.... 우리는 신경과 뇌에 전혀 관계없이 피 속에서 살고, 알며, 우리의 존재를 피 속에서 지닌다. 이것은 생명의 절반이다.... 이제 우리는 어둠 속에 있는 이러한 생명의 다른 위대한 절반, 즉 피의 관계가 있다는 사실을 인식할 필요가 있다.... 내가 사물을 볼 때는 나의 지적 의식과 바깥의 몸 사이에 하나

의 인식을 형성하는 연결이 있다. 그러나 동시에 빛에 결코 없지 아니한 어둠을 통하여 나의 피의식으로 들어오는 어떤 전달이 있다.... 이것은 우리가 지적 의식 및 신경 의식과는 별개로서 완전한 것을 이루는 혈적 존재, 피의식, 혈적 영혼을 가지고 있기 때문에 우리의 생활에 대해 대단히 중요한 것이다. (Moore 394)

현대의학에서 인간의 세포도 정신이 배제된 물질이 아니라 그들 하나하나 가 독립된 생명체이며 스스로 살기 위해 필사적인 힘을 쏟는 정신적 실체임을 밝힌 바 있다. 로렌스에 따르면 해, 달, 별, 지구와 같은 천체나 바다, 물, 바위 등과 같은 사물의 경우도 한낱 물질로서 생각할 것이 아니라 살아있는 생명인 피를 지닌 정신적 실체, 즉 '혈적 존재', '혈적 영혼'으로 생각해야 한다는 점을 고대인과 원시종족의 의식과 종교문화를 탐구한 에세이집인 『묵시록』(*Apocalypse*)에서 특히 강조한 바 있다. 이러한 주장은 단순히 신화적인 환상으로 내몰 수 없다. 사실 오늘날 여러 생태주의 사상가들의 주장대로, 우리가 사는 지구는 고대 그리스인들의 사고에서 발견하듯이 대지의 여신 '가이아'처럼 살아있는 정신적 유기체임이 더욱 명료해졌다(James Lovelock의 *Gaia* 참조). 이렇듯 우리가 흔히 무기물로 여기는 물질도 사실은 살아 있는 정신적 유기체여서 물질과 정신은 이분법적으로 구분될 수 없는 일원론적 실체라고 할 수 있다. 카프라(F. Capra)가 현대의 양자 물리학을 통해 주장했듯이, 동양의 선각자들이 직관에서 감지하여 발언한 범아일여/주객일체/소우주-대우주 동일체 주장에 표현된 내용은 허튼 소리가 아닌 과학적 진리임에 주목할 필요가 있다(*Tao of Physics*, 'Cosmic Dance' 225-45 참조). 로렌스가 인디언 신화를 소재로 하여 쓴 장편소설 『날개 달린 뱀』 (*The Plumed Serpent*)에서는 작중의 주역인물들이 우주 속의 행성인 지구가 마치 인간처럼 박동하는 심장을 가진 실체로서 느끼는데 이는 인체와 지구가 동일체임을 암시한 것이다. 또한 고대 원시인류의 특수한 의식이 탐구되는 로렌스의 에세이집인 『묵시록』에서 보면 인간이 밟고 서있는 대지 위의 발은 대지의 일부분이고 인간의 피는 대양의 피의 일부분임을 인식하고 환희의 춤을 추어야 한다 (126)고 말하는 표현도 카프라의 분석과 일치하는 단적인 예이다. 로렌스는 아메리카 인디언 문명에서는 태양 역시 피와 심장을 지닌 펄떡거리는 생명체로 느꼈고, 인간이 죽으면 태양으로 되돌아간다는 인디언 사상에 감화되어 이것을 단편소설 「말을 타고 떠난 여인」(The Woman Who Rode Away)에서 구현했다. 인간의 심장과 같은 태양과 어머니의 젖가슴과 같은 지구의 대지, 그리고 물결 출렁이는 생명의 바다에 대해 로렌스가 그것들을 우리 인간과 마찬가지로 약동하는 피와 살을 지닌 실체로 느낄 수 있었던 비상한 직관의 소유자인 점에서 그의 사상은 카프라가 밝혀낸 동양 현인들의 사상과 일치한다. 현대 양자 물리학에서 밝힌 소립자 세계의 양상이 거시적 우주의 현상계 양상과 닮았다는 인식은 고대 원시문화뿐만 아니라 세계 역사에 등장한 수많은 명상가들과 시인들이 느낀 바이며, 그들의 사상에는 인간과 외계의 사물이 다르지 않고 하나라는 일원론적 비전으로 가득 차 있다. 불교의 화엄경 역시 이러한 사상의 전형적인 예를 보여준다. 의상조사의 '화엄경 약찬게'에서 "法性圓融無二相 一中一體多中一 一卽一切多卽一 一微塵中含十方"(『불교보감』358-59)이라는 표현구절과 불교의 '불이'(不二) 사상은 이를 뜻하는 것에 다름 아니다. 로렌스의 여러 소설과 시와 산문들을 읽어보면 물아일여, 주객일체의 비전을 곳곳에서 볼 수 있고, 물질은 죽어있는 물질이기를 거부하고 있으며, 세계는 율동하는 우주에 관한 비전으로 충만되어 있다. 이것을 달리 표현하자면 생태학적 세계관이라고도 할 수 있다.

로렌스에게서 나타나는 생명주의적인 물질·정신 일원론 사상의 핵심을 이루는 요소는 '피'라고 앞에서 말했듯이 그것은 일체 존재의 정신적 실체이다. 로렌스의 피의식과 혈적 존재관, 혈적 영혼관은 『날개 달린 뱀』에서 보면 아메리카 인디언들이 흙을 알몸에 바르고 지펴놓은 모닥불 앞에서 춤을 추는 행위와, 그리고 주인공 돈 치프리아노(Don Cipriano)와 여주인공 케이트(Kate)가 돈 라몬(Don Ramon)이 집전하는 의례절차에 따라 밤과 낮이 서로 만나는 황혼의 저녁시간을 통해 대지에 맨발을 딛고 서서 빗물을 온몸에 받으며 땅에다 입을 맞추고 케짤코틀 종교의식으로 결혼식을 거행하는 행위는 모두 다 우주자연을 피의식으로서 느끼는 하나의 예라고 할 수 있다. 이러한 장면은 흙, 물, 불, 공기 등의 요소들이 한낱 죽은 물질이 아니라 살아 있는 생명체이고 영적 에너지이며 정신적 실체로서의 우주적 질료임을 암시하는 상징주의적 기법의 표현이다. 이러한 로렌스의 사상은 물리적, 심리적, 생물적 현상 사이에 아무런 차이를 두지 않고 "실체 없이는 어떠한 정신도 존재할 수 없고 정신 없이는 어떠한 실체도 존재할 수 없다"고 주장한 헥켈(김용민 30)의 사상을 반향한다. 헥켈은 에너지를 갖고 있는 모든 원자는 영혼을 지니고 있다고 주장하면서 자연종교를 제창했다. 『수정의 영혼』에서 수정과 같은 돌도 죽은 몸이 아니라 살아 있는 물체일 수 있다고 주장한 헥켈은 정신(신-God)과 세계(물질)는 동일하다는 일원론의 전통 위에 서 있는데(김용민 30-31), 작은 자연현상 속에도 신(정신)이 들어 있으므로 하찮은 돌멩이 하나, 눈에 띄지 않는 사물 하나에도 깊은 존경을 표해야 한다고 했다. 이러한 자연종교적 생각은 로렌스의 문학작품 곳곳에 편재한다.

피의식이 토대가 되어 있는 로렌스의 물질·정신 일원론적 비전은 이미 예시한 로렌스의 작품들 외에도 『무지개』의 서문에 묘사된 브랭웬 농가의 농부들의 전원생활 양식에 시적이고 극적인 형태로 구현되고 있다. 인간과 자연, 인간과 대지, 인간과 동식물, 하늘과 땅 사이에 피의 교류와 피의 교감이 이루어지는 양태가 작가의 우주적 시각에 맞춰져서 포착되고 있고 자연세계의 만물이 모두 완전하게 살아서 움직이는 율동과 맥박이 감동적으로 묘사되어 있다. 그런데 여기서 작가가 묘사하는 농부들의 욕망이나 성격은 이른바 "탈인성적인" (impersonal) 것으로 느껴진다. 로렌스가 사용하는 이 단어는 인간의 차원에 제약되지 않고 범우주적인 성격으로 확장된 인간성을 뜻하는 말이다. 브랭웬가 농부들의 농사짓는 삶을 보면, 농부들이 하늘의 비를 받아 부풀어 오른 땅을 일굴 때, 땅 속의 생명 에너지가 그들의 핏속으로 전달되고 천지간의 교접에 의해 생명의 탄생과 성장이 이루어지며, 발바닥에 달라붙는 흙덩이는 마치 인간의 끈적거리는 욕망처럼 느껴진다. 몸에 와 닿는 대지에 대한 농부들의 생명감과 질량감은 우주자연과 인간의 감각적 교감이지만 남녀의 섹스 장면을 암시하는 듯도 하다. 사람들의 맥박과 젖소의 맥박이 서로 교차하는 젖 짜는 대목은 천지의 만물이 동일한 생명의 질서 안에 연결되어있음을 느끼게 한다. "맥박"(pulse)이라는 단어가 반복됨으로써 농부들의 혈관에서 고동치는 맥박이 바깥세계의 생명의 고동과 사계절의 순환, 삶과 죽음의 반복에 연결되어 우주적인 생명의 주기와 율동을 연상시켜준다. 개체성을 초월한 로렌스의 이러한 우주적 생명에 대한 감각의 밑바닥에는 단순한 육체적 감각을 넘어서는 심오함이 있으며, 강렬한 피의식과 우주적 율동의 이미지로 가득 차 있다는 사실을 놓쳐서는 안 될 것이다.

에밧슨에 의하면, 로렌스는 다윈의 진화론과 기계적인 인과론을 거부한 다음에 인간의 창의성과 자기실현을 추구하는 낭만주의자가 되었다는 것이다. 그리고 하아디와 로렌스의 자연관을 비교한 에딘스(Dwight Eddins)의 견해에 따르면 로렌스의 자연관은 자연과의 영적인 교감을 추구하는 낭만주의 문학의 오래된 전통과 자연의 냉혹하고 맹목적인 진화과정에 대한 자연주의적 인식이라는 상반된 입장 사이의 불안한 위치에 서 있으며, 로렌스가 하아디 문학에서 발견한 것이 인간세계를 지배하는 초인간적, 우주적인 질서의 개념이었고, 이 개념은 로렌스 자신의 문학이념 구축에 주요한 기초로 작용하게 하였다는 것이다 (46). 하아디 문학에 나타난 초인간적인 우주적 질서의 개념은 로렌스가 학창시절에 심취했던 헥켈의 생물유전론적 자연관과도 상통하는 것이었다(양영수 "로렌스와 하아디의 자연관 비교" 143). 그런데 로렌스가 인간들의 다양한 성격을 작품 속에서 묘사할 때 근원적인 유형을 목표로 삼는다고 말한 "동소체론"

(allotropic state)의 천명이 『무지개』와 "하아디 연구"(Study of Thomas Hardy)가 발표되던 무렵이었다고 한다. 동소체적 인물창조론은 달리 말하면, 인간과 물질의 존재론적 경계선을 최소화하는 것이며 근원적인 인간유형을 추구하는 것이라 할 수 있다(양영수 같은 글, 144). 랑바움(Robert Langbaum)에 의하면, 『무지개』 첫 서두에서 천지간의 교접으로 새 생명의 탄생이 이루어진다고 말한 표현은 남녀 사이의 섹스를 암시하는 비유로서 이는 『테스』(Tess of the D'urbervilles)와 같은 하아디 작품 속의 유사한 표현과도 상통하며, 이는 하아디 문학으로부터 로렌스가 추출해낸 남성원리와 여성원리의 상호작용을 구체화시킨 것이라고 본다. 랑바움은 워즈워스에 의해 생명이 부여되었던 자연에다 남녀간의 섹스라는 의미를 더 부여해준 사람이 하아디와 로렌스라고 말하면서 이는 두 작가가 다윈의 진화론에 세뇌된 자연주의 작가임을 말해준다는 것이다(양영수 같은 글 144). 그러나 로렌스는 헥켈의 생물유전 법칙에서 자연주의적 탈인성적 감수성의 확대를 암시 받은 다음에는 진화론적 과학정신에서부터 멀어졌다고 한다. 우주의 약동하는 생명의 세계를 향해 무한히 자유롭고 싶은 로렌스의 상상력과 감수성은 자연의 어떤 결정론적인 법칙으로 제약받는다고 생각하고 싶지 않았을 것이다(양영수 143-44).

로렌스가 이따금 묘사하는 인간의 정신적 감정적 영역을 물질적 물리적 법칙의 차원으로 보는 독특한 인간관을 단편 「목사의 딸들」(Daughters of the Vicar)에서 찾아볼 수 있다고 양영수는 지적한다(양영수, "로렌스의 목사의 딸" 106-07). 작중인물 듀런트(Alfred Durant)와 루이자(Louisa Lindley)가 서로 밀고 당기면서 보여주는 애정역학이 물리적 기제로 나타나며 인간들이 서로 미워하고 사랑하는 마음에 대해서 작가는 마치 자연현상에서 물체 사이에 밀고 당기는 인력작용처럼 자연과학적인 역학법칙으로 기술하고 있다는 것이다. 이러한 장면과 비슷한 예는 많이 있다. 『무지개』에서 보면 브랭윈가의 제2세대인 윌(Will)

과 안나(Anna) 두 사람이 해가 저문 후 떠오르는 달빛을 받으면서 보리밭으로 나와 베어놓은 보릿단을 바닥에서 일으켜 세워 한 곳으로 들고 가서 함께 모아 노적가리를 만드는 과정에 이어서 두 몸을 접근시켜 신체적 애무를 나누는 장면을 예로 들 수 있다. 하나의 세트가 된 그들이 움직이는 동작은 마치 낮과 밤, 밀물과 썰물, 삶과 죽음, 들숨과 날숨, 혈관과 심장의 휴지와 박동 등과 같은 형태서 발견되는 규칙적인 리듬을 연상시킨다. 그리고 제 1세대인 톰과 리디아의 이야기에서 톰이 리디아에게 사랑을 이루기 위해 그녀의 집으로 달밤에 청혼하러 가는 장면 역시 이러한 예에 속한다. 톰을 둘러싸고 있는 주변의 시간적 공간적 환경이 마치 우주자연의 물리적 힘과 율동으로 작용하여 그의 내면과 감정을 움직이게 하며, 그는 자신의 의지력보다는 바람, 어둠, 구름, 달, 별 등과 같은 자연의 물리적 힘과 그것들의 율동을 타면서 순응하는 듯하다(이에 대한 보다 다양한 논의는 황규완 72-73 참조).

　　로렌스는 실제로 인체의 네 부분에서 흐르는 인력(attraction)과 반발력(repulsion)의 작용으로써 인간의 애증심리를 설명하려 했다고 하우(M.B. Howe)는 지적했다. 그에 의하면, 로렌스의 이와 같은 물리학적 심리묘사가 처음 나타나는 작품이 '목사의 딸'이라는 것이다. 그는 듀런트의 마음이 어머니와 애인 사이에서 왔다 갔다 하는 움직임을 극성(polarity)의 원리로 묘사한 것에 주목하였다(106). 로렌스는 『무의식의 환상』(*Fantasia of the Unconscious*)이라는 유사심리학 저서를 통해 생체물리심리학적 원리로서 인간의 애정관계를 설명하였는데, 제6장 "정신의 초기 형성"에는 "양극/음극", "극성"(polarity), "극성화", "회로", "핵", "균형"과 같은 동력학 용어로써 인간정신의 발달을 풀이하는 표현들이 나온다. 로렌스는 감각, 욕망, 충동과 같은 인간의 원초적 경험들을 우주자연의 물리현상과 같은 차원에서 설명하고 있다.

동적 의식의 네 개의 극 사이에 완전한 편광 회로가 생기는 순간 종착역인 정신이 지식으로 번쩍인다. 처음의 지식은 단순한 감각이다. 모든 개념과 지식의 첫 요소가 감각과 그 감각의 기억이다. …우리의 모든 초기의 활동은 네 개의 커다란 신경 중심에서 나오는 것이다. 활기 있고 동적인 모든 것, 우리의 모든 활력적인 욕망, 순수한 충동, 사랑, 희망, 동경 따위가 이 네 개의 커다란 중심에서 신기하게도 일어나는 것이다. 정신은 단지 동적 충동의 변형이거나 혹은 이 충동과 대상 사이의 충돌이나 친교에 따른 결과들의 기억일 뿐이다. (Fantasia 74-76)

이러한 생체정신물리학적인 모델에 따라 작중인물들의 애정관계가 묘사된 또 다른 예로 『사랑하는 여인들』(Women in Love)에서 연인관계인 버킨(Birkin)과 어슐러(Ursula)가 어둠이 내린 산장의 여인숙에 도착하여 태초의 남신과 여신의 이미지로 변환되면서 신비적인 사랑을 나누는 장면에 극명하게 반영되어 있다. 어슐러가 손으로 버킨의 몸을 애무할 때 두 사람의 신체는 "a circuit of electric energy"와 "dark poles of the body"로 상상된다. 여기서 두 사람 사이에 교감되는 생명력의 교류현상은 "a circuit of passional electric energy", "dark fire of electricity", "dark flood of electric passion"(353) 등으로 형상화 된다. 두 개의 극에서 이루어지는 이러한 회로에서 어두운 생명력이 교류될 때 두 사람은 영혼의 평화와 충족을 얻는다. 뿐만 아니라 또 다른 연인관계인 제랄드(Gerald)와 구드룬(Gudrun) 사이의 육체교감 장면에서도 이러한 극성회로 모델에 의한 생명력 교감을 볼 수 있다. 구체적으로는 제랄드가 그의 아버지가 죽게 되자 공허한 마음을 견디지 못해 깜깜한 한밤중의 어둠을 헤치고 그녀의 방안으로 들어가서 그녀의 품에 안겨 일종의 재생을 경험하는 대목에서(구드룬은 절망으로 뜬눈으로 밤을 새우지만), 작가는 제랄드의 생명력 소생의 심리적 과정을 생체정신물리학적 틀로 흥미롭게 묘사한다(388-89. 이에 대한 보다 자세한 논의는 조일제, 『원초적 실재의 탐색』 100-03 참조).

에밧슨에 의하면 로렌스의 생명주의 문학은 헥켈로부터 영향을 받은 진화론적, 유물론적인 우주관과 본인 스스로 지녀온 자기초월적, 낭만적인 자연관 사이의 만남(258)에서 나왔으며, 논리적으로는 양립할 수 없는 이 두 가지 입장인 자연과학적 결정론과 신비적인 초월주의를 절충 화해시키려는 노력의 결과라고 본다(36). 『무지개』에서 어슐러(Ursula)에게 물리학을 가르치는 프랭크스톤(Frankstone) 교수의 입을 통해서도 로렌스 사상의 일각에 깃들어 있는 보편적인 물리주의적 관점을 엿볼 수 있다. 이 물리학자는 전깃불 같은 자연현상과 인간의 심리세계가 다를 것이 어디 있느냐는 질문을 어슐러에게 하는데 여기에는 작가가 지금은 벗어났지만 과거 한때 빠졌던 헥켈의 사상이 반영되어있다고 볼 수있다. 이와 같은 질문을 들으면서 어슐러는 실험실의 현미경 아래에서 단세포 생물의 솜털이 움직이는 이치를 인간의 욕망과 같은 차원에서 설명할 수가 있고 그 이치는 '그것 자체가 되고자 하는 의지'라는 결론을 내리지만 곧바로 프랭크 스톤 교수에 대한 강렬한 반감에 사로잡힌다. 신비로운 인간의 생명 현상이란 것이 물리적, 기계적인 것으로 환원될 수 있는 성질이 아니라는 강력한 반감에 휩싸인 그녀는 애인 스크레빈스키를 만나 밤의 어둠을 배경으로 산림 속을 산보 하고 밤의 별들과 연못의 물을 들여다보면서 대우주의 자유로운 생명의 신비에 흠뻑 젖는다. 이러한 그녀의 행동과 사고에는 기계론적, 물리적, 또는 물질주의 적 현대문명에 대한 안티테제가 암시되어 있다. 이 대목에 관한 양영수의 논평에 의하면("하아디와 로렌스의 자연관 비교" 141), 인간의 생명현상을 자연계의 물리현상과 같은 차원에서 보는 헥켈류의 과격한 진화론에서 싹튼 것이 로렌스의 인간관이지만 이 작가의 문학이 끝내 자연주의적으로 진행되지 않는 이유는 그의 작품 주인공이 보여주는 강력한 낭만주의적 성격에 기인한다. 로렌스의 생명관은 단세포 생물의 솜털운동이나 인간의 욕망이나 다 같이 우주적인 생명력의 자기발현이라고 보는 자연주의 관점에서부터 출발하였지만, 인간의 욕망을 그 본래의 상태로 복원시킬 때에는 우주적인 생명력의 거대한 힘에 같이 합류할 수 있다는 능동적 낭만주의 관점이 접목되어 있는 것이다.

들머리에서 언급한 바 있지만 로렌스가 『채털리 부인의 사랑』을 쓴 시기에 이르면, 이 소설을 쓰게 된 동기를 밝히는 소논문, '채털리 부인의 사랑에 대하여'(A Propos of *Lady Chatterley's Lover*)에는 그의 육체·정신(영혼)의 일체론 사상이 박진감 있게 표현되고 있고, 이에 반하는 플라톤주의 전통의 정신주의로 지배되는 현대문명에 대한 신랄한 비판이 개진되어 있다. 요지는 '통합성(일체성)'을 상실한 현대인들의 위기상황이라고 할 수 있다. 그 내용을 간추려서 보면 다음과 같다. "나날의 리듬, 매달의 리듬, 사철의 리듬, 해마다의 리듬, 십 년, 백 년의 리듬을 가지고 태양이나 지구, 달이나 혹성이나 항성과 결부되어 있지 않은 것은 결혼이 아닌 것이다. 피와 피의 조화가 아닌 것은 결혼이 아니다. 왜냐하면 피는 영혼의 본체이고, 가장 깊은 의식의 본체이기도 하다. 우리가 존재하는 것은 피가 존재한다는 것이다. 우리가 살고 움직이고 존재를 유지하는 것은 심장과 간장에 의한다. 피 속에서는 분별하는 것, 혹은 느끼는 것이 동일불가분인 것이다. 그러므로 피에 의해 두 사람이 연결되어 있을 때만 결혼은 참다운 결혼이 된다. 오늘날 우리에게 있어 우주는 죽어 있다. 다시금 삶을 얻는다는 것은 어떤 것인가? '지식'이 태양을 죽이고 그것을 흑점이 있는 가스의 덩어리로 변하게 했다. '지식'이 달을 죽이고 그것을 천연두의 곰보 같은 차디찬 분화구를 가진 죽은 조그만 땅덩어리로 만들어버렸다. 기계의 진보가 지구를 죽이고 이것을 얼마간 울퉁불퉁한 여행을 위한 지표로 만들어버렸다. 이런 상태로 우리는 어떻게 하면 우리의 마음을 말로 다 할 수 없는 기쁨으로 채워주는 구체를, 영혼의 하늘의 위대한 구체를 되찾을 수 있을 것인가. 우리는 어떻게 하면 아폴로, 아티스, 테메테르, 파시파니, 저승의 홀 등을 되찾을 수 있겠는가. 금성이라든가 오리온 성좌의 별까지도 어떻게 하면 볼 수 있겠는가. 우리는 그런 것을 되찾아야 한다. 그런 것은 우리의 영혼이, 우리의 위대한 의식이 살고 있는 세계이기 때문이다. 이성과 과학의 세계에서는 달은 죽은 땅의 세계이고, 태양은 전체가 가스이고 흑점이 있다고 한다. 이것이 추상된 정신이 살게 된 메마른 불모의 조그마한 세계인 것이다. 우리는 오늘날 우리의 작은 의식의 세계로써 이 세계를 보면서 하찮은 일을 따지는 방관자적인 기분으로 살고 있다. 우리는 자기 자신을 떼어버렸을 때 그처럼 세상을 보는 것이다. 그리스도교는 드디어 프로테스탄티즘에서 우주와의 합체성과 육체와의 합체성을 잃었다. 인간과 우주와의 관계, 남자와 여자와의 관계, 인간과 인간과의 관계, 이러한 삼중의 관계는 그 모두가 단순한 정신이나 마음의 관계가 아니라 피의 관계이다. 우리는 우주를 물질과 세력 같은 것으로 분해해서 인식하고, 남자와 여자를 따로 따로의 인격, 즉 서로 관계없는 합체 불가능한 개체로 만들어버렸다. 그 때문에 이러한 세 가지 관계는 모두 정체가 없는 죽은 것이 되어 버렸다. 성과 육체의 대개혁 운동이 플라톤에 의해 대대적으로 전개되어왔다. 이것은 '관념'을 목표로 하고 정신적, 방관자적 지식을 목표로 하는 운동이다. 성은 위대한 통합자이다. 성의 크고 느긋한 진동 속에서 인간을 합체적으로 함께 행복하게 하는 것은 심장의 따뜻함이다. 관념론자들의 철학과 종교는 이것을 죽이려고 용의주도한 출발을 했다. 그리고 그들은 생각한 대로 목적을 달성했다"(101-08).

현대의 네델란드 철학자 반 퍼슨(Cornelis Anthonie van Peursen)은 저서 『몸, 영혼, 정신』(Body, Soul, Spirit)의 제6장, '원시인의 세계관 안에서의 몸과 영혼'에서 다음과 같은 사실을 소개한다(필자가 요약했음). 이러한 내용은 로렌스가 탐독했던 원시문명 서적들의 내용과 일치하는 점에서 반드시 참조할 만하다. "원시 사고는 현재의 세계관과는 다르다. 현재의 세계관이 몸과 영혼(정신)을 엄밀히 구별하는 태도이고, 그리고 후대의 철학이 지나칠 정도로 인간의 육체적인 면과 정신적인 면이라는 두 측면을 서로 분리해 놓았지만, 원시 사고는 두 측면이 사실상 하나의 통일체라고 보며, 육체적인 것과 정신적인 것을 분리하지 않고 하나로 생각한다. 그들에게는 영혼이나 몸이나 모두 분명한 경계선을 가진 어떤 특정한 영역으로 보이지 않았다. 영혼이 단순히 정신적인 것이 아닌 것은 세계가 단순히 물질적이지 아니기 때문이다. 여러 문화권의 심층에 내려가 보면 정신적인 것과 물질적인 것이 하나로 주어져 있다. 영혼은 몸을 통해 발견되고 몸은 영혼을 통해 발견된다. 철학적 사유가 엄격한 이원성에서 출발할 때는, 먼저 몸을 따로 떼어서 생각해야 영혼을 가장 정확하게 파악할 수 있다고 생각했다. 그러나 최근에 이와 정반대의 입장이 생겼다. 영혼의 정체 파악을 위해서는 먼저 몸이 무엇인지를 개인이 자기 체험과 의식 속에서 파악하여야 한다는 것이다. 이원론적 사상의 전통을 떠나서 원시문명을 보면 영혼과 정신은 먼저 몸을 통해서, 몸과 함께 비로소 파악될 수 있음을 잘 보여줌을 알게 된다. 인간됨의 근본적인 특징은 인간이 몸으로 세계에 참여한다는 것이다. 육체적 참여를 통해 정신과 영혼이 지평선 위로 떠오른다."(87-93)[1]

---

1) (Cf.『몸, 영혼, 정신』에서 저자 퍼슨은 다음과 같은 원시인의 의식을 예로 들고 있다(필자가 요약). "연기, 수증기, 남성의 근력 등과 관련된 투모스란 말이 있다. 이 단어는 충동이나 흥분을 포함하여 인간의 내적 생활을 가리키는 가장 포괄적인 용어이다. 투모스를 '의식'으로 번역하면 가장 가까운 번역일 것이다. 투모스는 피나 혹은 적어도 피의 증발과 입김과 깊이 관련될 것으로 생각된다. 그리고 피를 쏟으면서 사람이 죽을 때 이 '혼'은 사람을 떠난다고 한다. 죽음은 투모라이스테스, 즉 투모스를 분산하고 없애 버리는 것이다. 그러므로 혼은 '생명의 혼'의 기억력이 다시 회복된다고 한다. 여기서 피를 마시는 행위를 통해서 프쉬케가 '생명의 혼'(즉 투모스)의 본체를 얻는 것 같다"(98). 또한 저자는 몸과 영혼의 구분은 그리스 철학에서 비롯되었다고 하면서 이렇게 말한다. "그리스 초기 사상에는 영혼과 몸의 이원성에 대한 생각을 전혀 찾아볼 수 없다. 이 시대는 예술뿐만 아니라 사상의 형식이 아직 물질에 굳게 뿌리박고 있었다. 그리고 후에 개념적으로 구분하게 된 '몸과 영혼'은 아직 미분화된 상태였다. 이 고대 사상에서는 그 때문에 영혼을 몸에서 따로 떼어 생각하지 않았을 뿐더러 심지어 '영혼'이란 개념에 대칭되는 '몸'이라는 개념도 존재하지 않았다. 고대 그리스 사상에서 정신적인 것과 육체적인 것의 구별은 실로 미분화된 전체성 내지 일체성에서 분화되었다. 육체적인 것과 정신적인 것의 두 영역은 매우 밀접하게 연결되어 있었다. 우리가 염두에 두어야 할 중요한 사실은 외부세계와 내부세계의 구별이 고대 그리스 사상에서는 존재하지 않았다는 것이다. 이를 통해서 유물론이나 유심론처럼 두 세계를 미리 나누어 두고 어느 한 측면에 집중할 때는 몸과 영혼의 상호관계를 찾아보기가 도무지 불가능하다는 것이 더욱 분명해진다."(98-102)

로렌스의 관점에는 육체는 단순한 물질성이 아니며 물질성이면서도 그것을 초월해 있는 영성(정신성)을 포섭하는 보다 더 큰 범주인 것이다. 외부의 세계나 사물과 쉼 없이 상호 교감하고 교류하는 유기체로서의 육체는 신비한 체험과 감정을 주고받음으로써 '정신화된 육체'이자 '육체화된 정신'이며 동시에 우주자연과도 '합체화된 존재'이다. 로렌스는 이러한 인간을 '피의식'을 지닌 '혈적 영혼', '혈적 존재'라고 불렀던 것이다. 로렌스 문학의 묘미는 바로 이러한 '피의식'에 기반을 두고 '피의 관계'(blood-relation), '피의 친밀성'(blood-affinity), '피의 교류'(blood-interchange) 양태를 보여주고자 하고(Moore 394-95) 인물들의 정신-물질 일원론적 비전을 구현하고자 했다는 점이다. 그 때문에 그의 작품에서는 이분법으로 단절되지 않은, 그리고 기계화, 물질화되지 않은 인간들이 우주자연과 더불어 역동적으로 살아있고 독자에게 깊은 감동을 주게 된다.

3. 물활론적 정령종교

로렌스가 그의 문학작품에서 구현하는 물아일체적 또는 물질·정신 일체적인 비전은 범신론 시인이자 사상가인 인도의 타골이 말한 '창조적 통일'(creative unity)에 합치되는 것이다(Rabindranath Tagore의 저서, *Creative Unity* 참조). 인간으로 하여금 우주자연과 한 몸이 되어 생명의 약동하는 힘과 리듬을 감각되도록 하는 것이 바로 '범신론적인 물활론' 혹은 '정령주의적 종교'라 할 수 있다. 로렌스는 인간의 물질화, 정신화로 생명이 고갈되어버린 유럽의 백인사회를 떠나 그가 그리는 이상향 모델을 아메리카 인디언들의 원시종교사회 여행에서 직접 발견할 수 있었다. 그는 그러한 인디언 종교사회를 보고 느낀 체험을 여행기인 『멕시코의 아침』(*Mornings in Mexico*)에다 탁월하게 묘사하고 있다. 인디언 사회에서 그가 발견한 것은 서구 백인의 세계관과는 전혀 판이하였는데 인디언들에게는 정신과 물질이라고 하는 구별이 없었다(61). 그가 얻은 느낌은 인간에게 피가 흐르는 경험이지 정신이라든가 지성의 경험은 아니라는 것이다(56-57). 우리는 흔히 무생물마저도 죽어 있는 물질이 아니라 살아 있는 정령의 존재로 느낀다는 뜻에서 그러한 문화를 '물활론'(animism) 또는 '정령종교'(religion of spirit)의 범주에 넣는다. 그런데 로렌스에게 인디언들의 종교는 일반적인 '애니미즘'과는 다르게 생각될 정도로 특별하고 강렬한 느낌을 주었다. 그들의 의식에서는 모든 것이 정말로 살아 있기 때문에 대문자로 쓰는 정령의 종교라고는 할 수 없다는 것이다. 로렌스에게 인디언족의 종교는 유일한 정령과 유일한 신이란 없고 갖가지 정령의 종교인 듯했다. 로렌스는 "태양, 비, 맑은 하늘, 천둥 같은 것은 살아 있다. 하지만 그것은 개인도 아니고 민족도 아니다. 그러나 그들은 살아 있다. 그들은 생명의 활동을 나타내고 있다. 하지만 인간적인 신은 아니다"(74). "비나 천둥이나 태양은 의식을 가졌고, 살아 있고, 강력한 것이기도 하고, 짐승 중에서 최대의 짐승이라고도 할 수 있지만 우리들 인간으로서는 엿볼 수도 이해할 수도 없는 존재인 것이다(75)."라고 감탄한다. 서구인들의 종교와는 차이가 나는 인디언들의 종교에서 로렌스는 그가 추구해왔던 세계관을 발견한 것이다. 백인과 인디언 종교의 차이점에 대해 그는, "서구인들의 종교에서 우주는 물질이고 인간의 정신에 의해 정복되어야 하는 상대이다. 그들은 정신에 의해서 우주를 정복하려고 시도한다. 그러나 아메리카 인디언들은 정신과 물질, 신과 신이 아닌 것과의 구별을 인정치 않는다. 모든 것은 살아 있다. 설사 그것들이, 인간이 살아 있듯이 살아있는 것이 아니라 할지라도 살아있다"(75)고 말한다. 로렌스는 '천둥'에 대한 사고방식의 차이점을 일례로 들면서 서구문화의 대상적, 정복적 개념과는 다른 통일적, 통합적 개념을 지적한다. 서구인들은 '천둥'을 뇌신이라고 하고(북구적 사고방식), 제우스라고 하지만(그리스적 사고방식), 인디언들 사이에 그러한 사고방식은 없다는 것이다. 서구인들의 사고방식에 뿌리를 내리고 있는 것은 오직 대상적인 개념과 정복의 개념이며 그 때문에 천둥은 무언가 커다란 불가해한 생물로서 자기를 주장하는 우주에 있는 괴조(怪鳥)이다. 용의 입을 가진 천둥을 어떻게 해서 정복할 것이며, 날개를 가진 비를 어떻게 해서 생포할 것인가를 생각한 서구인들은 저수지와 관개수로를 만들고, 땅을 깊이 파서 우물을 만들고, 피뢰침과 거대한 발전소를 만들었다는 것이다. 그들은 살아있는 천둥이라든가, 살아 있는 비라든가 하는 우주의 괴물을 정복하지 않으면안 되기 때문이다. 서구인들은 그것을 과학과 에너지와 힘의 문제라고 부르지만인디언들은 그와 같은 말은 하지 않고 모두는 살아있다고 말한다는 것이다(75). 로렌스가 이러한 아메리카 원주민들의 범신론적 물활론, 즉 애니미즘으로부터감동한 부분은 우주와 자연을 '거대한 생명의 원천'으로 생각하면서 우주자연과의 동화를 구한다는 사실이다. 인디언들에게 우주와 자연은 완전히 살아있기 때문에 '피'를 가진 '혈적 존재'이자 '혈적 영혼'이다. 이렇게 강렬한 감각으로 우주자연과 교감하고 동화 합일할 수 있는 능력을 지닌 인디언들이기 때문에 그들자체도 서구에서 탐방한 로렌스에게 어둡고 붉은 피로 충만한 신비스러운 사람으로 직감되었으며, 언어로는 형언하기 힘든 특별한 인간들로서 느껴져 충격을주었다("Indians and An Englishman", Phoenix 95 참조).

이 탐방여행기에 묘사된 호피족 인디언들의 뱀춤은 원래 주식인 옥수수를잘 자라게 하여 풍요한 수확을 거둘 수 있도록 비를 내려달라고 기원하여 추는춤이다. 이 춤에는 인간과 자연과 우주가 합일되도록 간구하는 열망이 들어있다. 인디언들은 이 춤을 추면서 의식을 몰입시키고 우주의 힘과 자연력의 동화를 열심히 추구한다. 이 춤을 춤으로써 인간과 우주자연은 완전하게 합일되고 살아있게 된다. 다시 말해 이 춤은 물활론적 정령종교에 속하는 의식(儀式)의 하나이다. 로렌스는 이러한 인디언 종교문화를 장편소설『날개 달린 뱀』과 그리고 자매편인 단편소설 「말을 타고 떠난 여인」에다 심혈을 기울여 재현하고 있다. 그런 만큼 로렌스는 스스로 『날개 달린 뱀』을 그의 소설들 중에서 가장 중요한 작품이라고 말했다(Beal, 77). 이 작품의 서두에서 작가는 여주인공인 백인 케이트(Kate)가 멕시코 인디언 사회에 여행 온 것은 그녀가 사는 유럽에서는 생명의 고갈을 느낄 뿐이며 유럽사회에서 끊어져버린 생명의 근원을 찾고 정지 당한 그녀의 생명력을 재생하기 위해서라고 밝힌다. 쉬나이더(D.J. Schneider)에 의하면, 그녀는 "구세계의 관념론"(Old World idealism)을 가지고 태어난 여인이며 다른 서구 백인들처럼 계속하여 독립되고 분리되어 지내는 것이 무의미하고 무서운 것이라는 사실을 인식한다(172). 이 작품에는 두 남자 주인공인 돈 라몬과 돈 치프리아노가 고대 인디언 종교인 케짤코틀교의 복원을 시도하는데, 둥근 원 속에 뱀과 독수리가 결합된 형상의 기장(記章)이 등장한다. 이러한 형상은 '원'의 진리를 나타내는 상징으로서 모든 존재의 생명적 교감과 합일관계를 나타내며 이러한 교감과 합일관계는 이 작품의 핵심 모티프가 되고 있다. 원의 진리에 의해 남성과 여성, 대지와 하늘, 밤과 낮, 삶과 죽음, 빛과 어둠 등과 같은 모든 이원적 대립자가 하나로 통합되고 일체는 단절과 분리가 없이 순환하고 조화를 이룬다는 우주적 진리를 작가는 이 원의 상징에다 내포시키고 있는 것이다. 케짤코틀 교도들인 인디언들이 추는 춤도 여기서는 둥글게 돌면서 땅을 밟고 열심히 합일과 동화를 추구하는 '원무'(圓舞)로 묘사된다. 유럽에서 여행 온 여주인공 케이트는 이 원무에 참여함으로서 지금까지 죽어있었던 자신의 생명력을 되찾는 체험을 하게 된다. 이 춤을 작가는 '물활론적인 춤'(animistic dance)라고 표현한다(380).

우리는 『멕시코의 아침』에 기술된 호피족의 뱀춤(snake dance)에 대한 로렌스의 흥미로운 해석을 읽을 때 비로소 인디언들의 심오한 정령숭배 종교의 의미를 이해할 수 있다. 왜 인디언들의 정령종교에서 원의 상징이 필요하며 이 원은 어떤 뜻을 내포하는지에 대해 로렌스만큼 정확하게 이해한 사람은 없을 것이라고 인류학자 베네딕트(Ruth Benedict)는 평가했다(66). 원무인 뱀춤에 대한 로렌스의 설명을 잠시 들어보자(필자 요약). 뱀은 인간이 비의 신에게 보내는 밀사이다. 그것은 힘의 원천에 보다 가까운 곳에 살고 있다. 지구의 중심에는 강렬하고 어두운 태양이 누워 있어서 우리가 살고 있는 세계는 커다란 뱀처럼 그 태양을 에워싸고 있다. 그래서 뱀은 이 검은 태양 쪽으로 우리들보다도 훨씬 더 가까운 쪽에 있다(78). 뱀이 원으로 똬리를 틀고 있는 행위는 정령숭배교의 야만인에게 있어서 일종의 축복이고 영적인 교감이며 포옹이다. 지하의 뱀의 세계에는 아직도 길이 나 있지 않은, 아직 창조되어 있지 않은 삶의 정열이 흐르는 강이 있고, 그것이 방울져 떨러질 것 같은 전광처럼 땅 속의 바닥에 숨어든 검은 태양에서 흘러나와 곡물의 뿌리와 인간의 발과 허리에까지 흘러오는 것이다. 그래서 인디언들은 뱀이라든가 지구 내부의 태양에서 방출되는 어두운 광선을 향해서 깊고 거의 귀에 들리지 않는 목소리, 뱀의 말로 속삭이는 것이다(80). 로렌스의 이러한 해설에 나타난 것은 인디언들이 지구를 단순한 물질로 보지 않는다는 것이다. 그들에게는 물질과 정신의 구분이 없다. 그들에게 있어 태양은 인간의 생명을 부양하는 원천이며 원초적인 정령적 존재이다. 그 태양은 심장처럼 팽창하고 수축하면서 변덕스러운 명령을 맥박처럼 보낸다. 로렌스에 의하면 아메리카 원주민들은 밑바닥에서부터 근원적으로 종교적이다. 정령숭배적인 종교로서 생활하는 인디언들의 마음의 원천은 어둡고 비인간적이다(89). 서구인들은 인디언들이 야성적으로 보인다고 말하지만 그들의 눈에는 서구인들과는 전혀 틀리는 정령숭배적인 종교가 잠재해 있다. 인디언들의 눈은 서구인들처럼 사물을 볼 수가 없고 백인들을 받아들일 수가 없다(402). 여기서 잠깐 철학계의 설명을 들어보자. 물활론주의자들은 신이란 세상 속에 있고 세상과 분리할 수 없다고 본다. 이 때문에 이러한 견해는 '물활론적 범신론'이라고 명명된다. 물활론적 사고란 초기 그리스 철학을 확립한 탈레스, 아낙시메네스, 헤라클레이토스 등과 같은 이오니아학파인 자연철학자들에 의해서 설명되었으며, 스토아 철학자들에게 계승되었다. 서구 역사에서 물활론적 자연관의 성격은 근대로 오면서 그 자취를 감추었고, 자연은 생명가치를 박탈당하여 인간의 손에서 그들의 뜻대로 변형되게 되었다는 것이다(『창작과 비평』 74호, 1991년 겨울호).

쉬나이더에 의하면, 먼 과거의 고대 원시인류들의 종교와 의식에 관한 탐구와 관찰을 담은 『에트루리아의 여러 곳들』(*Etruscan Places*)과 『멕시코의 아침』과 같은 저서를 통해 로렌스는, 인류학자들이 밝힌 옛 종교는 신이나 여신의 종교가 아니라 우리가 미약하게 부르는 자연이라는 것의 복합적인 활력체 혹은 우주에 내재하는 요소적인 힘들의 종교라고 보는 견해를 공유한다고 지적한다(153). 버네트(John Burnet)의 『초기 그리스 철학』(*Early Greek Philosophy*)에 기술된 내용에서 로렌스가 알게 된 것은 모든 것이 신이라고 말하는 것이 가능하다는 것이다. 그리스 초기 시대의 과학철학자들에게 조차도, 차가운 것, 습한 것, 뜨거운 것, 건조한 것은 사물들이며, 실체이고 신들이었다. 신이란 쇼펜하우어의 '의지'처럼 현상이 운동하도록 불러일으키는 활력적 힘이며 신은 물리적인 세계에 내재한다. 로렌스가 『에트루리아의 여러 곳들』에서 강조하듯이 고대종교는 물질적 종교이며, 육체와 영혼, 물질과 정신의 분리라는 심한 실수를 저지르지 않았고 추상화의 범죄를 범하지 않았다고 본다. 로렌스가 "아메리카의 팬신"(Pan in America)에서 언명했듯이, 고대종교는 인간을 자연의 일부로서 보며 자연의 원천에서 나온 것으로 본다. 이 때문에, 인간은 다른 살아있는 사물들로부터, 예컨대 구름, 나무, 바위, 동물 등으로부터, '일체'의 에너지들을 흡수하는 존재이며, 또한 인간은 오래된 만물성(Allness)의 일부이다(Burnet 154). 이러한 살아있는 물질적 유형의 생명종교에서 기반을 이루는 것을 로렌스는 '피의식'이라고 보았다. 패니카스(G. A. Panichas)에 의하면, 로렌스는 인간이 20세기의 산업주의와 물질주의로 비인간화되고 죽음과 환멸적 존재로 타락한 상태로부터 구제될 수 있는 길이 오래된 먼 옛날의 원시종교에 있음을 발견하였다는 것이다. 그것은 살아있고 창조적인 우주와의 활기찬 접촉으로 새로운 생명의 리듬을 발전시킬 필요가 절실한 현대인들을 위한 종교였다. 인간이 필요로 하는 이러한 종교를 로렌스가 "제3의 토대"(the third ground), "신성한 토대"(the holy ground)라고 불렀다고 패니카스는 지적한다(15). 로렌스는 가디너(Rolf Gardiner)에게 보낸 편지들 중의 하나(1926년 11월 11일자)에서 이 점을 이렇게 밝혔다. "We have to know how to go out and meet one another upon the third ground, the holy ground." (Huxley, ed., *The Letters* 679).

로렌스는 뉴멕시코의 인디언 보호구역에서 만난 홍인종(Red Indian)을 통해 오늘날의 서구인들이 전혀 모르고 있는 인간의식의 오래된 심층에 있는 뿌리를 느꼈으며, 그러한 옛 종교에서 모든 사물들은 초자연적으로가 아니라 자연적으로 살아 있다는 사실을 알았다(*Phoenix* 145). 이러한 종교문화에서 인간의 전인적인 노력은 인간 자신의 생명을 우주와 산의 생명, 구름과 천둥의 생명, 공기와 대지의 생명, 태양의 생명 등과 직접적인 접촉을 이루게 한다는 것이다. 이것은 즉각적으로 느껴지는 접촉으로서 에너지, 힘 그리고 어둑한 종류의 희열을 가져오는 것이다. 중재자 없이 순수하게 적나라한 접촉을 향한 이러한 노력은 종교의 근원적 의미라는 것이다. 그런 종교에서 중재를 통하지 않고 직접적으로 '물질적인 신성실체들'에 대해 반응하도록 하는 것이 '피의식'이라고 로렌스는 풀이한다(*Phoenix* 146-47). '피의식'은 모든 사물과 우주 자체도 가지고 있다. 그것은 인간 자신과 외부 세계 사이에 아무런 분리를 느끼지 않게 만들어주는 생명의 질료를 의미한다. 로렌스는 실제로 만년에 쓴 『묵시록』에서 다음과 같이 주장하였다: "우리와 우주는 하나다…태양은 그 떨림이 우리의 미세한 혈관으로 들어오는 거대한 난방체이다. 달은 우리가 영원히 떨리는 빛을 발산하는 거대한 신경센터이다"(29). 인간은 외부세계의 이러한 혈적 에너지들을 접촉에 의해 자기 자신에게 끌어들여 더욱 거대한 생명을 얻을 수 있는 것이다. 쉬나이더에 의하면 이러한 에너지는 로렌스에게 있어서 "영적이면서 동시에 물질적인 추동력"(psychic and physical impulses)으로 파악되었으며, 백인들이 상실해버린 우주적 피의식을 보여주기 위해 로렌스가 "야만의 마음"(savage mind)을 재창조하고자 애썼다고 말한다(155). 인간이 우주에서 심하게 분리되기 이전의 시대에 인간은 나머지 모든 존재들과 함께 팬(Pan)이었으며, 한 그루의 나무도 만물과 더불어 생명에너지를 교류함으로써 활기찬 살아 있는 "팬"이 되었고, 스스로 주인이 되고 완전해질 수 있었다고 로렌스는 본다(*Phoenix* 24). "팬"이란 모든 것(All)이라는 뜻이다. 인디언들은 팬의 힘으로부터 단절되지 않았기 때문에 우주에 대한 존경과 경건함의 관계로 들어갈 수 있었으며, 이러한 힘들을 흡수하여 동화할 수 있었다. '물질적 신성실체'에 반응하는 인디언들의 그와 같은 피의식은 베르그송이 말한 '본능'이 추상적인 지성의 고정되고 동결된 반항들을 넘어서 어떤 실체를 아는 것처럼 사물들의 활기찬 흐름과 저항에 민감하여, 공감적인 인력 혹은 자발적인 저항력을 의식한다는 것이 쉬나이더의 설명이다(*The Consciousness of D.H. Lawrence*, 제8장 "Blood Consciousness" 참조). 피의식은 활력적인 에너지들의 밀물과 썰물, 따뜻함과 차가움을 인지하고 공감적이면서 동시에 반감적이기도 하여 양면성을 지닌다는 점을 주목한 쉬나이더의 견해에 의하면(155-56), 로렌스의 '피의식'은 증오할 수도 있는데 그것은 우주의 활력적 에너지들은 창조적일 뿐만 아니라 파괴적이기 때문이라는 것이다. 로렌스는 우주를 양면성을 지닌 것으로 파악하지만 그가 말하는 파괴라는 것은 부정적인 것은 아니며 창조를 위해 필요한 파괴의 개념을 내포한다(160). 이러한 피의식의 양면적 의미가 반영된 대목들을 로렌스의 단편소설인 「말을 타고 떠난 여인」과 중편소설 「세인트 모어」(St. Mawr)에서 찾아보면, 전자의 작품에서 인디언들은 백인 여인 제물을 태양신에게 희생양으로 다루면서 잃어버린 지배권과 힘을 되찾고자 한다(163-64). 그리고 후자의 작품에서 작가는 독자들로 하여금 피의식을 함께 나누도록 하고 그 의식의 위엄과 아름다움을 느끼도록 한다. 여주인공 루(Lou Witt)는 위선적이고 과도한 지성을 지닌 화가인 남편 리코(Rico)를 피의식에 충만한 위험스럽고 공포스럽게 보이는 검붉은 색의 종마와 대비시킨다. 이러한 피의식은 리코의 창백할 뿐인 관념적 의식과 나약한 감상성, 위선에 대한 강력한 해독제가 된다. 작중에 등장하는 마부 레위스(Morgan Lewis)는 여주인공 루가 흠모하는 종마처럼, 그리고 아메리카 남서부의 인디언들과 같이 "비인간적이다"(impersonal)이다(165). 이들은 루의 남편 리코를 등산여행을 통해 말에서 떨어지게 하는 사고를 낸다. 그들은 새로운 자아의 창조를 위한 파괴적인 힘을 지닌 자들이며 이러한 에피소드는 피의식이 양면성을 지니고 있음을 상징적으로 보여준다.

로렌스의 물활론적 정령종교의 현대적 복원의 의미는 로렌스의 편지 한 구절에 단적으로 표현되어 있다. 패니카스가 선사시대 인류의 고대원시 종교와 일치하는 로렌스의 종교적 비전을 평가하는 가운데 인용 소개한 로렌스의 편지에는 그가 본질적으로 종교적인 비전을 가진 예술가(8)라는 사실이 잘 나타나 있다. "나는 보다 오래된 생명의 비전으로의 복귀가 있어야 한다고 안다. 그것은 결합을 위해서이며 의지로부터 나오는 것이 아니다. 그것은 우리 내면에 닫혀 있었던 종교적 원천들이 상당하게 샘솟는 것을 필요로 하는 것이다. 의지적인 행동이라기보다는 보다 어둡고 보다 오래된 미지의 것에의 위대한 복종이 필요하다."(9-10)

4. 나가며: 물질·정신의 이분법 해체와 신체화된 정신

근래에 와서 문학, 철학, 사회학, 예술 분야에서는 육체와 영혼, 물질과 정신이라는 전통적인 이원론 철학 담론에 반론을 제기하는 몸담론 주제에 관한 논쟁과 연구 열기가 고조되었다(김성호 논문 "D.H. 로렌스와 몸" 참조). 반플라톤주의자인 로렌스는 서구 지성사에서 플라톤주의로 인해 계속 경시되어온 몸(육체)을 플라톤 이전의 고대 그리스 시대로 되돌려 놓으려고 했으며, 육체 복원과 함께 이원론을 해체하여 물질과 감성에 속하는 몸(육체)과 정신에 속하는 영혼(마음)을 나누지 않고, 또한 우열을 두지 않고, 통합적으로 바라보는 견해를 제시했다. 이러한 견해는 레이코프(G. Lakoff)와 존슨(M. Johnson)이 공동으로 제시한 "신체화된 정신"(embodied mind)의 개념과 일치한다. 두 철학자는 이러한 견해를 공저인 『몸의 철학』(*Philosophy in the Flesh*)(1999)을 통해 소상히 밝히고 있는네 이 책의 부제는 "신체화된 마음과 서구 사상에 대한 도전"(*The Embodied Mind and Its Challenge to Western Thought*)이라고 되어 있다(임지룡 외 옮김 참조).

한편 퍼슨은 그의 철학적 인간학 저서인 『몸, 영혼, 정신』에서 영혼은 육체적인 것과 도무지 분리할 수 없는 하나의 전체를 구성하고 있는 것이란 사실을 철학적으로 고찰한다. 그는 이 책에서 영혼과 몸의 일체성을 추구한 철학자의 예로서는 아리스토텔레스, 몸을 인간적인 조건에 못 미치는 유기적인 소여 이상으로 본 철학자의 예로서는 메를로-뽕티, 몸과 영혼을 어느 하나로 환원해보려고 시도한 유물론과 유심론 같은 학파의 철학자들의 예로서는 데카르트와 플라톤을 예시하면서 철학사적으로 종합하여 논의한다. 저자는 이렇게 말한다. "원시사상에서 인간을 완전히 물질적인 존재로 보는 경우가 실제로 있었지만 그것을 유물론이라 부르기는 힘들다. 원시사상에서는 물질을 '살아 움직이는 힘'으로 보았기 때문에 오히려 정신적인 것으로 이해하였는데 '물질'이란 말은 어떤 의미에서 근대적인 용어이다. 물질과 정신의 이원론이 존재하지 않았던 고대 그리스 초기 사상에서도 유물론이 거론되지 않았으며 그들에게 정신은 물질적으로, 물질은 정신적인 성격을 띤 것으로 이해되었다"(57-58). 이 책에서 밝힌 바로 이러한 사상이 지금까지 본론에서 살펴본 로렌스의 사상이라는 점을 여실히 알 수 있다.

고대 그리스의 데모크리토스는 보통의 물질과 영혼의 물질을 전혀 다른 것으로 구별했지만 근본적으로 유물론적인 색채를 띠었다고 본 바가 있다(퍼슨 58). 퍼슨에 의하면 메를로-뽕티는 몸을 하나의 대상으로 취급하는 접근방식은 불충분한 것으로 생각하였고 몸과 관계되는 것은 3인칭의 입장에서가 아니라 1인칭의 입장에서 보아야 한다는 점을 강조했다(143). 메를로-뽕티에게는 정신적인 것과 물질적인 것의 이원성이 인간의 존재방식을 구분하는 바탕이 되지 못한다. 육체성은 정신적인 것과 물리적인 것의 합일이다. 그리고 인간의 육체성은 주체와 대상이 분리되지 않은 '객관 이전의' 장(場), 즉 관계의 장이다. 이 장이 '나'보다 앞서 존재하고 개개인의 삶의 역사의 바탕으로 무인격적이고 익명으로 남아 있다. 이런 의미에서 육체성이 '나'보다 먼저 존재한다고 말해야 옳다는 것이다(147). 요컨대 뽕티는 정신적인 존재와 육체적인 존재의 일체성을 강조했으며, 영혼과 몸을 두 개의 동질적인 본체로 설정하고, 인간에게서 이 둘이 연합을 이룬다고 보았다. 니체도 역시 이러한 관점을 취한 철학자이다. 『짜라투스트라는 이렇게 말했다』에서 그는 "'신체는 나 자신이며 영혼이다"라고 말했다(드레퓌스, 『인터넷상에서』).[2] 지금 언급한 바와 같은 메를로-뽕티와 니체의 인간관이 로렌스의 문학을 통해서 감동적인 비전으로 구현되고 있음을 우리는 알 수 있다.

실제로 로렌스는 서양의 철학사와 지성사를 누구보다도 폭넓은 시야로서

---

[2] 이와 같은 내용을 더 많이 알려면, 엘리자베스 그로츠, 『뫼비우스 띠로서 몸』, 황훈성, '문예학으로서의 몸담론' 등과 같은 책과 글을 참조할 수 있다.

깊이 있게 읽었으며 통찰하고 있었던 사람이다. 그가 읽은 독서의 양은 상상을 초월할 정도이며 동서양의 모든 문헌에 걸쳐 있다. 이는 사가(Keith Sagar)가 편집하여 쓴 저서 『로렌스 편람』(*D.H. Lawrence Handbook*)을 참조하면 잘 알 수 있는 사실이다. 로렌스가 일생을 통해 변함 없이 추구한 것은 추상과 관념이 아니라 피와 살, 다시 말해 살아 움직이는 물체로서의 몸/육체이었다. 그에게 추상과 관념으로만 발설되는 영혼이란 창백한 허상일 뿐이며, 육체와 통합될 때의 영혼이 진정한 영혼이다. 영혼과 육체는 사실 분리될 수 있는 성질이 아니다.

로렌스 문학에 가득 찬 신비롭고 불가사의한 생명력과 활력은 육체(물질)과 영혼(정신)을 분리시켜서 보지 않고 통합시켜 보는 관점 때문이다. 로렌스의 문학과 철학에서는 서구의 전통적인 물질과 정신, 육체와 영혼으로 구분하는 이분법은 해체되고 양자가 통합됨으로써 그의 사상의 핵심을 이루는 생명주의적 특성과 매력이 생겨났다고 할 수 있다.

■ 인용문헌

그로츠. 엘리자베스. 『뫼비우스 띠로서의 몸』. 임옥희 옮김. 서울: 여리연, 2001.

김성호. 「D.H. 로렌스와 몸」. 『현대영미소설』 9.2. 2002.

김용민. 『생태문학』. 서울: 책세상, 2003.

드레퓌스. 허버트 L. 『인터넷상에서』. 정혜욱 옮김. 서울: 동문선, 2003.

양영수. 「로렌스의 「목사의 딸들」에 나타난 예술가로서의 육체 노동자」. 『D.H. 로렌스연구』 제13 1호.

_____. 「하아디와 로렌스의 자연관 비교」. 『백록논총』 제7권 1호. 2005.

임벽봉. 『불교보감』. 서울: 선문출판사, 2001.

조일제. 『원초적 실재의 탐색 - D.H. 로렌스 문학과 어둠의 자아』.

존슨. G.레이코프, M. 『몸의 철학』. 임지룡 외 옮김. 서울: 박이정, 2002

퍼슨. C.A.반. 『몸, 영혼, 정신』. 손봉호, 강영안 옮김. 서울: 서관사, 1985.

황규완. "D.H. Lawrence의 소설에 나타난 리듬에 관한 연구". 부산대학교 박사학위논문, 1993.

황훈성. 「문예학으로서의 몸 담론」. 김성곤 편저. 『21세기 문예이론』, 서울: 문학사상.

Aldington, Richard. *D.H. Lawrence: Selected Letters*. Harmondsworth: Penguin, 1961.

Beal, Anthony. *D.H. Lawrence*. London: Oliver & Boyd, 1964.

Benedict, Ruth. *Patterns of Culture*. London: Routledge, 1961.

Blavatsky, H.P. *Isis Unveiled*. California: Theosophical University, 1988.

_____. *The Secret Doctrine*. California: Theosophical University, 1988.

Capra, F. *Tao of Physics*. Boulder: Shambhala Inc., 1975.

Ebbatson, Roger. *Lawrence and the Nature Tradition : A Theme in English Fiction 1859-1914*. Portsmouth: Havester P, 1980.

Eddins, Dwight. "Cultivating the Tree of Life: D.H. Lawrence's Naturalistic Modernism", *D.H. Lawrence Studies. Vol. 5.* Seoul: D.H. Lawrence Society of Korea, 1996.

Huxley, Aldous. ed., *The Letters of D.H. Lawrence*. New York: Viking, 1972.

Langbaum, Robert. "Lawrence and Hardy", *D.H. Lawrence and Tradition* ed. Jeffery

Meyers. London: Athlone, 1985.

Lawrence, D.H. *Apocalypse*. Harmondsworth: Penguin, 1977.

_____. *Etruscan Places*. Harmondsworth: Penguin, 1975.

_____. *Fantasia of the Unconscious*. Harmondsworth: Penguin, 1977.

_____. *Lady Chatterley's Lover*. Harmondsworth: Penguin, 1974.

_____. *Mornings in Mexico*. Harmondsworth: Penguin, 1975.

_____. *Sons and Lovers*. Harmondsworth: Penguin, 1970.

_____. *St.Mawr*. Harmondsworth: Penguin, 1981.

_____. *The Plumed Serpent*, Harmondsworth: Penguin, 1977.

_____. *The Rainbow*. Harmondsworth: Penguin, 1977.

_____. "The Woman Who Rode Away". *D.H. Lawrence: Selected Short Stories*. Harmondsworth: Penguin. 1983.

_____. *Women in Love*. Harmondsworth: Penguin Books Ltd, 1979

_____. *D.H. Lawrence: Phoenix*. London: Heinemann, 1967.

Lovelock, James. *Gaia*. Oxford: Oxford University Press, 1995.

Moore, H.T. ed. *Sex, Literature, and Censorship*. New York: Viking, 1972.

_____. ed. *The Collected Letters of D.H. Lawrence*. New York: Viking, 1962.

Panichas, G. A. *Adventure in Consciousness: The Meaning of D.H. Lawrence's Religious Quest*. London: Mouton & Co., 1964.

Sagar, Keith. ed. *A D.H. Lawrence Handbook*. London: Butler & Tanner, 1982.

_____. *D.H. Lawrence and New Mexico*. Salt Lake City, Utah: Gibbs M. Smith, 1982.

Schneider, D. J. *The Consciousness of D.H. Lawrence*. Kansas: UP of Kansas, 1986.

Tagore, *Rabindranath. Creative Unity*. London: Macmillan, 1922.

외상의 물질성과 이창래의 『제스처 인생』

정혜욱

|

이창래의 『제스처 인생』은 군위안부를 직접적인 소재로 삼고 있는 소설이다. 한국어판 서문과 몇몇 인터뷰에서 밝혔듯이 군위안부를 소재로 소설을 쓰기 위해 1, 2차 자료들을 수집하고 2차 대전 혹은 그 이전의 전시상황에서 위안부로 동원되었던 생존 여성들을 직접 만나 인터뷰를 하기도 했다. 하지만 그는 어떤 이유에서인지 종군위안부의 목소리로 소설을 써나가는 것을 중단한다. 피해자 여성들의 인터뷰 자료 속에는 침묵도 진실을 드러내었지만 그는 그것을 제대로 옮길 수 없었으며, 위안부를 도와준 일본 위생 장교 부분을 써다가 모두 폐기하고

위생 장교의 시각에서 처음부터 소설을 다시 써내려 가기로 결심했다고 고백하고 있다(Garner 6, 이소희 134). 이러한 저자의 고백만으로 소설을 다시 쓰기 시작한 이유를 설명할 수는 없겠지만 그 중 하나가 종군위안부라는 소재가 단순히 2차 대전과 그 직전의 전시 상황에서 일본군에 의해 위안부로 동원된 여성들 개인의 피해와 희생의 문제를 넘어서 이 사건이 쉽게 재현될 수 없는 불가피한 잉여를 남기고 있기 때문일 것이다.

그렇다면 군위안부 사건은 아직도 우리 역사의 일부가 되지 못한 채 역사로 써지길 기다리는 하나의 외상적 사건으로 간주될 수 있을 것이다. 그러나 역사가 되지 못한 외상적 사건이라는 것은 한국의 정부가 이 사건에 아직 제대로 주목하지 못했다거나 국가적 차원에서 이들 희생자에 대한 보상 논의를 매끄럽게 마무리짓지 못했다는 표면적인 문제점만을 말하는 것은 아니다. 사실 보상이나 배상의 차원에서만 대처하고자 한다면 이 문제는 여성의 몸을 자본의 시장에 내어놓는 경제적인 용어로, 개인의 가치가 교환가치로 분해되면서 성적 착취를 자행한 구체적 행위자를 익명으로 만들고, 자본이라는 추상적인 유령에 그 자리를 내주게 될 것이다. 혹은 이 사건을 남성/여성의 이분법에서 언제나 약자의 위치에 있는 여성에 대한 성폭력 문제로 바라볼 경우 위안부로 동원된 여성들 중에 일본 여성도 있었으며, 다른 아시아 여성들도, 그리고 소수이긴 하지만 유럽 여성들도 포함되어 있었다는 점에서 전시체제 하에 여성들에게 행해지는 모든 종류의 성폭력으로 확대되어, 사건의 특수성을 제대로 담아낼 수 없을 지도 모른다. 또한 이 사건을 민족의 문제로만 바라볼 경우 위안부로서 희생된 수많은 여성들이 민족이라는 거대하면서 상상적인 공동체 속으로 흡수되어 그 여성들의 자리가 지워질 우려가 있을 것이다. 그러나 이 관점의 더 큰 문제는 일본만을 가시적 가해자로 상정하면서 위안부 여성들을 이중의 피해자로 만든 것은 우리들 자신이라는 점을 간과하게 만든다는 것이다.

사실 위안부의 사건은 식민지 시대 전시체제 하에서 발생한 것이지만 그것은 한 피해자의 고발 사건 이전에는 거의 50년 가까이 어둠 속에 가려져 있었다. 그 동안 한국 내의 진보적 지식인이라고 자청하는 사람들이나 근현대사 연구가들조차도 이 사건을 사건화하지 못했다. 한국 사회에서 2차 대전이 끝나고 돌아온 위안부여성들의 이야기를 들어줄 대중이 없었다는 것, 이것은 그들이 최소한 희생자나 피해자로서의 지위도 인정받지 못했다는 것을 의미한다. 그러나 희생자로서 그들을 인정하지 않는다면 가해자도 피해자도 존재할 수 없다(Schaffer and Smith 192 참조). 그러므로 위안부 사건은 그 오랜 세월동안 사건이기를 거부당해온 사건이었던 셈이다.

이렇게 본다면 우리 역시 이 사건의 폐제(foreclosure)[1]에 공모하고 있었다는 혐의에서 자유롭지 못하다. 아니 어쩌면 그들을 피해자로 인정하지 않았던 우리가 물리적 폭력을 자행한 일본보다 덜 잔인했다고 말할 수 없을지도 모른다. 이들을 희생자로 인정해 주지 않았던 문화적 인정의 부재가 그들의 상처를 더 크고 치유될 수 없는 외상적 성격을 띠도록 만든 것은 아닐까? 필자는 이러한 문제의식에서 위안부 사건의 복잡성과 다양한 층위를 넘어서 그것을 단순히 수난의 역사, 피식민지 착취의 역사로 공식화될 수 없는 어떤 잉여를 포함하고 있다고 본다.

물론 위안부 사건의 피해자들이 왜 더 일찍 문제를 제기하지 못했는가라는 의견도 있을 수 있다. 그러나 희생자는 말할 수 없다. 그들이 말할 수 있는 사회적 조건이 형성되지 않는 한, 그리고 그들의 이야기를 들어줄 귀가 없다면, 그들의 말은 말이 아니라 공허한 외침일 뿐이다. 그들에게는 처음부터 정치적 정체

---

1) '폐제'는 프로이트의 개념으로 '억압과 구분되는 특수한 방어기제'를 의미한다. 즉 자아는 용납할 수 없는 생각을 그의 정동과 함께 송두리째 거부하여 마치 그러한 생각이 떠오른 적이라고는 한 번도 없었던 것처럼 행동하는 것이다. 이것은 단순히 현실 세계의 부정(negation)이 아니라 존재자체를 인정하지 않는 부인(disavowal)에 기초한다.

성이 없었고 그것이 그들을 고통의 나락에 빠뜨리는 선행조건이었다. 그러므로 희생자들은 주체의 범주가 아니라 대상의 범주에 속한다. 그래서 그들은 주체의 재현이나, 정치적 대표/대변에 의해서 결코 포섭될 수 없는 잉여를 남긴다. 슬라보예 지젝에 의하면 "이 죽지 않는 잉여에 대한 프로이트의 명칭이 바로 외상 (Trauma)"이다. 즉 "죽지 않는 외설적/괴물적 잉여로서 지속하는, 담론의 세계를 살아있도록 유지시켜주는 일부 외상의 핵심에 대한 함축적 언급"인 것이다 (*Fragile* 98). 여기서 외상이 잉여라는 것은 그것이 주체와의 관계를 통해서 발생하는 것이지 대상 그 자체가 바로 외상이 아니라는 뜻에서이다. 그러므로 외설적 잉여는 살아있는 것이 아니라 지속하는 것이며 그것은 주체와의 관계 속에서만 그 존재를 드러낼 수 있다.

이창래의 1999년 소설 『제스처 인생』이 다른 종군위안부 소설과 다른 점은 위안부가 스스로 말할 수 있는 설정이 아니라 위안부가 주체에게 기입되는 방식, 혹은 '위안부'를 둘러싸고 있는 여러 기표들과 주체가 조우하는 방식을 보여준다는 점에 있다. 우선 그는 위안부의 문제를 희생자의 시각에서 접근하고 있지 않다. 주체로서 화자는 위안부와 위안부가 불가피하게 포함하고 있는 어떤 세계를 자신의 인식틀 속으로 전유하고 포섭하고자 함으로써 한 인간의 관용이 어떻게 살해와 만나는지, 소수성이 어떻게 직접적 지배와 착취보다 더 잔혹한 폭력으로 탈바꿈하는지 예의바른 제스처가 잔인한 폭력을 어떻게 숨기는 지를 고백적이고 반성적인 서사로 엮어 가는 동시에, 위안부라는 기표 위로 가부장제 하의 조선 여성과 식민지 조선, 식민 이후의 한국, 그리고 일본과 2차 대전 이후 한국사에 개입하기 시작한 미국의 외설적 이미지 등이 어떻게 겹쳐지고 포개지는 지 보여준다. 따라서 이 글은 희생자를 손쉽게 말할 수 있는 주체로 상정하지 않음으로써 작가 이창래가 감히 재현하지 못한 지점의 불온한 물질성이 주체에게 어떻게 외상으로 드러나는지 살피고자 하는데 그 목적을 둔다.

II

필자는 공식적 기억 속으로 통합될 수 없는 잉여를 지젝의 프로이트 재해석을 따라 외상이라 이름했다. 하지만 여기서 공식적 기억 속에 통합될 수 없었다는 것은 위안부 사건이 망각되었다는 뜻이 아니다. 지젝이 지적한 것처럼 기억의 반대는 망각이 아니며, 존재(existence)의 반대는 존재하지 않는 것이 아니다. 망각은 언제나 기억을 전제로 한다. 기억할 수 없는 것은 망각될 수도 없다. 따라서 존재의 반대는 기억에서 누락된 것이 완전히 사라지지 않고 반복적으로 우리의 생활을 혼란시키며 그것을 뒤흔들어놓는 강요/주장(instance/ insistence)이다2). 그래서 외상적인 사건은 유령적이며 자크 라캉의 주장처럼 "쓰지 않기를 그치지 않는"(doesn't stop(*ne cesse pas*) being written(*de s'écrire*)) (*Encore* 59) 재현될 수 없는 것에 속한다. 다시 말해 이것은 라캉의 하이데거를 연상시키는 표현을 빌자면 '외-존재'(ex-sist)한다(*Encore* 22). 이것은 상징계 내부에 있는 것이 아니기에 내밀한(intimate) 것이 아니라 외밀하다(extimate)(*Encore* 22). 외-존재는 두 가지 차원을 전제한다. 하나는 언어화/상징화되기 이전의 물질의 영역에 속하는 실재(R_1)이며 나머지 하나는 상징화된 이후에 잉여로서 등장하는 실재(R_2)가 그것이다. R_2는 상징적 재현, 혹은 역사화의 과정에서 생겨나는 잉여효과로서의 물질성을 지닌다.

하지만 우리는 재현 이전의, 상징화 이전의 실재에 대해 직접적으로 접근하기는 어렵다. 상징화 이전의 실재에 접근하기 어렵다는 것은 그것이 비존재(nonexistence), 다시 말해 존재하지 않거나 이론적으로만 존재한다는 뜻이 아니

---

2) 세리단(Alan Sheridan)의 영역본에서 불어 'Instance'는 'Agency'로 번역되어 있다. 하지만 이것이 주체에게 힘을 행사하기는 하지만, 그 자체로 행위자로서 기능하지 않기 때문에 핑크(Bruce Fink)는 'Instance'를 그대로 사용하고, 지젝은 어감을 좀 더 강화시켜 'Insistence'로 옮긴다. 이 번역어에 대한 보다 자세한 설명은 핑크의 영역본 『앙코르』(*Encore*) 3쪽의 역자 주를 참조.

다. "종군위안부" 사건에서 보듯 사건에 연루된 개인은 분명히 있고, 생존자들도 있으며 목격자들도 있다. 그러나 문제는 그 사건들이 일관된 서사를 형성하지 못하고 파편적인 사실로서 여기저기 흩어져 있다는 데 있다. 파편적으로 흩어져 있는 사실들에 의미를 부여하는 것은 우리들이다. 라캉이 주장한 바처럼 "주체의 의미가 부여되지 않은 사실은 엄연히 말해 사실이 아니다"(*Seminar I* 51). 따라서 우리가 주목해야 할 것은 두 번째의 실재(R₂)일 수밖에 없다. 우리는 주체로서 사건에 이름을 붙이고 의미를 부여하며 일관된 서사를 만들기 위해 노력하고, 이 과정에서 잉여가 발생하기 때문이다.

1940년대부터 일본군에 의해 강제 동원된 여성들은 정신대, 종군위안부, (일본군)위안부, 성노예 등으로 불려 왔다. 이름이 붙여졌을 때에야 비로소 이 여성들은 흩어져 있는 개체가 아니라 의미 있는 집단이 된다. 붙여진 이름이 "외상적 사건의 출몰을 막기 위한 판타지"(Evans 59)를 포함하고 있는 것은 사실이지만 이 사건의 경우 그것만이 전부인 것은 아니다. 상술한 이름들, 즉 정신대는 일본제국의 정신으로 무장된 집단이라는 판타지를, 위안부는 군인들을 위로해주기 위해 소집된 집단이라는 판타지를 만들어내며, 성노예는 전시상황 뿐만 아니라 모든 경우에 반복적으로 성적 착취를 당해온 여성일반에 대한 명칭이다.3) 위안부나 정신대 등의 이름은 모두 일본에 의해서 붙여진 것이고, 성노예라는 용어도 이 문제가 국제화되면서 외국을 경유하여 우리에게 들어온 용어이다. 우리 스스로 이들에게 이름을 붙이지 못했다는 것은 우리가 타자에 기대어서 피해자 여성들을 의미화해 왔다는 것을 의미한다. 이것은 식민지 시대에 우리는 일본의 창을 통해 세계를 바라보았고 독립 이후에는 미국의 창을 통해 바깥세계를 바라보았던 추세와도 무관하지 않을 것이다. 그러나 중요한 것은 일본과 미국이 우리의 역사에서 일종의 자아이상으로서 근대의 이상적 이미지를 전

---

3) 이러한 용어의 문제에 대한 연구로는 강정숙, "위안부, 정신대, 공창, 성노예"를 참조하였다.

달해왔다는 주장의 타당성 여부가 아니라 우리가 한번도 이 문제를 우리 안의 문제로 사유하지 못했다는 것, 다시 말해 언제나 우리 바깥의 타자의 문제로서만 바라보고 있었다는 것을 반증하는 사례일 수 있다는 것이다.

이창래의『제스처 인생』은 바로 이 타자의 자리, 다른 세상을 꿈꾸고 원래 자신이 소속되어 있던 곳의 흔적을 지우기를 욕망하면서 이야기를 시작한다. 화자이자 주인공인 하타(Hata)는 소설의 현재인 미국에서 그리고 미국으로 이주해 오기 전의 그는 지로 구로하타(Jiro Kurohata)란 일본인으로서 타자의 욕망에 충실하는 착한 주체로 등장한다.

이 소설은 "이곳 사람들은 나를 안다"[4]라는 화자인 하타(Franklin Hata/Doc Hata)의 자신감에 찬 선언으로 시작된다. 이러한 타자의 인정은 그에게 "사소하지만 특별한 즐거움"(1)을 준다. 이어지는 페이지에서 그가 스스로 일본인이라고 밝히지 않더라도 하타라는 일본이름에서 우리는 미국 사회에서 정착한 외국인이 그렇게 인정받는다는 것이 얼마나 예외적인 것인지 알 수 있다. 그는 미국으로 이민 온 후 줄곧 "써니 의료 가게"(Sunny Medical Supply)를 운영하며 비록 의사는 아니지만 고상하고 예의바른 존경받는 삶을 영위해온 인물이다. 그래서 그는 의사가 아님에도 사람들에게 의사(Doc)로 불린다. 그의 집은 "마을에서 가장 웅장한 집은 아니지만"(16) 튜더 식 이층집으로 화려한 정원, 판석을 깐 수영장, 납을 넣은 유리, 단철로 지은 온실 등을 갖춘 근처의 부동산업자들이 탐낼만한 특별한 집이다. 최소한 써니 의료 가게와 집은 미국에서의 존경할 만한 삶을 입증하는 공간으로 보인다. 그러나 그의 예외적인 성공을 보여주는 것은 집이나 가게와 같은 외면적인 표지만은 아니다. 그는 미국의 "암묵적인 행동 계약"(44)을 준수한다고 말하지만 그의 생활 태도는 보통 미국인들보다 훨씬 더 미국적

---

4) Chang-rae Lee, *A Gesture Life* (New York: Riverhead, 1999), 1쪽. 이후 이 텍스트의 인용은 괄호 속에 쪽수만 표기함. 인용된 텍스트의 번역은 필자의 것이지만, 때때로 정영목의 번역을 참조하였다.

가치를 잘 구현한다. 이웃들로부터 환영카드나 과자 바구니를 받았을 때조차 "어느 정도가 정확한 대응 정도"(44)인지 판단하고 미국적 예의를 준수하며, 그 미세하고 연약한 균형을 깨뜨리지 않고자 노력한다. 이 덕분에 그는 "일본인임에도 불구하고 이웃들은 그를 빨리 받아들이게 되었다"(44).

소설 속에 등장하는 어떤 미국인도 하타의 역할모델이 되기에는 무엇인가 부족하다. 그것은 하타의 역할 모델이 살아 있는 미국인이나 인종차별에 시달리고 있다고 불평하는 레니(Renny Banerjee)와 같은 인물을 포함하는 현실 속의 미국이 아니기 때문이다. 따라서 가장 완벽한 미국인 상을 구현하는 마운트 홀리요크 대학의 최우등 졸업생이었던 메리 번즈(Mary Burns)도 정확히 그의 역할모델은 아니다. 하지만 그녀는 생물학적으로 완벽한 백인이었고 의사의 역할을 하지만, 의사는 아닌 하타와 달리 그녀의 전남편은 진짜 의사였고 게다가 하타가 젊은 시절에 꿈꾸었던 심장전문의이기도 했다. 따라서 겉으로 보기에 그녀의 남편이 된다는 것은 미국에서의 그의 성공을 더 강화해줄 것같이 보인다. 사실 처음 이 소설을 대했을 때 왜 메리 번즈와 헤어질 수밖에 없었는지가 미스터리로 남았던 것은 바로 이 때문이다.

그녀는 그가 힘써 준수하고자 하는 보이지 않는 섬세한 균형을 깨뜨리고 암묵적인 규약을 무시한다. "작정한 듯이 메리 번즈는 그런 식의 평화를 깨뜨렸다"(44). 첫 만남부터 그녀는 그의 사생활을 엿보고 있었다는 것을 거침없이 드러낸다. 하타는 그러한 메리 번즈가 부담스럽고 그녀의 행동을 어떻게 합리화해야 할지 전전긍긍한다. 그러나 관점을 약간 달리해서 보자면 메리 번즈의 행동은 사랑을 시작하려는 연인들의 관계에서 그렇게 과도한 것도 정상적인 궤도를 벗어난 것도 아니다. 그러나 그는 그녀와의 관계가 무르익었다고 생각될 무렵 "섬세한 균형"이 깨어지고 마침내 그들의 관계는 끝난다. 하타는 메리 번즈가 간암으로 병원에 입원해 있었을 때에도 심지어 그녀의 장례식에도 모습을 드러내지 않는다. 단지 신문에서 부고만을 확인할 뿐이다.

물론 두 사람이 헤어진 이유는 표면적으로는 그가 한국에서 데려온 입양아인 써니(Sunny Hata)와 관련이 있어 보인다. "써니"라는 그 이름이 의미하는 바처럼 하타에게 그녀는 자신의 생을 성공적으로 빛나게 해줄 존재여야 한다는 욕망을 담고 있다.5) 그러나 좋은 환경과 가정을 제공했음에도 그녀는 반항적이었고, 반항적인 써니와 가까워지려는 메리 번즈의 애타는 노력이 두 사람을 묶어주는 어떤 연대가 되는 것이 아니라 오히려 두 사람을 멀어지게 만드는 계기가 된다. 나중에 밝혀지지만 그것은 써니가 하타가 숨기고 싶어하는 어떤 외상적 경험의 일부를 이루면서 두 사람의 조화로운 관계를 방해하기 때문일 것이다.

하타가 성공적이라고 느끼는 순간이 실패의 순간으로 전환되는 메리 번즈와의 에피소드처럼 하타가 자신의 성공적인 삶을 강조하는 도입부의 서술은 곧 실패의 위기감으로 전환하면서 성공이 입증하는 바로 그 자리가 실패의 자리로 대체된다. 우선 그가 은퇴하면서 뉴욕시 출신의 히키(Hickey) 부부에게 넘긴 의료기기상은 서서히 망해가는 징조를 보이기 시작하고(실제로 이 가게는 소설이 끝나기 전에 문을 닫는다), 벽난로 앞에서 옛 사진을 태우던 것이 잘못되어 평생 가꾸어온 집에 불을 내고 집을 엉망으로 만든다. 그리고 13년 만에 재회한 써니는 하타의 성공을 표시해줄 수 있는 자랑스러운 딸이 아니라 보금자리를 버리고 가출하여 "특권이나 여가를 누릴 수 있는 여자라면 결코 가지 않았을 길을 가며 세월을 낭비하여 닳아버린 여자"(212)가 되어 있다. 그리고 결정적으로 하타 자신은 다른 사람들에게 "선량한 닥 하타"에서 "고리타분한 동양인 노인네"(200)로 바뀐다.

---

5) 텍스트 속에서 원래 성은 삭제되고 써니 하타로 불린다는 점, 써니가 한국식 이름은 아니라는 점으로 미루어 필자는 써니가 입양 후에 하타가 붙인 이름이 아닐까 조심스레 추측한다. 하지만 써니는 한국전에 파병되었거나 한국전을 전후해서 파견된 미국 국적의 흑인이 아버지로 추측되므로 한국에서 불리던 이름이 써니일 가능성이 없는 것은 아니다. 그러나 하타의 욕망과 써니라는 이름의 의미가 유사한 의미 군에 속하고 있다는 것만은 텍스트 속에서도 확인할 수 있는 사안이다.

써니가 단순히 그가 부양해야할 입양한 딸이 아니었던 것과 마찬가지로 그에게 가게나 집 역시 단순히 생계수단이나 그냥 하나의 건물이라기보다는 오히려 그의 존재 그 자체이다. 을씨년스러워진 가게를 보는 순간 자신의 실체가 없어져 버린 것 같다는 고백과 퇴원하여 부동산 업자 리브(Liv Crawford)가 사람을 시켜서 수선해놓은 그의 집으로 돌아갔을 때의 "이미 죽어 기억이 되어 버린 사람의 흔적을 찾아다니는 듯하다"(139)라는 그의 소감이 그러하다. 망해 가는 가게, 화재로 인해 남의 손을 빌어 수선한 집, 그만큼 쇠약해진 육체와 사회적 위상, 딸 써니, 어느 것도 어느 누구도 그의 성공적인 삶을 증거해 주지 못한다.6)

바로 이 현재의 취약성이 자신이 평생을 견고하고 단단하게 지켜왔던 상징계의 벽을 허물고 그의 얼룩과 오점을 가려주었던 스크린에 균열을 낸다. 그래서 그는 젊은 시절 같았으면 결코 떠올리지 않을 조선인 위안부 여성, 혹은 K의 흔적을 더듬어 거의 50년의 세월을 거슬러 올라간다. "50년" 우연인지, 작가의 의도인지 확인할 수는 없지만, 우리가 위안부에 대해 침묵했던 바로 그 50년과 유사한 세월의 길이만큼을 거슬러 올라간다.

그리고 그의 생애에서 그에게 결코 봉합될 수 없이 떡 벌어진 치유할 수 없는 상처로서 끝애(Kkutaeh)가 등장한다. 하타는 그 여자의 이름이 "마지막"(last)이거나 "바닥"(bottom)을 뜻한다고 덧붙인다. 물론 조선에서 이 이름은 막내딸 혹은 나중에 태어날 동생이 아들이기를 바라는 마음이 담긴 이름이지만 "last"란 화자의 표현에서 마지막이란 의미와 동시에 죽음을, 그리고 "bottom"이란 표현에서 자신의 건드려서는 안 되는 기억의 가장 깊은 심연, 혹은 출신과 어쩔 수 없이 뒤섞여 있다는 것을 보여준다. 그러나 그는 그녀를 머리글자만 따서 그냥 K라고만 부름으로써 그의 끝애에 대한 기억이 조선인 위안부, 혹은 그

---

6) 하타가 자신이 살고 있는 마을을 베들리런(Bedly Run)이라고 이름 붙인 것도 소설의 이러한 설정과 다르지 않아 보인다. "Badly Run으로도 읽힐 수 있는 이 이름은 잘못 운영된 삶"이라는 의미를 함께 담고 있기 때문이다(유제분 84).

가 사랑했던 여자, 그가 입양되면서 물려받은 구로하타라는 집안, 그의 부모가 물려준 조선의 비천한 혈통, 끝애가 소속되어 있었던 고귀한 조선의 집안, 그리고 한국전쟁을 전후하여 미국과 피를 섞어 태어난 써니, 그리고 써니와 끝애의 태어나지 못한 뱃속 아기, 그리고 좀더 나아가서는 하타 자신과 연결되어 있는 수많은 죽음 혹은 직·간접적인 살해(kill) 연결되어 있음을 시사한다. 그러나 이중 어느 하나만으로 환원될 수 없다는 의미에서 K는 아무 것도 아닌 것이며 이 것들 중 그 어떤 것도 정확히 지시하지 못한다.

이것이 그가 소설의 도입부에서부터 끝애의 이야기로 바로 시작할 수 없는 이유이다. 우선 그는 사춘기에 들어서면서 그의 의지와 어긋나게 끊임없이 반항하는 써니의 모습을 회상하면서 그가 사실은 조선인임을 고백한다. 이 장면은 써니와 마찬가지로 까다로운 아이였던 하타가 자식이 없었던 일본 집안에 입양되면서 일본인으로 산다는 것이 어떤 것인가를 깨달았듯이 써니 역시 미국인이 된다는 것의 의미를 깨달아가기를 기대하면서 자신을 회고하는 부분이다.

그에게 일본인이 된다는 것은 단순히 출신이 바뀐다는 것만을 의미하는 것이 아니었다. 그것은 진정한 의미에서 "삶"의 시작이었고(72) 인간의 의미가 무엇인지를 깨닫게 해주는 계기, 다시 말해 그가 주체로서 바깥세상을 대면하게 된 순간이자 세계를 총체적으로 인식하게 된 계기였다. 앤 청(Ann Anlin Cheng)이 주장한 바처럼 일본인으로 산다는 것은 "단지 물질적 부만을 가져다주는 것이 아니라 주체의 특권을 약속해주는 것"(559)이기 때문이다. 이런 점에서 하타에게 조선은 그가 주체화되기 이전의 무정형의 혼란 덩어리였으며, 주체화과정을 거친 후 사후 구성된 조선은 그가 숨기고 억압해야할 수치스러운 부분이었다. 그에게 조선은 가죽을 무두질하는 평민보다 훨씬 더 낮은 신분의 빈민가에서 하루하루를 연명하고 있는 사람들의 집단 그 이상, 그 이하도 아니었다. 물론 그는 조선을 가본 적이 없었고, 따라서 그에게 조선은 그가 성장하면서 사후에 구성한 어린 시절의 자신의 모습이나 가족의 모습, 혹은 그 환경과 구분되지 않는다. 따라서 그의 조선이름은 "오"씨라는 그의 성을 제외하고는 소설 속에 단한 번도 등장하지 않는다. 그의 조선 부모조차 그를 조선 이름으로 부르지 않았기 때문이다(235).

하지만 끝애와의 만남은 이러한 조선의 이미지를 다시 쓰게 만든다. 물론 끝애는 하타가 만난 최초의 조선인 위안부도 아니고 유일한 위안부도 아니다. 그가 위안부 여성을 처음 대면하는 것은 그가 전선으로 배치되기 직전 싱가포르에서이다. 첫 번째 위안부는 자신이 처음으로 보고 처음으로 수습한 시신이며[7], 두 번째 여자는 그가 아주 어렸을 적을 제외하고는 한 번도 사용했던 적이 없는 조선어를 무의식적으로 사용하도록 만든다. *조선어, 그 조선어를 듣고서 그 여자는 그에게 매달리듯 청한다.* "제발, 오-빠(*O-ppah*), 보내줘요"(111). 그러나 그는 다른 사람 앞에서 공개적으로 자신이 조선인임을 혹은 조선어를 구사할 수 있다는 것을 결코 내보이지 않는다. 일종의 금기처럼.

> "금방 저 여자네 말로 뭐라고 하지 않았나?"
> "아뇨. 아무 말도 하지 않았습니다. 대위님"
>
> · · ·
>
> 방으로 들어가면서 그 여자는 나를 돌아보았다. 나는 그녀가 뭔가를 말할 거라 생각했다. 나이 많은 형제를 부를 때 쓰는 호칭, "*오-빠*"와 같은. 그러나 그녀는 얼굴이 잿빛이 되어 그냥 나를 바라보았다. 아까 말을 걸었던 사람이 정말 맞는지 의아한 눈길로... (112)

---

7) 이 여자의 죽음을 필두로 죽음의 그림자는 하타의 평생을 따라다니게 된다. 엔도 상병을 포함하여 끝애와 끝애와 연루된 죽음들, 그리고 메리 번즈, 히키 부인의 죽음, 심장질환으로 사경을 헤매고 있는 히키 부인의 아들, 토머스와 바닷가에서의 사고, 그리고 써니의 낙태, 그리고 하타 자신의 자살을 암시하는 구절에 이르기까지 죽음은 전쟁 당시는 물론이고 전쟁이 끝난 뒤 텍스트 상의 현재에 이르기까지 전 텍스트를 아우르고 있다.

이 여자 앞에서 그가 한 행동에 대해 죄의식을 느꼈는지는 확실하지 않다. 단지 영어 Brother로 옮겨지지 않은 "O-ppah"의 여운만이 그에게 오래오래 남는다. 이것은 아직 그의 지각 범위 속으로 위안부가 들어오지 않았기 때문일 것이다. 끝애를 만나지 않았더라면 어쩌면 이 장면은 그에게 그렇게 중요한 기억이 되지 않았을 지도 모른다. 이 장면이 화자의 인생에서 뭔가 걸려 넘어지는 것과 같은 느낌으로 다가온 것은 끝애와의 만남 이후라고 보는 것이 적절할 것이다. 그가 인식의 전환을 이루는 것이 끝애와의 대화를 통해서이기 때문이다.

지로 구로하타가 위안부인 끝애와 사적으로 만날 수 있었던 것은 1944년경 그의 상관 오노(Captain Ono)의 명령에 의해서이다. 그는 끝애를 잘 보호하고 있다가 '검은 깃발'이 진료소 앞에 걸릴 때 그녀를 그에게 보내라고 명령한다. 검은 깃발은 '구로하타'를 뜻한다. 그의 설명에 의하면 구로하타는 "옛날 마을에 전염병이 돌 때 경고의 표시로 세워놓은 검은 깃발"이다. 구로하타 집안은 약제사의 후손으로서 전염병이 시달리는 마을로 들어가 "어떤 알 수 없는 이유로 불길한 이름을 가지기로 결정했다"(224)고 한다. 그 '알 수 없는 이유'가 정확히 무엇인지는 모르지만 정황으로 미루어 볼 때 구로하타 집안이 대대로 전염병을 퇴치하기 위해 최선을 다해 온 집안이라는 뜻임은 확실한 듯하다. 결정적인 이유는 아이가 없었기 때문이기는 하겠지만 교육이나 계몽도 넓은 의미에서는 치료의 일종이므로 일본 아이가 아닌 조선 아이인 지로를 양자로 들인 것도 그러한 치료와 맥락을 같이 하고 있는 듯하다. 그리고 의대에 진학하고자 하는 지로의 꿈도 이러한 집안 분위기와 이어져있다. 그러나 지로의 의식적인 노력에도 불구하고 그는 계몽의 의술을 펼치는 구로하타의 직접적 후계자가 아니라 구로하타 집안이 구원의 손길을 뻗치지 않았다면 여전히 고베의 좁은 거리를 방황하고 있을 '병증'이며, 구로하타의 은혜를 입은 지금에도 오노 대위의 말처럼 그에게는 여전히 "병원균"이 있다. 오노는 묻는다. "왜 자네는 의사가 되려고 하는가? 의

사는 자신이 갈 방향과 행동을 결정하지. 일단 결정을 내리면 온 힘을 기울여 그 결정을 집행해. 그런데 자네에게는 그런 것이 없어"(266).[8]

그래서 그는 끝애와 만나기 이전에도 엔도 상병(Corporal Endo)처럼 "실패의 오점을 남기는 것이 두렵다"(229)고 고백한다. 그리고 바로 이어서 "자아의 실패가 두려운 것이 아니라 사회 전체에 짐을 지우는 의무이행의 실패"가 두렵다고 말한다. 여기서 그의 의무는 일본의 전시 문화와 연결된 더 큰 운명, 일본의 운명의 일부가 되고 싶은 욕망과 연결되어 있다는 것은 쉽게 확인할 수 있는 사실이다. 그러나 끝애는 첫 만남에서부터 너무나 완고했고, 그는 그의 임무를 성공리에 수행하려는 욕망에서 조선어로 말을 건다. 조선어는 끝애의 마음을 열리게 하는 가장 강력한 끈이었기 때문이다. 이렇게 해서 시작된 두 사람의 관계는 4일 정도 지속된다.

두 사람이 대화를 나누기 시작하면서 우선 그는 군화공장에 일하러 가는 줄 알고 남동생의 징병을 대신하여 징집관을 따라 나섰다는 끝애의 이야기에 충격을 받으며 이 충격이 아무 것도 아닌 것보다 더 못한 위안부에 대한 인식의 전환을 가져오는 계기가 된다.

> 나는 그녀의 이야기를 듣고 사실 기습을 당한 느낌이었다. 그 이야기가 모두 진실이라고 받아들일 수가 없었다. 그러나 그녀의 이야기가 의심쩍었다기보다는 내 생각이 한계에 이르렀다고 보는 것이 옳을 것이다. 사실 어떤 여자가 위안부의 운명에 기꺼이 자신을 내맡겼다고 생각하는 것은 지극히 명청하고 순진한 일이었다. 그럼에도 나는 이름 그대로 그들이 "자원자"라고 생각했다. 위안소 앞에 줄

8) '구로하타'라는 이름은 "조선"이라는 병원균이 득실거리는 사회를 치료하고 계몽하여 근대의 빛을 비추어 주겠다는 제국 일본의 태도, 혹은 더 나아가 일본의 대동아 공영의 임무를 상기시키는 이름이다. 즉 이 이름은 착취를 계몽으로 식민지에 대한 수탈과 정복을 근대화의 담론으로 전환하는 대일본제국의 환상과 맞닿아 있다. 화자가 구로하타 집안에서 인정받으려는 욕망, 그리고 나아가 진정한 일본인으로 동화되고자 하는 욕망 역시 그가 이러한 판타지를 가로지르지 못하고 있기 때문이다.

을 서 있는 남자들에게 그 여자들은 아무것도 아닌 것, 아니 아무 것도 아닌 것이하였다. . . 한 병사는 위안부 여성들을 "조센삐"(chosen-pi)라고 불렀다. 이것은 조선을 의미하는 말에 천한 해부학적인 욕설을 더한 것이었다.... 마치 우리 안에 있는 짐승 얘기를 하는 것 같았다. 그러나 K를 만나면서 나는 다르게 생각하기 시작했다. (250-51)

하지만 그가 다르게 생각한 것은 단지 끝애를 인간으로 보기 시작했기 때문이거나 그의 고백대로 젊은 남자가 젊은 여자에게 느끼는 감정 때문만은 아니다. 끝애는 처음 대면했을 때부터 다른 위안부들과 분명 차별점이 있었다. 그녀의 목소리는 다른 여자들과 달리 똑똑하고 기복이 없었고, 군인들의 눈길에 움츠려들지도 않았다. 그리고 무엇보다도 끝애가 소속되어 있었던 조선은 하타의 조선과 달랐다. 그는 끝애가 소속된 그러한 조선과 한 번도 접해본 경험이 없었다.

[이제야] 끝애의 말투, 교육, 마침내 내가 계급이라고 이해하게 되었던 것이 설명이 되었다. 나는 그런 조선인과 접해본 적이 없었다. . . 내 말은 그녀에게 거칠고 상스럽게 들렸을 것이다. 거리의 냄새, 고베의 비좁고 꼬불꼬불한 게토의 골목길 냄새가 났을 것이다. 그러나 갖바치와 넝마주의 사이의 외아들인 나는 일본제국 해천대대의 소위 군복을 입게 되었고, 귀족적이고 학자 집안에서 태어난 그녀는 머나먼 전초 기지의 보급물자 창고에서 잠을 자게 되어있었다. 그녀의 언니는 이미 죽어 땅에 묻혔고 그녀 자신도 똑같이 무시무시한 결말을 바라고 있었다. (원저자 강조, 257)

어쩌면 이것이 그가 끝애에게 느끼는 감정이 "피나 문화나 종족의 관련"이 아니라고 말할 수 있는 이유일 것이다. 끝애의 피, 문화, 종족은 엄밀한 의미에서 하타와는 다른 것이었다. 그녀에게는 그와는 달리 군의관이 그녀에 대해서 말한 것처럼 그녀에게 어떤 "진귀한 것," "육체적 아름다움 이상의 그 어떤 매력과 어떤 기준에 비추어보더라도 초월적이고 신성한 것"(228)이 있었다. 최소한 당시의 젊은 하타, 즉 지로 구로하타는 그렇게 믿었다. 그 진귀하고 신성한 속성은 지로보다는 오노의 표현처럼 오히려 순수 일본인에 더 가깝다고 할 수 있는 것이었다. 끝애에게서 그는 이러한 초월적이고 신성한 조선 여성의 순결을 훔친다. 실제로 그에게 잠을 자고 있는 끝애는 단칸방에서 잠을 자던 어머니의 모습과는 무척 대조적으로 보인다.

> 단칸방에서 함께 잠을 자던 시절이었다. 어머니와 아버지는 *삼베자루 무더기처럼* 한구석에서 포개져 잤다. 그들의 지친 잠에서 나오는 소리 때문에 나는 잠을 이루지 못했다. 어머니는 꿈속에서 킥킥거렸다. 때로는 아침에 어머니의 바지가 엉덩이 밑으로 반쯤 벗겨져 있기도 했다. 길고 곧은 머리카락은 벌린 입 가장자리로 파고들었다. 아버지의 손이 어머니의 젖가슴을 움켜쥐고 있었다. 나는 어머니의 입가에서 헝클린 머리카락을 걷어 내주고 벌거벗은 곳을 담요로 덮어주고 싶던 기억이 났다. (필자 강조, 259)

헝클어진 머리칼이 불결하게 느껴져서 걷어내주고 싶었던 어머니와 달리 끝애의 머리칼에서 풍기는 기름기 섞인 사향냄새가 향기롭고, 바지가 벗겨져서 엉덩이가 반쯤 드러난 어머니가 수치스러워 담요로 덮어주고 싶었던 것과 달리, 끝애의 엉덩이 끝에 손을 대는 순간 유연함과 새로움을 느끼는 동시에 "어떤 위대한 생명력이 용솟음 치고, 갑자기 순수해진 느낌"(259)을 받는다. 그의 표현에 의하면 그녀는 "더할 수 없이 순결했다"(260). 그는 성관계가 끝난 후의 그녀의 눈물이 "처녀성을 잃었기 때문"(261)이라고 생각한다.

그러나 성관계 중에 그녀는 "진짜 여자 같지 않았다"(260). 첫 번째 관계에서 그녀는 잠자고 있는 소녀였고, 두 번째 관계에서 그녀는 "가장 아름다운 조각상"(295) 같았다. 그리고 그는 그녀의 "모든 밝고 어두운 구석"을 더듬으며 그녀의 몸을 "방"에 비유한다. 그리고 "폭풍에 공격당한 지붕처럼 무너졌다"(295)는 표현에서처럼 그녀는 무너진 집이 된다. 이 장면을 캐롤(Hamilton Carroll)은 그가 그녀와 사랑에 빠진 것이 아니라 그녀의 처녀성과 사랑에 빠진 것이며 두 번의 성관계는 사랑이 아니라 강간이며, 여자를 조각상으로 집으로 방으로 묘사하면서 그녀를 주체가 아닌 대상으로 만든다고 주장한다. 그래서 하타가 그녀를 끝애가 아닌 K로 축약시켜 부르는 것도 실제 인간이라는 느낌을 지우기 위해서라고 설명하면서 끝애를 버리는 것을 조선을 버리는 것의 표상으로 읽는다 (601-604). 이 주장이 설득력이 없는 것은 아니지만 캐롤의 생각처럼 끝애를 버리는 것과 조선을 버리는 것이 반드시 동일한 것만은 아니며, 하타의 사랑이 문자 그대로의 의미에서 강간 그 자체였던 것은 아니다.

우선 끝애의 조선과 지로 구로하타의 조선이 동일하다고는 보기는 힘들다. 끝애가 그토록 순수하고 정결한 섬같이 느껴졌던 것은 고베의 지저분하고 수치스런 조선과는 달리 끝애의 고귀한 출신이 한몫을 했을 것이다. 그래서 그는 끝애와의 관계 이후 자신이 "순수해진 느낌"을 받는다. 이것은 지금까지 그가 조선에 대해 가지고 있었던 조선의 이미지를 다시 쓰는 것이다. 더럽고, 수치스러운 "떠도는 개"(263)과 같은 그 자신의 조선에 눈부시고 순수하며 신비스러운 어떤 것으로서의 조선의 이미지를 입힌다. 이것은 그의 상상에 의해 석화되고 증류된 순수 조선 혹은 한국이다. 그것은 더없이 아름다운 조각상이고, 밑둥이 갈대와 같이 엮어져 있는 서늘한 느낌의 건축물이다(295). 하지만 이것은 끝애가 말하는 조선은 아니다. 이것은 끝애의 이야기를 들으면서 지로가 상상하고 전유하는 조선의 이미지이며 본질적 민족주의자들이 욕망하는 조선/한국과 어딘지 닮아 있는 모습이기도 하다.

전쟁 후에 "의대에 가서 고베에서 존경받는 의사가 되고, 좋은 집안 출신의 여자를 만나 자식을 낳고, 아름다운 뜰을 가진 좋은 집"(255-56)에 살기를 원했던 지로 구로하타에게 끝애는 위안부라는 현재의 상황에도 불구하고 오노 대위의 말처럼 "분명한 기품"과 "특별하고 고귀한 품격"(268)이 있는 여자이다. 그러므로 엄밀히 말해서 지로가 끝애를 사랑하게 된 계기는 이 품격과 기품, 그리고 그녀의 처녀성이 만들어내는 조선의 순결한 이미지 때문으로 보인다. 비록 한 순간에 불과하기는 하지만 끝애의 보호를 위해 현실을 위반하려는 결심을 하고 실제로 오노와 사소한 다툼을 벌이는 것도 끝애와의 유토피아적 미래를 꿈꾸는 것도 이러한 순수 증류된 조선의 이미지 앞에서이다.

그 후 그는 자신이 그녀의 사실상의 남편이라고 믿었다. 시간적으로 오랜 시간이 지난 후인 3장에서 "아내가 있었다는 것, 아주 오래 전 옛날에 있었다는 것"(48)을 메리 번즈에게 고백한 것으로 보아 끝애가 죽고 난 이후에도 줄곧 화자는 끝애를 실제 아내로서 생각하고 있었던 것 같이 보인다. 이런 점으로 미루어 볼 때 캐롤의 주장처럼 그의 사랑을 단순히 강간행위라고만 말하기는 힘들다. 물론 그의 사랑이 쾌락 원칙에 지배되고 있었고, 자신과 관련되지 않는 부분을 받아들이지 않는 자기애(*auto-erotisch*)에 가깝다는 점에서 그의 사랑이 직접적 폭력 혹은 강간보다 더 잔인한 행위로 드러난다는 것을 인정한다 할지라도.

드디어 검은 깃발이 진료소 앞에 내걸리고 끝애를 보존하고 보호하기에는 지나치게 무능한 자신을 발견하게 됨에도 불구하고 그는 자신을 죽여 달라는 끝애의 청을 거절한다. 이에 대해 앤 청은 "끝애를 죽이는 것은 두 사람 사이의 유대를 잘라내는 것이고 군법을 위반하는 것이며 자신의 일본인으로서의, 남성적 정체성을 깨뜨리는 것이기 때문"(562)이라고 설명한다. 그러나 언뜻 보아도 이 것은 지로 구로하타의 경우라기보다는 엔도(Endo)의 경우에 더 가까워보인다. 사실 끝애의 죽음은 엔도가 끝애의 언니를 죽였을 때와 동일하지는 않다. 끝애는 엔도와 같은 일을 지로 구로하타가 해주기를 바랐지만 최소한 마지막 순간의 끝애의 요청은 자신을 죽인 후 지로 역시 그 뒤를 따라주기를 원했던 것은 아니었다.

"사랑합니다." 나는 제대로 나오지 않는 목소리로 말했다.

"그럼 보여주세요. 지로. 나는 너무 겁이 많아 직접은 못하겠어요. 하고 싶지만 할 수가 없어요. 여기 오노의 권총이 있어요. 곧 보초들이 돌아왔다고 신고를 할 겁니다. 그리고 오노가 대답하지 않으면 그들이 안으로 들어올 것입니다. 그럼 당신은 내가 오노를 죽였다고 말하고 그래서 그의 권총으로 나를 쏘았다고 말하면 되잖아요. 도망갈 곳은 없어요." (301)

하지만 그는 "사랑 때문이든, 동정심 때문이든, 겁 때문이든 쏠 수가 없었다"(301)라고 고백한다. 그 다음 그는 끝애의 손에 이미 살해된 오노 대위의 상처에 총구를 꽂고 방아쇠를 당긴다. 그리고 시부로 중위에게 자살이라고 거짓말을 한다. 이렇게 오노 대위의 사건은 바로 수습되지만, 그로 인해 끝애가 맞이하는 종말은 그보다 더 잔인할 수는 없다. 그러나 지로가 끝애를 죽인다고 해서 엔도와 같이 처형되어야 할 상황은 아니다. 이 상황에 대한 화자의 설명은 화자가 이 사건을 회고한 이후의 부분이 아니라 그 이전, 5페이지 정도를 거슬러 올라간 다음 부분에 나온다.

그것은 진심이었다. 그리고 나에게서 우러나온 것이었다. 온전히 내 것이었다. 그리고 그것이 무시무시한 점이었다. *그녀가 죽어주었으면 하고 바랐음에 틀림없기 때문이다.* 나는 누가 그녀를 가지는 것을 참을 수 없었다. 그런 감정 때문에 나는 일들이 일어나는 대로 내버려두었다. 그것이 그녀를 영원히 잃는 것을 의미한다고 해도. (필자 강조, 296)

이러한 서술로 미루어 지로는 순수한 끝애, 혹은 좀더 나아가서 끝애를 통해 구축해온 순수 증류된 조선의 이미지가 오염되는 것은 참을 수 없지만, 끝애를 죽이는 것은 정직하게 군법을 지키고, 일본인을 흉내내는 것이 아닌, 진정한 일본인이 되고자 하는 그의 욕망에 위배되는 것이기에 직접 자신의 손에 피를 묻힐 수는 없다.

추(Chu)는 아시아계 미국소설에서 "아시아 여성을 버리는 것은 아시아 남성의 주체를 복원하기 위해서"(11)라고 아시아계 남성작가의 소설을 비판한다. 즉 아시아 여성은 모국이나 과거를 상징하며 여성을 표상하는 모국은 미국으로 이주해온 남성 주체의 성공적인 정체성 형성을 위해 추방되어야 한다는 것이다. 이러한 관점에서 보면 이 소설 역시 화자가 끝애와 입양한 딸인 써니를 버리고 자신의 주체를 세우고자 한다는 점에서 추의 비판에서 벗어나지 못한다. 그러나 이 장면에서 끝애가 죽음 쪽으로 가기를 바라는 것은 미국에 살고 있는 한국계 이주민의 주체성을 위해서라고 볼 수도 있겠지만, 이와 동시에 자민족의 과거를 증류된 순수의 공간으로 상상하고자 하는 민족주의 남성의 욕망, 혹은 더럽혀진 몸으로 돌아온 딸이 차라리 자살해줄 것을 바라지만 자신의 손에 직접 피를 묻힐 수는 없었던 1940년대 후반의 한국의 문화적 상황과 훨씬 더 많이 닮아있다. 그러나 이것은 외설(obscene)이란 어휘가 의미하는 그대로 결코 드러나서는 안 되는 장면이며 그런 생각을 했다는 사실 자체도 부인해야 하는 장면이다.9)

하지만 순결한 끝애와 고귀한 조선은 오염과 얼룩에서 자유로울 수 없는 수많은 소문자 조선들을 덮어 가리고자하는 지로의 판타지에 불과하다. 현실 속의 끝애가 양반가에 소속되어 있었다 하더라도 그녀는 그녀의 언니와 함께 가부장제 가정에서 "호명되지 못하는 존재"(245)이자, 존재를 부인 당한 존재이다. 그렇기 때문에 가족들은 남동생의 징집을 대신해서 그들을 일본으로 보냈을 것이다. 게다가 현실 속의 끝애는 지로 구로하타의 상상만큼 순결하지도 순수하지

---

9) 지금까지의 이창래 소설을 포함한 한국계 미국문학의 연구는 많은 경우 미국이라는 공간 속에서 이주민 주체가 어떻게 자신의 주체를 형성해나가는가에 초점이 맞추고 미국(중심)/한국(주변)이라는 도식적이고 경직된 이분법에 초점이 맞추어져 있는 경향이 있다. 그러나 이 소설을 미국이라는 공간의 바깥으로 끌어내서 그 초국적 맥락 속에 놓을 때 중심과 주변의 범주는 상당히 유동적이고 가변적인 범주가 된다는 것을 보여준다.

도 않다. 오노 대위의 말에 의하면 그녀는 임신 중이었다.[10] 그리고 끝애의 죽여 달라는 청을 거절하고 지로는 빈터에서 처참하게 유린된 후 살해된 끝애의 유해를 수습하면서 그녀의 태중 아기를 확인한다.

> 나는 군의관이 해야 할 일을 했지만, 냄새를 맡을 수도, 들을 수도, 볼 수도 없었다. 나는 유해를 모으는 나의 손을 느낄 수가 없었고, 그 유해들의 무게도 느낄 수 없었다. 마침내 나는 그녀와는 다른 형태, 아주 작은 꼬마 요정 같은 형체, 기적이라고 느껴질 정도로 온전한 형태를 찾아냈으나 아무 것도 느낄 수 없었다. 다리와 발로 짐작되는 것도 완벽하게 갈라지며 손가락 형태를 갖추어나가는 축복받는 두 손도 볼 수 없었다. 또 그 얼굴도, 완성된 뺨과 이마도 볼 수 없었다. 아직 깨지지 않은, 방해받지 않은 그 시원의 잠, 나는 내가 무엇을 하는 지 알 수 없었고 어떤 부분도 기억할 수 없었다. (305)

여기서 "냄새를 맡을 수도, 들을 수도, 볼 수도 없었다"는 말은 실제 듣지도 보지도 못했다는 뜻이 아니라 이것이 기억할 수도 망각할 수도 없는 외상적 경험이 되어 그의 평생을 따라다니게 되었다는 의미일 것이다. 그렇다면 정확히 그가 기억할 수 없는 것은 혹은 그에게 외상으로 작용하는 것은 정확히 무엇일까? 그것은 완전히 순수하게 증류된 조선의 이미지를 배반하는 끝애인가? 아니면 아내를 지키지 못한 자신의 무능에 대한 수치심인가? 아니면 끝애를 통해서 오염된 출신을 정화하지 못한 화자 자신의 실패인가?

외상적 경험이 재현을 벗어나는 이상, 화자의 이해범위를 넘어서는 이상, 그것을 하나 혹은 몇 가지 의미로 고정하는 것은 불가능하다. 우리가 이 하나의

---

10) 끝애가 임신 중이었다는 것, 그리고 위안부로 동원되어 끌려오는 길에 임신을 한 것은 아니라는 사실은 조선에서 위안부로 동원된 모든 여성들은 "순결한 꽃다운 처녀였다"라는 이미지를 배반하는 것이다. "순결한 꽃다운 처녀"는 역사적 기록에 의거한 것이라기보다는 오히려 위안부를 애국자로서 초역사의 전당에 모셔지기 위해 만들어진 한국의 민족 이데올로기에 가깝다(유제분. 77, 강정숙. 318).

서술에 여러 가지 수많은 의미들을 부여할 수도 있고, 혹은 이 서술이 수많은 의미로 넘쳐난다고도 말할 수 있지만, 그 중에서 단 한두 가지만이 외상적 사건의 의미를 구성한다고 보는 것은 힘들다. 끝애의 존재가 외상적 장면의 구성에 참여하는 것은 사실이지만 끝애가 외상 그 자체는 아니며, 마찬가지로 끝애의 죽음이 외상적 장면의 구성에 참여하는 것은 사실이지만 그것만이 평생을 괴롭히는 상처가 되는 것도 아니다. 외상은 언제나 재현을 비켜가기에 하타의 서술 속에서 외상의 핵심적 요소를 찾기는 힘들다. 분명한 것은 그것이 언제나 쾌락원칙을 위배하고 주체에게 언제나 고통으로 다가온다는 것이다. 그러므로 하타가 그냥 K라고 줄여서 불렀던 끝애가 죽었다고 해서 K의 흔적이 사라지거나 없어지는 것도 아니다. 끝애를 만나기 이전에는 K가 일종의 치유해야할 병증이나 병원균같은 것이었다면 이제 그것은 쉽게 치유할 수 없는 외상 혹은 주체의 통제권을 벗어나는 흔적과 얼룩이 그의 모든 삶의 구석구석을 지배하게 된다.

이 사건이 있고 나서 얼마가 지나서 인지는 모르지만 그는 일본을 떠난다. 일본이 이상적인 역할 모델로서 기능을 못하기 때문이 아니라 구로하타라는 이름이 지니고 있는 병증으로서의 K가 끝애의 K와 겹쳐지면서 일본의 공간에서 성공적 주체를 구성하기가 불가능했기 때문일 것이다. 그는 K의 흔적을 보유하는 것 자체를 거부한다(물론 이것은 불가능하다). 그는 그의 인생에서 K가 아예 존재한 적이 없었던 것처럼 행동했고, 전쟁과 같은 예외적 상황 속에서이기는 하지만 그가 끝애에게 행사했던 것과 같은 외설적인 이미지를 결코 드러낸 적이 없었던 것처럼 행동하기를 원했다. 화자의 표현대로 그는 어쩌면 순수 이전을 원했기 때문인지도 모른다. 그래서 그는 그가 거주하는 장소를 일본에서 미국으로 이동시키고 이름에서 K를 삭제하고, 지로라는 일본 이름 대신에 프랭클린이라는 이름을 사용하지만 써니의 아들인 토머스를 제외하고는 그를 프랭클린으로 불러주는 사람은 없다. 가장 미국적인 것을 자신의 자아이상으로 삼지만 미국의 인종차별이 일본제국이 조선을 멸시했던 것보다 덜한 것은 아니고, 자신을 일종의 병원균으로 여기는 풍토가 사라지는 것도 아니다. 우선 그의 얼굴색부터가 완벽하게 미국시민으로 전환하는데 장애가 되기 때문이다.

그가 입양아로 한국에서 데려온 써니는 그에게 끊임없이 K 혹은 끝애를 상기시킨다. 하지만 어떤 의미에서 그녀는 끝애를 더 나쁘게, 더 불쾌하게 반복한다. 하지만 써니는 끝애처럼 그를 상징계의 한계 지역에서 자유를 선택할 것인지, 상징계의 노예로 되돌아갈 것인지 하는 불가피한 선택(vel)[11]으로까지 몰아가지는 않지만 하타의 예전의 상처를 더 크게 벌어지게 하는 역할을 한다. 사실 그가 사회적 성공을 이룩한 것은 써니가 집을 떠나고 없는 동안이었다.

그는 7살의 써니를 데려오면서 그녀에게 훌륭한 환경을 제공하여 끝애에게서는 한낱 환상으로 끝나버린 어떤 순수, 어쩌면 순수한 처녀성을 원했는지도 모르고, 그가 끝애와의 만남에서 그토록 갈구했던 증류된 조선을 써니에게서 증류된 한국성으로 전이하여 보고 싶은 욕망의 반영이었는지도 모른다. 하지만 출생부터 써니는 자신의 임무를 다하지 못한다. 써니가 표상하는 한국은 어떤 면에서도 고귀한 한국성과는 거리가 멀었다. 그녀는 순수한 한국인의 피를 물려받은 것이 아니었고 혼혈아였다. 그리고 이 혼혈성은 하타에게 미국의 흑인 GI와 한국 매춘부 사이에서 태어난 아이 같다는 느낌을 준다. 그리고 그녀가 사춘기에 접어들면서 시작된 방탕한 생활은 그를 또 다시 좌절시킨다. 그는 끝애가 오염되기보다는 오히려 죽음 쪽으로 가기를 바랐듯이 사춘기가 지난 써니의 몸을 통제하는

---

11) 라캉에 의하면 모든 선택은 불가피하다. 살아남기 위해서는 상징계에 복종하며 소외된 주체의 삶을 살아야 하지만, 상징계로부터의 자유를 선택하고자 한다면 주체는 자신의 생명을 내놓아야 한다. 진료소 앞에 검은 깃발이 걸리고, 지로 구로하타가 오노 대위를 찾아가는 장면이 바로 이러한 장면이다. 그는 아주 잠시 자신의 생명을 내놓아야 하는 한계 상황에 처하지만 그가 한계 영역으로 나아가는 분리의 주체가 아니라 대타자의 명령에 충실히 복종하는 소외된 주체의 위치를 고수할 수밖에 없다는 점에서 그의 선택은 자유로운 선택이라기보다는 오히려 이미 답이 정해져 있는 불가피한 선택이다. 라캉의 '불가피한 선택'에 대한 설명은 『정신분석학에 대한 네 가지 개념』 209-213쪽 참조.

데 실패하자 산달이 다 된 써니를 개인적으로 알고 지내던 의사에게 데려간다.

> 나는 (써니의 낙태 수술에 대해) 최대한 확고한 태도로 말했다. 그러자 닥터는 내
> 말을 받아들였다. 한 시간도 안되어 써니는 가운을 입었고, 의사가 긴장을 풀기
> 위해 준 약을 먹었다. 내가 그에게 청한 것은 척추마취를 하기 전에도 진정제를
> 많이 주라는 것이었다. 그래야 써니는 내가 거기 있다는 것을 모를 터이고 어떤
> 일이 있었는지 제대로 기억하지 못할 테니까. 의사는 내 뜻대로 해주었다....
>   내가 수술실 안에서 직접 들어가 참여한 일에 대한 의사의 말은 옳았다. 내가
> 그날 저녁 병원에서 본 것은 변하지 않고 온전히 그대로 오래 오래 남았기 때문
> 이다. 내가 살아오면서 그것이 가장 끔찍한 일이었고, 품위 있는 사람이라면 보지
> 말아야 하고 기억해서도 안 될 일이었다면, 나는 역사의 차가운 심판에 맡겨져야
> 했을 것이다.... 그러나 그렇게 되지는 않았다.... 나는 여전히 이 곳 내가 속하게
> 될 마지막 자리에서 늘 좋은 지위를 확보하고 있다. (345-46)

이 장면은 소설의 끝에서 두 번째 장 마지막 부분이다. 역사에 써질 수 없
는 외상적 사건인 위안부를 쓰고자 했던 이 소설이 자신의 딸을 생명의 위험을
감수하면서까지 강제 낙태시키는 장면과 어떤 관련이 있는지 언뜻 이해하기 힘
들 수도 있다. 하지만 끝애의 죽음에 대해 화자가 회고하는 장면 — "나는 그녀가
죽어주었으면 하고 바랐음에 틀림없다"(296) — 과 연결시켜 다시 생각해보자면
여성의 몸은 순결과 순수를 표상해야 하고, 그것을 더럽히기보다는 오히려 그존
재 자체를 삭제해버리는 것이 더 낫다는 태도와 연관되어 있다는 것을 알 수 있
다. 그래서 이 장면에 대한 회고 역시 끝애의 시신을 수습할 당시를 그대로 연상
시킨다. 그것은 "보지 말아야 하고 기억해서도 안 될 일"(345-46)이었던 것이다.

그러므로 끝애와 끝애의 태중아기의 죽음과 써니의 낙태, 이 두 가지 사건
의 목격자이자 유발자인 하타의 행동은 유교를 숭상했던 조선에서 자유민주주
의를 숭상하는 대한민국으로 국호와 이념이 바뀌었음에도 전쟁이 끝나고 돌아
온 위안부 여성들을 침묵하게 만든 문화적 상황을 돌아보게 한다. 과연 전후 수

십 년 간 위안부들을 말할 수 없게 만든 그것은 하타가 써니와 끝애에게 무자비하게 행사했던 외설적 권력과 연관된 문화, 혹은 이 문화가 욕망하는 어떤 순수조선, 순수 증류된 한국의 이미지와 밀접하게 연관되어 있는 것은 아닌가.

이러한 문화는 자문화의 순수성이 여성의 순결한 몸에 연결되어 있다고 간주한다. 끝애의 몸이 민족의 상징적 네트워크가 기입되는 장이었듯이 써니의 몸자체도 써니의 것이기에 앞서서 "세상의 어떤 표지"(247)가 기입되는 장소이다. 하타는 이 장소를 통제하고 이 장소에 권력을 행사함으로써 자신의 온전한 주체성을 선포한다. 일본 변방의 고베에서 식민지 조선의 아들이라는 그의 주체는 병원균에 오염되어 있지만, 그는 그가 끝애를 사랑했을 때와 같은 방식의 사랑, 즉 자기애적 사랑을 써니에게 반복함으로써 이 병원균을 몰아내고 오염되지 않은 순수, 얼룩으로 더럽혀지지 않는 주권 주체를 또 다시 꿈꾸는 것이다. 이러한 주권 주체의 욕망은 단지 하타의 것만은 아니다. 그것은 대한민국에 살고 있는 우리들 다수가 여전히 꿈꾸고 있는 주체이기도 하고 다수의 일본인과 미국인들이 꿈꾸고 이상화하는 주체이기도 하다.

그래서 우리는 이러한 주체성, 혹은 순수 자아상을 확보하기 위해 오염과 얼룩 혹은 주체에게 적대적 타자를 추방하고 자신에게서 완전히 삭제하고자 하지만 반대로 그것이 오히려 그 존재를 끊임없이 강요/주장하면서 우리의 주체성을 뒤흔드는 역할을 한다. 하타가 바로 이러한 사례의 예증이다. 무의식은 외부에 있다는 라캉의 주장처럼 하타의 불온한 얼룩들은 그이 심리의 내부가 아니라 그가 머무르고 출입하는 모든 곳에 퍼져 있다.

우선 겉으로 보기에 그의 성공을 입증하는 듯이 보이는 그의 집은 "어두운 박물관"이자 "말해질 수 없고 노래할 수 없는 역사"(289)를 담고 있는 곳이자, "끝에서 두 번째의 빛"(287)으로 외상의 저장고 역할을 한다. 그는 집을 고치고 메우고 수리하는 데 정성을 다하지만 아무리 노력해도 "장의 문이 맞지 않는다거나 배수가 너무 느리다든가"(44)하는 식으로 언제나 자신의 의도와 어긋난다.

그의 집을 화려하게 장식해주는 수영장 역시 기분전환의 장소라기보다는 일종의 무덤과 같은 느낌을 준다. 그가 수영장에서 수영을 할 때마다 그는 종종 가슴이 뒤틀리며 물을 먹는다(22). "밀어내고 또 다시 밀어냈는데도 수로 표지등이 다시 한 번 깜빡하며 떠올라 눈앞의 물에 점점이 박혀 불의 고리를 이룬다"(284). "가끔 물에서, 물질적이고 진실한 어떤 것 속에서 헤엄을 치는 것이 아니라, 신비한 저항체 안에서 맹목적으로 밀고 나간다는 생각이 든다. 그 저항체의 속성은 몸 밑에서 불길처럼 휘저어대는 덩굴손들 속에서 천천히 드러난다"(151). 이것은 기억하기를 거부함으로써 외상이 신체적 증상이 되어 드러나는 장면으로 보인다. 현재의 서술 속에서 그의 외상은 물과 연관될 때 더욱 증폭되고 이야기가 끝으로 다가갈수록 물은 더 자주 그의 존재의 심연에 다가간다. 소설의 마지막 부분에서 물의 이미지는 자궁 속의 양수의 이미지와 겹쳐진다. "그것은 내 삶의 오랜 조건처럼 보인다. 그것은 매일매일 연고를 바르는 행위가 같이 일시적인 미봉책이 되기는 하지만 진정한 치유책이 되지 못하고 문제는 자연스레 증식하여 마침내 속속들이 나 자신이 되어버린다." 또한 불을 내고 입원한 병원, 그 병원도 그의 외상적 경험을 구성하는 장면들, 그 이미지들과 끊임없이 연관된다. 히키 부인의 아들이 심장질환으로 입원해 있는 병실은 606호로서 그가 의료 병으로 근무했을 당시 성병 치료 약물로 사용했던 살바르산 용액을 상기시키고, "내가 가는 모든 길은 병원의 쓸쓸하고 광택 없는 병동으로 이른다"는 하타의 표현처럼 병원은 그의 평생을 따라다니는 죽음의 이미지이다.

이렇게 외상은 여러 가지 형태와 모습으로 변형되어 쉼 없이 등장하면서 하타의 삶이 걸려 넘어지는 암초이자 실패, 혹은 얼룩을 반복한다. 물론 1인칭 시점으로 구성된 이 소설에서 우리는 하타의 시선 바깥에서 객관적으로 외상을 포착할 수는 없다. 단지 우리가 할 수 있는 일은 하타가 봉착하는 일련의 실패들을 통해 그 외상의 자리를 위치 지을 수 있을 뿐이다. 하타의 주관적 서사 속에서 외상은 온전한 그대로의 모습이 아니라 언제나 왜상적(anamorphosis)으로 등장하기 때문이다. K는 하타가 자신의 표상되지 않는 외상에 붙인 기호이자 글자이다. 텍스트 속에서 K 그 자체는 대상의 위치를 점하지만 K는 수많은 기표들의 대체를 허용한다. K의 내용이 비어 있다는 것은 의미가 없다는 뜻이 아니라 하타가 의미를 쓰기를 멈추지 않을 수 없는 재현불가능한 문자라는 것이다.

앞서 말했듯이 화자가 끝애를 K로 명명한다고 해서 끝애가 곧 K가 되는 것은 아니다. K와 끝애는 다르다. 하타의 서사 속에서 K는 끝애라는 여자 단 한 명으로 환원되는 것이 아니라 오히려 그가 사랑하는 여성, 위안부, 일본과 미국을 포함하여 식민지 조선과 한국전쟁을 전후한 한국, 구로하타, 그 와중에서 생겨난 수많은 죽음 등의 이야기를 구조화하는 상호텍스트성으로 간주되어야 하기 때문이다. 이 상호텍스트성은 각각의 다른 장소 즉 조선, 한국, 일본, 미국, 혹은 고베, 베들러런, 혹은 좀 더 좁게는 전쟁 당시의 위안소와 진료소, 현재의 집, 가게, 수영장 등의 모든 장소에 흩어져 있다. 이 장소들은 각각 이질적인 것이지만 K의 상호텍스트성은 이것들을 이어주는 연결고리가 된다. 하지만 이러한 이질적인 장소들이 K를 선회하면서 서로를 보충하며 조화를 이루는 것이 아니라 그 반대로 아무리 메워도 메울 수 없는 틈을 드러낸다. 다시 말해서 K가 상호텍스트적이라는 것은 각각의 이질적인 장소들이나 다른 주체들이 혼합되었다는 뜻은 아니다. 상호텍스트성이란 서로 다른 것들이 하나의 텍스트 속에서 조화롭게 관계를 맺는다는 의미가 아니라 그것들이 다른 대상들이 어떻게 교체되고 자리바꿈을 하면서 반복되느냐의 문제이자 K가 어떻게 무의식적 반복충동을 일으키느냐의 문제이기 때문이다.

이런 의미에서 K가 갖는 물질성은 독특하다. 물질성은 우선 분할을 허용하지 않는다. K를 아무리 작은 조각으로 잘라내어도 하나의 의미로 축소되지 않고 하나의 장소만으로 하나의 행위만으로 환원되지 않는다. 그러나 독자로서 우리는 K에 어떤 해석적 욕망을 투사하고자 한다. 예를 들어 억울하게 죽어간 조선 위안부 여성의 원혼으로, 혹은 정치적 정체성을 주장할 수 없었던 식민지 조선의 원통함, 혹은 순수하게 증류된 조선과 같은 우리가 보고 싶어하는 메시지로 해석을 고정하기를 원한다. 하지만 해석은 K와 K를 포함하는 수많은 기표들 중의 하나일 뿐, 그것은 단 하나의 확정적이고 고정된 의미로 환원되지는 않는다. 이렇게 재현으로 포섭되지 못하고 재현의 그릇에서 넘쳐나는 잉여가 K라는 문자 주위를 선회하고 있는 물질성이자 외상이다. 만약 하타의 발화가 그의 주관성을 넘어서 진리를 드러낸다면 "진리는 스스로를 숨길 때 가장 진실하게 자신을 드러낸다"는 라캉의 의미에서이다.

III

이상에서 살펴보았듯이 위안부의 사건은 재현을 넘어서는 외상적 사건이지만, 그것이 외상으로 드러날 때는 대치나 전치를 허용하는 기표로 등장한다. 그것은 사건이 발생하는 순간의 기록인 것도 과거의 무엇인가에 대한 기억인 것도 아니다. 그것은 기억될 수 없고, 기억의 등록소에 제대로 기입될 수 없기에 끊임없이 출몰하는 것이다. 외상은 증상이 아니다. 증상은 분석적 해석을 통해 해소 가능한 병리상의 구성물이지만, 외상은 치유할 수 있는 것이 아니다. 따라서 이 소설의 결말은 가해자인 하타가 참회하면서 사라져간 모든 희생자들을 애도하고 용서를 구하는 것으로 끝나지 않는다. 이러한 결말은 외상을 봉합하고 외상을 치유할 수 있다는 환상을 심어주지만, 그것은 외상의 진정한 해결책이 아니다. 죽거나 사라져버린 희생자들을 애도하고 그들에게 자기애적인 사랑을 표하는 것은 의외로 쉬운 일이다. 그것은 이 책의 제목처럼 제스처만으로도 가능한 일이다.

비유적으로 말하자면 외상은 주체에게 적대적인 타자이다. 그것은 주체를 한계상황으로 몰고 가며 초대하지 않음에도 찾아와서 주인행세를 하며 생명을 내어놓으라고 요구하는 손님이다. 이것은 그 손님을 폭력적으로 쫓아내거나 사라지게 만듦으로써 없애버릴 수 있는 것도 아니고 나에게 호의를 베풀고 나의 도덕적 잣대와 상징적 그물망을 벗어나지 말라고 강제할 수 있는 것도 아니다. 그러므로 외상을 손쉽게 봉합하고자 하는 것은 한계 상황을 회피하고 주체를 위한 또 다른 판타지를 만들어내는 행위에 불과하다. 그러나 이 판타지는 진정한 치유책이 되지 못한다. 무의식적 외상은 현실의 어떤 작은 우연한 조각에 의해서 다시 자신을 반복할 것이기 때문이다.

따라서 우리가 진정으로 해야 할 일은 외상을 우리의 지식으로 환원할 수 없는 오염을 우리의 일부로 받아들이고 상징계에 자신을 의탁하지 않고 상징계의 한계영역으로 나아가는 것이다. 이러한 점을 감안할 때 이 소설의 마지막은 우리에게 의미심장하다. 하타는 소설의 마지막 페이지에서 "자신의 운명을 더 이상 개척하고자 하지 않을 것이며, 죽은 자들에게서 용서를 구하고 창조주에게서 위로를 구하고자 하지 않을 것"이라고 말한다. 운명을 찾아다니지 않는다는 것은 더 이상 자신의 주체를 고집하거나 타자에게 자신의 욕망을 강요하지 않을 것이라는 선언일 것이다. 그리고 그가 그토록 부정하고 싶어했던 "살, 피, 그리고 뼈"를 숨기지 않고 가지고 갈 것이며 "깃발"을 흔들 것이라고 말한다. 이 깃발은 다른 무엇보다도 미국으로 오면서 그가 버렸던 검은 깃발이라면 하타의 결말은 끝이라기보다는 오히려 새로운 시작일 것이다.

■ 인용문헌

강정숙. 「역사용어 바로 쓰기: 위안부, 정신대, 공창, 성노예.」『역사비평』 2006년 봄호.
    (2006): 315-320. http://www.dbpia.co.kr/view/ar_view.asp?arid=684057

이소희. 「제스처 인생에 나타난 젠더화된 트라우마」. 『현대영미소설』 13.1 (2006):
    133-156.

유제분. 「재현의 윤리: 『제스처 라이프』의 종군위안부에 대한 기억과 애도」. 『현대영미
    소설』 13.3 (2006): 77-99.

Carroll, Hamilton "Traumatic Patriarchy: Reading Gendered Nationalisms in Chang-rae
    Lee's *A Gesture Life*" *Modern Fiction Studies* 51.3 (2005): 592-616.

Cheng, Anne Anlin "Passing, Natural Selection, and Love's Failure: Ethics of Survival
    from Chang-rae Lee to Jacques Lacan" *American Literary History* 17.3 (2005):
    553-574.

Chu, Patricia. *Assimilating Asians: Gendered Strategies of Authorship in Asian America.*
    Durham: Duke UP, 2000.

Evans, Dylan. *An Introductory Dictionary of Lacanian Psychoanalysis.* London: Routledge,
    1996.

Garer, Dwight. "Interview: Adopted Voice." *New York Times Book Review* 5 Sept. 1999:
    6.

Lee, Chang-rae. *A Gesture Life*. New York: Riverhead, 1999.

Freud, Sigmund. *The Standard Edition of the Complete Works of Sigmund Freud*. Trans.
    and Ed. James Strachey. London: Hogarth, 1953-1974.

Lacan, Jacques. *Ecrits: A Selection.* Trans. Alan Sheridan. New York: Norton, 1977.

_____. *Ecrits: The First Complete Edition in English.* Trans. Bruce Fink. New York:
    Norton, 2006.

_____. *The Four Fundamental Concepts of Psychoanalysis*. Trans. Alan Sheridan. New
    York: Norton, 1977.

_____. *Encore: The Seminar of Jacques Lacan Book XX*. Ed. Jacques-Alain Miller. Trans.
    Bruce Fink. New York: Norton, 1999.

_____. *The Seminar of Jacques Lacan: Book I: Freud's Papers on Technique*. Ed. Jacques-Alain Miller, New York: Norton, 1988.

Schaffer, Kay, and Sidonie Smith. *Human Rights and Narrated Lives: The Ethics of Recognition*. New York: Palgrave Macmillan, 2004.

Žižek, Slavoj. *The Fragile Absolute: Or, Why is the Christian Legacy Worth Fighting For?* London: Verso, 2000.

필자약력

조일제 부산대학교 영어교육과 교수
김상구 부산대학교 영어영문학과 명예교수
김용규 부산대학교 영어영문학과 교수
이효석 부경대학교 영어영문학과 강사
정혜욱 부경대학교 미국학연구소 연구교수
좌종화 부산대학교 영어영문학과 강사
하상복 부산대학교 인문학연구소 연구교수
한혜정 부산대학교 영어영문학과 강사

물질 · 물질성의 담론과 **영미소설 읽기**

발행일 • 2007년 3월 30일
지은이 • 조일제 · 김상구 · 김용규 · 이효석 · 정혜욱 · 좌종화 · 하상복 · 한혜정
발행인 • 이성모
발행처 • 도서출판 동인
등 록 • 제1-1599호
주 소 • 서울시 종로구 명륜동2가 아남주상복합Ⓐ118호
TEL • (02) 765-7145, 55/FAX • (02) 765-7165/E-mail • dongin60@chol.com
Homepage • donginbook.co.kr

ISBN 978-89-5506-323-3

정가 13,000원